城市经济与公共管理学院 主编

U0729191

新常态下区域治理及行政管理创新

——研究生科技创新项目论文集

XINCHANGTAI XIA QUYU ZHILI JI
XINGZHENG GUANLI
CHUANGXIN

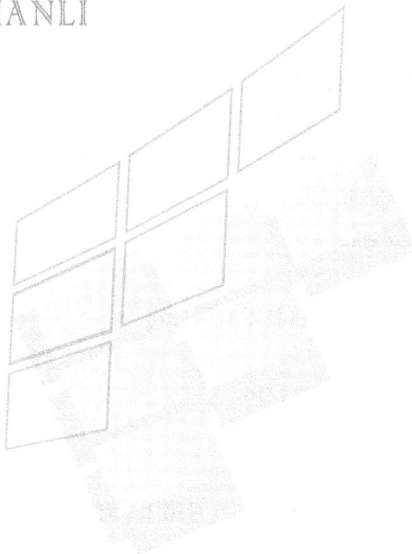

首都经济贸易大学出版社

·北京·

图书在版编目(CIP)数据

新常态下区域治理及行政管理创新：研究生科技创新项目论文集/城市经济与公共管理学院主编. -- 北京：首都经济贸易大学出版社，2017.7

ISBN 978 - 7 - 5638 - 2678 - 0

Ⅰ. ①新… Ⅱ. ①城… Ⅲ. ①城市经济—文集 ②公共管理—文集 Ⅳ. ①F29 - 53 ②D035 - 53

中国版本图书馆 CIP 数据核字(2017)第 167566 号

新常态下区域治理及行政管理创新——研究生科技创新项目论文集
城市经济与公共管理学院 主编

责任编辑	小　尘	
封面设计	陈　陈	
出版发行	首都经济贸易大学出版社	
地　　址	北京市朝阳区红庙（邮编 100026）	
电　　话	(010)65976483　65065761　65071505(传真)	
网　　址	http://www.sjmcb.com	
E - mail	publish@cueb.edu.cn	
经　　销	全国新华书店	
照　　排	北京砚祥志远激光照排技术有限公司	
印　　刷	人民日报印刷厂	
开　　本	710 毫米×1000 毫米　1/16	
字　　数	238 千字	
印　　张	13.5	
版　　次	2017 年 6 月第 1 版　2017 年 6 月第 1 次印刷	
书　　号	ISBN 978 - 7 - 5638 - 2678 - 0/F·1490	
定　　价	39.00 元	

城市经济与公共管理学院

研究生科技创新项目论文集
编　委

本论文集得到 2015 年研究生教育——城市经济与公共管理学院研究生教育项目资助

序　言

首都经济贸易大学城市经济与公共管理学院拥有区域经济、城市经济与战略管理博士学位授予权，行政管理、教育经济与管理、土地资源管理3个公共管理二级学科硕士学位授予权和1个公共管理专业硕士（MPA）学位授权点。学院按照学校"立足首都，面向全国，放眼世界，建设一流财经类大学"的办学宗旨，积极贯彻中央"国家治理体系与治理能力现代化"的指导思想，围绕区域协调发展、城乡社会经济全面发展的需要，发挥财经类院校优势，始终以国际和国内一流学科为标准，着力推动人才培养质量和科学研究水平不断提高。

按照学科定位和发展目标，依托我校经济学和管理学的学科优势，学院以培养适应区域与城市经济发展、公共管理现代化发展需要的专业化人才为导向，以服务首都经济社会的可持续发展为根本宗旨，在打造首都区域人才培养特色的过程中，已经形成了致力于培养面向区域协调发展、城市治理及公共管理实践领域，具有现代区域发展、公共管理的理论知识与技能，具有公共精神和国际视野，能够创造性地解决区域发展的公共性问题，懂经济、知法律、会管理、重技术的复合型、应用型高级管理人才，显现出"深耕公管、聚焦城市、首都风格、国际视野"的办学特色。

区域经济学专业已有20多年的发展历史，着重研究大都市区域经济发展问题，设有首都区域经济、资源环境与可持续发展、城市与区域发展三个研究方向，具有博士、硕士授予权。该专业师资力量雄厚，现有研究生导师9人，其中博士生导师4人，拥有"首都圈一体化发展""都市郊区及城乡一体化""首都圈生态环境建设"等专业科研平台及北京市人才强教创新团队、北京市拔尖创新人才。硕士生就业去向大多为政府管理部门、研究咨询机构、金融机构，还有的考取国内重点大学的博士生。

行政管理专业于1998年经教育部批准设立，其前身为1981年全国首家创办的工商行政管理专业。2001年经国务院学位委员会批准取得硕士学位授予权。以经济行政作为其专业特色和定位，设立公共政策分析、行政学理论与行政改革、工商行政与市场监管、公共部门人力资源管理四个研究方向。现有研究生导师9人，在政府管理、公共政策分析、人力资源开发管理、政府监管、非营利组织等领域拥有重要学术成就和社会影响。研究生就业去向广泛，包括各级国家机关、事业单位、行业组织、非政府组织、金融机构、大中型企业及其他社会组织，可满足国家公务员、企事业单位中高级行政管理和公共事务管理岗位之需要。

土地资源管理专业起源于 1992 年设立的城市经济硕士专业。2012 年土地资源管理专业在我校公共管理一级学科硕士点下开始独立招生，设有土地利用管理、不动产估价、房地产开发与经营管理三个方向。现有研究生导师 9 人，其中博士生导师 1 人。专业导师担任了土地资源研究、城市与区域管理等专业委员会委员以及国土土地估价师协会副会长兼技术审裁委员会主任、中国土地估价师协会会籍与组织委员会副主任、考试与教育委员会委员等职务，具备土地估价师、房地产估价师、房地产策划师等执业资格认证师资。该专业就业领域广阔，直接相关部门有国土与房管、城建等政府部门及其下属单位，各类大中小型房地产开发经营企业，房地产评估、咨询、策划等部门，并可在设立土地资源管理专业的大专院校和科研院所就职，或继续学习深造。

教育经济与管理专业于 2012 年在公共管理一级学科硕士点下开始独立招生，设有"高等教育管理""教育与人力资源管理""教育经济"三个专业方向。现有研究生导师 6 人，具有博士学位的导师 6 人。专业导师有教育部公共管理教学指导委员会委员、国家社科基金委评议专家、中华职业教育社常务理事等职务等。该专业就业领域宽广，可到政府、高等学校、研究机构等从事管理、研究、咨询及财务工作，可以在企事业单位人力资源管理部门从事管理或科研、咨询工作。

城市经济与战略管理专业是我国率先开展城市复杂系统跨学科人才培养的专业，是由经济学、管理学、城市科学相结合而产生的交叉学科，具有博士、硕士学位授予权，设有城市经济与投资融资、城市规划与运行管理、城市治理与社会发展、城市复杂系统与智慧管理四个方向。现有研究生导师 10 人，其中，博士生导师 2 人。该专业培养具有经济学和管理学复合型知识结构、掌握复杂系统分析方法、具备推动城市可持续发展综合素质，能够在政府、企业或其他公共组织从事城市相关领域与行业发展的战略、规划、管理咨询研究或经营管理工作的交叉学科高级专门人才。

学院始终注重师资团队建设、国内外交流和提升科研成果的应用价值，以此扩大学科的国内外影响，推动研究生培养质量的提高。在师资方面，目前已形成了一支结构合理的专职师资队伍。在专任教师中，85% 以上的教师具有博士学位；45% 以上具有 10 个月以上海外学习研修经历；1 名教师为北京市教学名师，多名教师为北京市创新拔尖人才和青年骨干人才。学院与国内高校有广泛的交流，区域经济、城市经济、公共管理学界知名专家学者、业界知名人士到学院指导、为研究生授课和举办讲座已经成为常态。同时，学院不断加强国际化交流，通过参加相关国际学术会议、邀请国外及境外同行专家开展合作研究等形式，先后与美国马里兰大学、罗格斯大学、克利夫兰大学等建立了良好的学术交流和合作关系，有效扩大了研究生的学术视野，提高了研究生培养质量，且研究生质量已得到学术界和社会各界的高度认可。学院仍将继续坚持"立足北京，服务首都，面向全国，走向世界"的方针，秉承"崇德尚能，经世济民"的校训，朝着"国际知名财经大学"的人才培养目标奋进！

张国山

2017 年 1 月

1 目录
CONTENTS

2 目录
CONTENTS

3 目录

CONTENTS

北京市发展新区人口动态变化分析

刘凯华

首都经济贸易大学城市经济与战略管理专业 2015 级硕士研究生

摘要:本文主要利用人口动态度和人口密度两项指标,借助 ArcGIS 的空间可视化功能,对北京市发展新区的人口空间分布及动态变化进行分析,发现北京市人口分布呈现"中间多,四周少"的格局,人口分布极不均匀,人口密度在四个功能区人口中排位第三;至 2014 年,发展新区常住人口数达到全北京常住人口的 31.8%;除少数地区外,发展新区的人口动态度均为正,人口总体呈现上升趋势,人口年变化率和人口密度变化呈现一致性,均为昌平区变化最大,房山区变化最小。通过对北京市人口和发展新区人口空间分布的把握,得出发展新区并不适合作为人口疏解的重点区域,但可以作为周边人口疏解的一个中间纽带地区。与之相邻的生态涵养发展区及更大范围的京津冀城市群,才应该作为人口疏解的重点关注区域。

一、引言

改革开放以来,随着经济发展的加速,城市中各种矛盾日益显现,资源短缺、人地关系紧张、人与自然矛盾加深等问题突出。21 世纪初,中国城市病问题已引发了社会各界的深思,并将众多矛盾的根源指向"人"的问题。人口因素是影响区域经济发展的重要因素,人口的变化是城市化进程的重要指标,城市发展过程中的资源、环境问题均与人口分布密切相关。对一个地区一定时期的人口变化规律进行分析,是解读人口政策、合理解决城市问题的基础,对制定相应区域的社会、经济发展战略和规划有着极其重要的作用。

针对人口问题,学术界已有较多研究。施华萍等利用无标度网络上的聚集体迁移模型对中国城市体系中省、市、县三个系统的人口分布进行分析,发现中国人口系统的各级分布具有自相似性。中国长期以来呈现的人口状况为东多西少、东部经济较发达而西部经济欠发达的态势仍在继续。胡焕庸线至今仍能很好地概括我国人口的空间分布格局。[1]在整个首都圈范围,就业人口的空间分布仍以京、津地区为主。[2]北京市的常住人口仍然呈显著的单中心聚集形态,外围中心并未形成强势的人口聚集热点,[3]但单中心的辐射范围在逐渐扩大。通过对 2001—2010 年北京人口空间分布的研究发现,人口增长率较快的地区从中心向外围逐渐扩散,逐渐形成了二环与四环间的高密度人口就业区;[4]北京的城市规划为环形规划,中心城区作为城市中心,身兼数职,压力大,人口的过度集中给基础设施、交通等造成了巨大压力。2015 年北京市统计局发布的调查数据显示,北京三环至六环范围内,聚集了约占全市 57.1% 的常住人口,人数达 1 228.4 万。人口向外围流动成为北京城市发展的大趋势。此外,人口的动态变化可以利用人口密度、人口集中度等指标进行定量化分析。赵雪慧等人在《基于 GIS 的内蒙古人口时空动态变化分析》一文中,利用人口动态度和人口密度变化图的形式,分析内蒙古人口数据的变化趋势,并从自然、经济和人口政策方面进行原因分析;[5]李晶、林天应在《基于 GIS 的西安市人口空间分布变化研究》中,对人口的空间关联模式、人口密度、人口重心变化及人口集中指数方面进行研究,为西安市人口发展策略的制定提供数据支持;[6]匡文慧通过解译航空影像,识别城市居住用地,再与人口统计数据关联,计算人口密度,从宏观、中观和微观三个角度分析人口的空间集聚和自相关。[7]另外,也有学者通过空间建模,[8]例如神经网络模型,模拟人口变量和人口的空间分布,并与以往的模型进行对比,得到近似于实际的人口空间分布。

北京作为我国的行政中心和经济发达地区,吸引着全国乃至世界各地的人口流入,对其进行人口问题的研究具有代表性。[9]李娟通过对昌平地区新城规划的人口进行预测,指出随着北京城市中心区人口的增加和产业的转移,昌平人口总量必将大幅度增加;自 2004 年北京提出并实施新城规划之后,在政策支持和可供住房增加的情况下,包括昌平区、顺义区、通州区、大兴区和房山区等区域在内的北京新城区,人口出现了较大的变化。GIS 具有较强的空间分析功能和可视化功能,可通过计算人口动态度,分析人口的年变化率和人口密度变化。本研究在 GIS 技术支持下,对研究区近 10 年来的人口变化时空规律进行分析,从而对新城发展和中心城区人口疏解政策的改进和实施提供一定的数据支持和研究借鉴。

二、资料来源与研究方法

(一)资料来源

本文利用 1994—2014 年北京市统计年鉴数据,以及北京市公安局统计及人口抽样调查推算数据,收集北京市常住人口数和人口密度统计资料。以北京市行政区划地图为基础,利用 ArcGIS 等地理信息系统软件对其进行矢量化处理,并与人口数据相匹配,最终得出北京市人口密度、人口年变化率等专题地图和专题图表。

通过对资料的分析,本研究所采用的数据具有以下几个特点:①研究时段内,北京市存在行政区升级与合并,部分行政辖区的范围和名称有所调整,包括昌平、顺义、大兴、平谷、怀柔、通州等县升级为区,崇文、宣武分别与东城、西城合并。②涉及北京市常住人口数据均为人口抽样调查数据推算数据,为年末数。③由于研究时段内部分年份数据缺失,需要其他来源的数据进行补充。2004 年为户籍人口,与其他年份为常住人口相比,数据偏低。④常住人口是指在该地区居住半年以上的人口,包括户籍人口和非户籍人口。

(二)研究方法及理论支撑

针对研究区域内一定时间范围的人口数量变化情况,可以用人口动态度来表示,其表达式为

$$K = \frac{(U_b - U_a)}{U_a} \times \frac{1}{T} \times 100\%$$

U_a 为研究初期的人口数,U_b 为研究期末的人口数;T 为研究时段长。当 T 的单位为"年"时,K 表示研究时段内人口的年变化率。[10] $K > 0$,表示在该研究时段内,人口数量增加;$K < 0$,表示人口数量减少。人口密度是研究地区人口分布的重要指标,是指单位面积土地上居住的人口数,它表示某一地区人口的密集程度。

ArcGIS 可视化可分为地图数据可视化、地理信息可视化和空间分析结果可视化,是将数据转换为直观的几何图形,便于研究人员观察。本研究通过分析人口年变化率和人口密度数据,掌握发展新区人口的动态变化情况,以 ArcGIS 可视化为辅助,从整体上把握变化情况,最终从战略高度提出相应的意见和建议,引导北京协调发展。

三、北京市人口空间分布格局

北京市历年人口的空间分布存在一定的规律性,人口数量在各个功能区的分布较均匀,但人口密度却大相径庭。首都功能核心区人口密度最大,生态涵养发展区最小。至 2014 年底,首都功能核心区的人口密度达到生态涵养发展区人口密度的 100 多倍,人口空间分布差异巨大(见表 1)。

表 1   北京市各功能区人口密度表   单位:人/平方公里

	首都功能核心区	城市功能拓展区	城市发展新区	生态涵养发展区
2009 年	22 849	6 810	781	210
2014 年	23 953	8 268	1 088	218

数据来源:2009 年和 2015 年北京市统计年鉴。

横向上,不考虑年份差异,首都功能核心区和城市功能拓展区人口密度大,1/10 的土地面积供养了一半以上的人口,土地压力大。如此大的人口密度让大多数人出现了北京"人满为患"的错觉,将北京市的诸多"城市病"归结于人口过多。与中心城区相比,城市发展新区和生态涵养发展区人口密度小,广阔的土地上养活较少的人口,土地承载力有空余。纵观北京整体的人口密度,2014 年底,北京市常住人口密度仅为 1 280 人/平方公里,人口密度远小于东京、纽约等发达国家的城

市人口密度,但北京的"城市病"比这些城市却严重得多。造成这种现象的原因与北京市人口空间分布不均匀密切相关。缓解北京城市问题,可以从促进人口均衡分布入手,城市发展新区和生态涵养发展区由此成为北京市人口疏解的重点关注区域。由于生态涵养发展区的生态功能较强,更加注重生态的保护,不适合承载太多人口,于是城市发展新区便成为城市人口疏解的重点区域。掌握发展新区人口变化规律,合理规划和建设将有利于吸引人口流入,促进北京市的协调发展。

纵向上,1994—2014 年,北京市常住总人口数逐年上涨,研究的时间段内人口上涨程度达到 103%。各功能区都有一定程度的涨落,首都功能核心区人口呈现下降趋势,这与中心城区地价上涨,中关村、CBD 崛起等经济因素及政府的政策都有关。城市功能拓展区人口上涨 176.5%,城市发展新区人口上涨 132%;生态涵养发展区人口上涨幅度相对较小,为 65.6%(见表 2)。

表 2　1994—2014 年北京市各区县常住人口数据表　　单位:万人

		1994 年	1999 年	2004 年	2009 年	2014 年
首都功能核心区	主城区	243.6	239.5	229.7	211.1	221.3
城市功能拓展区	朝阳区	136.1	148.8	165.7	317.9	392.2
	丰台区	74.2	80.9	93.2	182.3	230
	石景山区	30.9	32.7	34.5	60.5	65
	海淀区	140.3	157	184.1	308.2	367.8
	小计	381.5	419.4	477.5	868.9	1 055
城市发展新区	房山区	74.5	74.4	75.2	91.2	103.6
	通州区	59.3	59.7	62	109.3	135.6
	顺义区	53.2	53.8	55.4	73.2	100.4
	昌平区	41.6	42.5	46.9	102.1	190.8
	大兴区	50.1	52.4	55.8	115.9	154.5
	小计	278.7	282.8	295.3	491.7	684.9
生态涵养发展区	门头沟区	24.5	23.5	23.7	28	30.6
	平谷区	38.6	38.9	39.4	42.7	42.3
	怀柔区	25.6	26.3	27.2	38	38.1
	密云县	42.5	42.5	42.6	45.8	47.8
	延庆县	26.8	26.9	27.5	28.8	31.6
	小计	158	158.1	160.4	183.3	190.4
合计		1 061.8	1 099.8	1 162.9	1 755	2 151.6

注:1. 主城区:东城区、西城区。

　　2. 以 2014 年行政辖区命名和分区方式表示。

数据来源:1995 年至 2015 年北京市统计年鉴。

四、北京市发展新区人口动态变化

人口的动态变化,数值上可以用人口动态度来表示,图形上可以用人口动态变化图来展示。根据上述人口动态度的公式以及搜集到的北京市发展新区常住人口数据,计算出北京市发展新区的人口动态度,即人口年度变化率,如表3所示。

表3 不同时段北京市发展新区人口动态度

	1994—1999 年	1999—2004 年	2004—2009 年	2009—2014 年
房山区	−0.026 8	0.215 1	4.255 3	2.719 3
通州区	0.134 9	0.770 5	15.258 1	4.812 4
顺义区	0.225 6	0.594 8	6.426 0	7.431 7
昌平区	0.432 7	2.070 6	23.539 4	17.375 1
大兴区	0.918 2	1.297 7	21.541 2	6.660 9
合计	0.294 2	0.884 0	13.301 7	7.858 5

1994—2009 年的 15 年里,除 1994—1999 年,房山区人口动态度小于0,人口总数出现负增长,其他时段和地区人口动态度均大于 0 且逐年增加,说明常住人口总数逐年上升,增长的速率也逐渐增加。尤其是 2004—2009 年时段,各区人口动态度几乎达到四个阶段的最大值,可以推断这一时期一定存在促进人口激增的因素。经查阅资料发现,这一时间段内北京市各种公共服务资源得到优化,例如:健全医疗保障机制,兴建轨道交通,基本解决来京务工人员子女义务教育问题,中关村科技园吸纳高学历人才,建成了一批重大公共文化设施,等等。公共服务资源的优化,使民众享受更好的公共服务,纷纷从全国各地尤其是北京周边城市涌入北京。2008 年北京举办的奥运会,增加了城市魅力,一群有志青年带着梦想进入北京,成为"北漂一族",人数高达 800 万。此外,随着北京的"十五"规划取得显著成果和"十一五"规划逐渐实施,北京的社会管理体系得到完善,各种社会管理资源得到整合,各种机制得到健全。这些优势都吸引了大批人员流入,成为该时间段内人口剧增的原因。2009—2014 年时间段,虽然人口动态度比上一时间段略小,但仍为正数,人口仍呈现增加状态,但增长速率有所缓解,在四个时间段内位于第二位。这一现象的产生与北京市人口疏解政策、京津冀协同发展政策、城市病等问题的出现等密切相关。北京作为特大城市,城市发展过程中涌现的各种问题,成为阻碍外来人员进入北京的主要原因。而京津冀的协同发展,带动了天津、河北地区的经济,部分人群选择了向这些城市问题较轻、物价较低的地区发展。

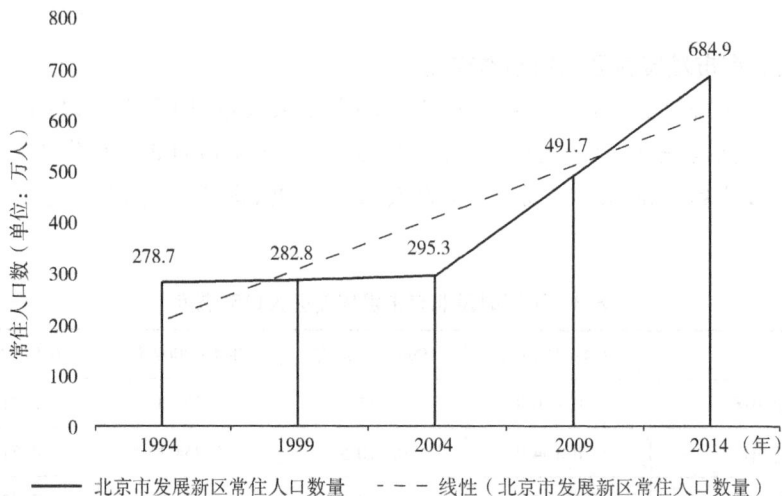

图1 北京市发展新区人口数量变化折线图

从表4和表5可以看出,近20年来,北京市发展新区人口总体呈现上升趋势,表现出一定的线性相关性(如图1)。1994—2004年,北京发展新区常住人口总数仅增加了16.6万;而2004年之后,发展新区人口迅速增加,人口密度也大幅度提升,2004—2014年的10年间,常住人口增加了389.6万,是第一个10年里人口增量的23.5倍。这种变化从北京市发展新区人口数量变化折线图中可以更加直观地表现出来。产生这种现象的原因,一方面是2004年北京市提出了新城规划,对昌平、大兴、怀柔、密云、门头沟等多个地区进行规划和建设,以此对中心城区进行疏散,以在各种政策的驱动下,促使更多的人口向周边迁移;另一方面,新城规划实施之后,很多土地被规划为居住建设用地,在可供住房增加的情况下,新城区的人口出现了较大的变化。

表4　1994—2014年北京市发展新区人口数据表　　　　　单位:万人

	1994年	1999年	2004年	2009年	2014年
房山区	74.5	74.4	75.2	91.2	103.6
昌平区	41.6	42.5	46.9	102.1	190.8
顺义区	53.2	53.8	55.4	73.2	100.4
通州区	59.3	59.7	62	109.3	135.6
大兴区	50.1	52.4	55.8	115.9	154.5
合计	278.7	282.8	295.3	491.7	684.9

注:1994年昌平、顺义、通州、大兴为县级别,其他年份为区级别。

数据来源:1995—2015年北京市统计年鉴。

表5 1994—2014年北京市发展新区人口密度表

单位：人/平方公里

	1994 年	1999 年	2004 年	2009 年	2014 年
房山区	399	399	378	458	521
昌平区	291	297	349	760	1420
顺义区	543	548	543	718	984
通州区	682	686	684	1 206	1 496
大兴区	495	518	538	1 118	1 491

数据来源：1995—2015年北京市统计年鉴。

为了更清晰地从空间上了解北京市发展新区人口的分布和变化情况，利用表4和表5中的数据，结合北京市行政区划图，在GIS的支持下，得到人口分布变化和人口密度变化图，图中颜色越深的地区，变化越大。从图2和图3可以看出，北京市发展新区人口年变化率的高值区和低值区相对稳定在一定区域，在1994—2004年的10年间变化较小，2004—2014年变化较大。变化最大的区域是昌平区，人口年变化率可达30.682%；其次是大兴区、通州区、顺义区，最后是房山区，人口年变化率为3.777%。昌平区如此迅速的人口增长得益于北京的新城规划，《北京城市总体规划（2004—2020）》提出了以新城和中心镇为发展重点的城镇化战略，新城作为北京"两轴—两带—多中心"发展带上的重要节点，是承担疏解核心区人口、带动区域发展的重点地区之一。昌平区作为北京市高新技术产业的研发与生

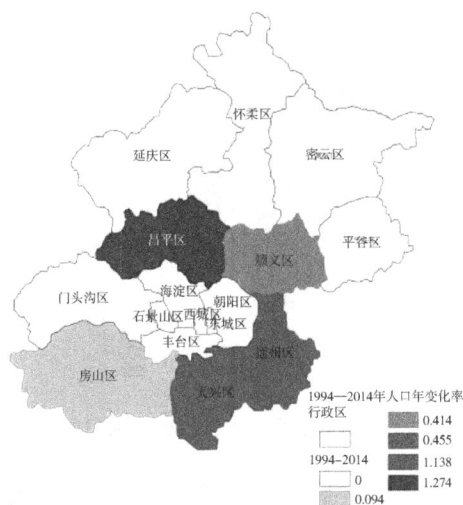

图2 1994—2004年发展新区人口年变化率

产基地,以充分的就业潜力和完善的基础设施吸引人口流入。尤其是在奥运期间,在奥运场馆和现代制造业发展的带动下,昌平区经济快速发展,GDP迅速增长,成功吸引了大量人口迁入。

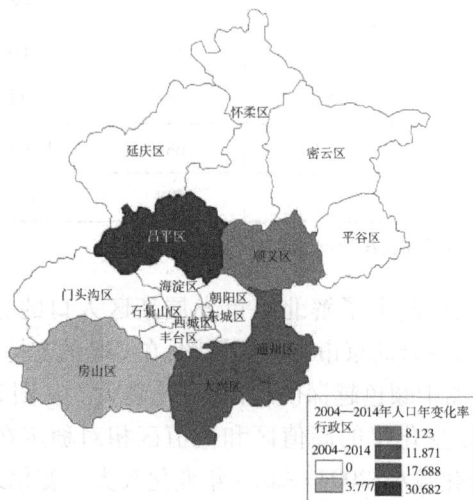

图3 2004—2014年发展新区人口年变化率

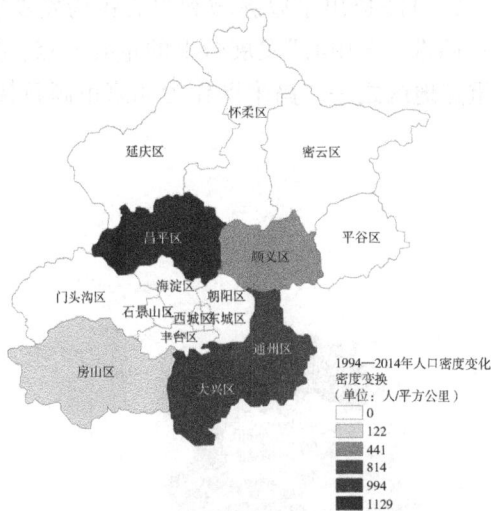

图4 1994—2014年北京市发展新区人口密度变化图

对比图4可知,人口年变化率与人口密度变化存在一致性。1994—2014年的20年间,昌平区每平方公里人口增加了1 129人,大兴区增加了996人,通州区增加了814人,顺义区增加了441人,房山区增加了122人。这样大的人口密度增量,会增加土地、环境的压力,如果城市部分地区规划不合理,就会导致一系列城市问题的出现。而实际上北京的城市问题确实很突出,对于城市问题的解决则需要做进一步的研究。

五、结论与建议

本文探讨了 1994 年以来北京市人口空间分布及动态变化特征,得出以下几点结论:①北京市常住人口总数逐年上涨,人口空间分布极其不均,空间差异持续扩大。各功能区上涨幅度不同,首都功能核心区呈下降趋势,城市功能拓展区上涨176.5%,城市发展新区上涨 132%,生态涵养发展区上涨 65.6%。② 20 年来,北京市发展新区人口的年变化率,除了 1994—1999 年房山区外,均大于 0,人口迅速增加。2004—2009 年时间段的人口动态度最大,这与政府的政策和经济发展因素密切相关。③北京市发展新区人口总体呈现上升趋势,2004 年以后人口斜率变大。2004 年实施新城规划后,很多土地被规划为楼房用地,在可供住房增加的情况下,新城区的人口出现了较大的变化。④北京人口变化程度最大的是昌平区,最小的是房山区,人口年变化率与人口密度变化一致。

通过对北京市发展新区人口动态变化度及人口密度的研究,可以发现北京市人口空间分布差异大,发展新区人口逐年增加。除人口自然增长外,政府政策的引导对人口增加发挥了重要作用。1994—2014 年的 20 年间,从发展新区内部来看,房山区和顺义区人口密度较小。为实现区域间人口的动态平衡,可以将二者作为人口疏解的重点关注区域。与其他功能区相比,发展新区人口增加比率较大,至2014 年,发展新区常住人口已达到北京市全部常住人口的 31.8%。作为承接北京人口疏解的关键区域,也应考虑更外围的生态涵养发展区以及从整个京津冀都市圈的范围内考虑疏解人口。

一方面,从北京人口整体分布来看,发展新区的发展虽已初具规模,各种公共基础设施、教育、卫生资源不断完善,但城市集聚力仍然较小,集聚规模与中心城区仍相差较大,市场力和自组织力不足以支撑其快速的发展壮大,从而形成了人口格局改变较慢、人口仍过度聚集的现状。北京市发展新区的人口还处在不断的变化中,为平衡区域人口,仍需要政府相关政策的引导,支持新城的产业发展及产业链的完善,促进新城形成具备竞争力的产业聚集中心,提升新城基础设施和公共服务水平,从而促进主城人口向新城转移,促进北京市内部人口疏解的顺利落实。

另一方面,对于北京市人口的疏解问题,北京市政府很早便出台了疏散政策,但常住人口和外来人口的分布仍主要集中在功能核心区。随着京津冀一体化进程的推进,北京在与天津、河北的产业协作的过程中,带动了周边地区的发展,发挥了中心区域对外围区域的带动作用,促使产业人口沿着产业链网络化流动,向津冀地区疏解。

参考文献：

[1]杨强,李丽,王运动,等.1935—2010年中国人口分布空间格局及其演变特征[J].地理研究,2016,35(8):1547－1560.

[2]张丹,孙铁山,李国平.中国首都圈区域空间结构特征——基于分行业就业人口分布的实证研究[J].地理研究,2012,31(5):899－908.

[3]杨卡.大北京人口分布格局与多中心性测度[J].中国人口·资源与环境,2015,25(2):83－89.

[4]李晶,林天应.基于GIS的西安市人口空间分布变化研究[J].陕西师范大学学报:自然科学版,2011,39(3):78－83.

[5]赵雪慧,李百岁,郭晓虹,等.基于GIS的内蒙古人口时空动态变化分析[J].内蒙古师范大学学报:自然科学(汉文版),2011,40(3):308－311,319.

[6]李晶,林天应.基于GIS的西安市人口空间分布变化研究[J].陕西师范大学学报:自然科学版,2011,39(3):78－83.

[7]匡文慧.北京城市人口空间分布特征的GIS分析[J].地理信息科学学报,2011,13(4):506－512.

[8]肖洪,田怀玉,朱佩娟,等.基于多智能体的城市人口分布动态模拟与预测[J].地理科学进展,2010,29(3):347－354.

[9]李娟.北京新城规划人口预测研究——以昌平新城为例[J].重庆建筑大学学报,2006,28(4):8－11.

[10]张岩,马晓微,王理达.GIS支持下的20世纪黄河流域人口动态变化研究[J].人口研究,2003,27(6):65－70.

产业一体化下京津冀地区创新链构想与对策研究

杨先花

首都经济贸易大学城市经济与战略管理 2015 级硕士生

摘要:构建区域创新链,提升区域产业链竞争力,是推动京津冀协同发展的重要途径。论文以产业链与创新链的相互关系为逻辑起点,阐述了构建区域创新链的必要性,进而深入剖析了京津冀科技产业先进性不足、创新研发水平滞后、产业链与创新链脱节、科技成果市场化水平不高等现实问题,最终提出注重京津冀分工与合作、以市场需求为导向凝练研究发展方向、完善京津冀产业支撑体系等加快区域创新链构建的对策。

一、引言

京津冀所处地理位置优越,位于东北亚中国地区环渤海心脏地带,是中国北方经济规模最大、最具活力的地区。从国家战略层面看,京津冀协同发展迫切需要从经济发展、社会空间布局、生态环境等方面探寻有效路径。《京津冀协同发展规划纲要》明确指出在未来一段时间内将重点突破交通、生态环保、产业三个领域,在城镇化快速发展阶段加快京津冀地区产业一体化进程是实现京津冀协同发展的关键。《中国制造 2025》中特别提出"围绕产业链部署创新链,围绕创新链配置资源链,加强关键核心技术攻关,加速科技成果产业化,提高关键环节和重点领域的创新能力"。

区域产业一体化的过程是在区域分工合作基础上区域内在经济联系不断加深的过程。[1]产业链是基于某种技术来表达产业部门间的产业关联程度,跨区域构建产业链旨在加强跨区域的经济联系,[2-3]因此,区域产业链的构建与整合是推动区域产业一体化的重要手段和基石。如果能够将京津冀地区产业链与创新链有效地衔接起来,则可能成为京津冀产业一体化的突破口。

二、区域创新链与产业链的关系

(一)创新链与产业链的概念

关于产业链与创新链的概念,学界还没有统一的说法。关于创新链与产业链的相互关系,同样也存在各种见解。从二者的定义出发,弄清二者的相互作用关系,有利于理解京津冀区域产业链与创新链的有效嫁接。

产业链的概念最早来源于亚当·斯密(Adam Smith)关于"制针"的分工论述,并强调企业内部的分工。在此基础上,马歇尔(Marshall)将斯密的企业内分工扩展至企业间分工,从而形成了产业链的理论雏形。[4]国内关于产业链内涵的观点有多种说法,但基本可归纳为以下几点:产业链是以劳动分工与协作为基础,包含产业上下游之间从原料到消费者的完整过程,上下游企业之间因技术联系和投入产出关系而相互连接。[5]产业链的发展可归结为"点—线—面—网"的演变历程。[6]

创新链源于美籍奥地利经济学家熊彼特(J. A. Schumpeter)的"创新(Innovation)"概念,将创新定义为新生产函数中建立企业家对生产要素的新组合及联结技术与产业的一种企业经济行为。[7]此后的学者注意到创新的互动、关联和系统的特征,衍生出创新体系、创新集群、创新链等概念。其中,创新链是指选取某个创新主体作为核心切入点,在满足市场需求的基础上,通过创新环节将创新主体进行有效衔接,以实现知识的经济化过程与创新系统优化目标的功能链节结构模式。[8]技术创新到应用由多个阶段构成,班菲尔德(Edward Bamfield)基于企业内部层面知识产业化过程的视角,将创新链分为:试探研究—工艺开发—试制—市场启动—建立生产和销售五个环节。[9]大部分学者将其总结为一般基础研究、应用研究、开发研究、生产组织和市场开拓等环节。基础研究、应用研究和产业化研究三个环节构成了完整的创新链,各环节都有自己的独特内容和功能,同时各环节必须存在并通过链际合作来利用其他部门和地区的创新资源和优势,才能将不同的技术和知识集成起来,最终形成满足市场需求的新产品,嵌入产业链内。[10-11]

在创新活动的每个环节,创新不是线性的过程,而是不同参与者和机构间复杂的互动作用的结果,这些参与者和机构间的聚集形成了一种别样的集群——创新集群。我国北京中关村移动互联网创新型产业集群以 12 个专业园区和产业基地、35 家科技企业孵化器、20 余家大学科技园以及留学人员创业园为主体,依托移动互联网技术研发服务平台、新产品测试认证平台、技术服务平台、新成果展示和交易平台等服务平台以及联想研究院、微软亚洲研究院、北京邮电大学、清华大学信息科学与技术国家实验室等中关村开放实验室,形成了我国移动互联建设的龙头①,为移动互联网产业的市场化发展提供了有力支撑。

(二)创新链与产业链的关系

区域创新链与区域产业链紧密关联。一方面,从供应链角度来说,创新链的科技成果最终被产业链上的相关企业所吸收,尤其是制造业。按照产业链的价值来排列,根据微笑曲线,全球价值链的两端即价值最高的两端,一端是研发设计,一端

---

① 科学技术部火炬高技术产业开发中心. 北京中关村移动互联网创新型产业集群[EB/OL]. (2014 – 06 – 18). http://www.chinatorch.gov.cn/cyjq/sdmd/201406/afaab4bfb6c940819ce7a1ce36785e12.shtml.

是品牌营销、网络、物流、金融等,[12]因此,创新链的建设,是提升产业链附加值和区域产业竞争力的内生动力。中国经济在新常态下未来转型升级最根本的途径是提高生产率,而提高生产率的前提之一是推动技术进步。构建创新链有利于提高区域产业创新能力,优化产业结构与升级。另一方面,区域创新活动从研究开发到转化投入使用实现产业化,会在企业之间形成大量的技术、人员、商品、资金的联系和贸易,如果区域创新活动分布在区域内的不同空间上,则会由此促进区域产业的一体化进程。[13]

三、京津冀区域创新链发展现状及存在的问题

京津冀地区是全国综合科技实力最强的区域。从京津冀地区、长三角地区、珠三角地区的技术交易额比较看(见表1),京津冀地区的输出技术成交额在三大地区中占比较大,在这三大区域内具有绝对的优势,其作为全国重要的科技创新及研发转化区域,发挥了强有力的辐射带动作用。另外,京津冀地区的吸纳技术成交额也高于长三角地区,远高于珠三角地区,进一步说明京津冀科技市场非常活跃,有较为丰硕的科技创新成果。同时,在长期的发展中,京津冀地区的区域创新活动也形成了区域特色和明显的分工,但各地区合作不足,由此导致京津冀产业的竞争力不强,阻碍了京津冀产业一体化的进程。

表1 我国主要区域技术交易比较 单位:亿元

地区	输出技术成交额	吸纳技术成交额
京津冀地区	3 554.22	1 728.31
长三角地区	1 222.62	1 345.98
珠三角地区	417.42	705.81

数据来源:2015年全国技术市场统计年度报告。

(一)相对产业先进性不足,相对创新研发水平滞后

与传统制造业不同,先进制造业更加强调生产技术与产品的创新,因此城市创新能力的高低对于能否较好地体现产业先进性有重要影响。[14]图1中,通过比较北京、天津、上海的专利授权数量可知,2003—2014年,天津市专利授权数量持续处于低位;2008年后,三地专利授权数量均呈现较快增长,其中以北京市增速水平最高,2008—2014年增长320%,并于2012年超过上海。2014年天津市专利授权数量为26 351项,北京与上海分别为74 661与50 488项,均远高于天津市的发展水平。从反映行业先进性的战略新兴产业发展情况看,2011—2013年间京沪战略新兴产业专利授权数占比总体呈增长趋势,天津总体基本持平。2013年北京、上海战略新兴产业专利授权数占比分别为15.31%、8.98%,均高于天津市5.58%的

水平,天津市行业先进性未能得到充分体现。

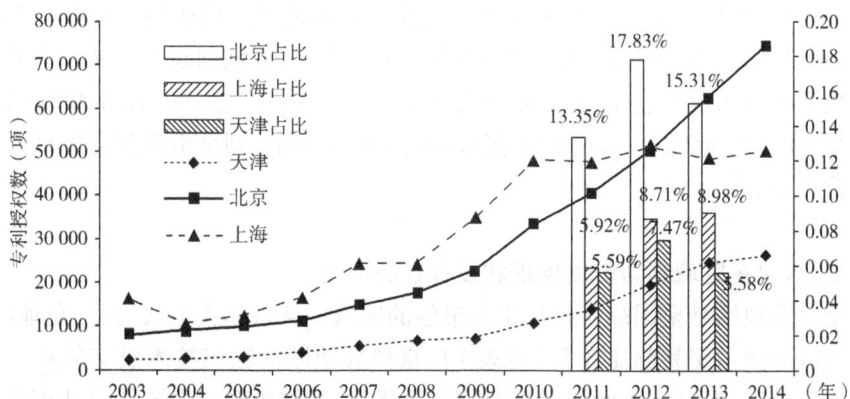

图1 2003—2014年京津沪专利授权数及战略新兴产业专利授权数占比

注:战略新兴产业占比为战略新兴产业专利授权数量占总专利授权数量比例。由于数据缺失,取2011—2013年数值。折线图表示京津沪专利授权数,柱状图表示战略新兴产业专利授权数量占比。

数据来源:Wind数据库。

另外,从三地专利授权数量分布来看,实用新型发明均占比最高,其中天津居首位,为76.36%。然而,体现专利创造性水平的发明专利占比呈现出明显差别,北京与上海发明专利占比分别为31.12%、23%,均高于天津市的12.44%,说明天津市在生产环节过程中创新产出能力有待提升(见表2)。

表2 2014年京津沪专利授权数量分布 单位:%

城市	发明	实用新型	外观设计
北京	31.12	59.03	9.85
天津	12.44	76.36	11.20
上海	23.00	60.81	16.18

数据来源:Wind数据库。

(二)产业链与创新链脱节,京津冀产业一体化受阻

将主要精力放在围绕产业链部署创新链、围绕创新链完善资金链上,重点突出主要的国家战略目标,充分利用资源、加大凝聚力,是我国深化科技体制改革的重要方针,其本质在于以市场需求为导向,加快科技成果的转化,提高区域产业竞争力。区域创新成果不仅是区域内传统产业转型升级的技术源,区域新兴产业兴起

也以区域已有的产业和资源环境为基础,因此,区域创新链以产业需求为发展重点才能避免链环的脱节现象。在长期的发展中,京津冀地区已经形成了以黑色金属冶炼和压延加工业,汽车制造业,计算机、通信和其他电子设备制造业,石油加工、炼焦和核燃料加工业、金属制品业等为重点的重化工业结构(见表3),尤其是河北省,传统产业的改造升级是提升其产业竞争力、实现区域绿色发展的关键。但是从表4可知,京津地区的技术创新主要关注于现代交通、电子信息技术、环境保护与资源综合等领域,2013年这三个领域的合同交易额占到了京津技术市场交易额的58.2%[①],这就造成了京津科技创新成果与河北技术需求的错位。

表3 2013年京津冀制造业分行业规模以上产值结构 单位:%

行 业	比例	行 业	比例
黑色金属冶炼和压延加工业	22.03	铁路、船舶、航空航天和其他运输设备制造业	2.02
汽车制造业	9.39	皮革、毛皮、羽毛及其制品和制鞋业	1.67
计算机、通信和其他电子设备制造业	7.69	纺织服装、服饰业	1.19
石油加工、炼焦和核燃料加工业	5.81	酒、饮料和精制茶制造业	1.17
化学原料和化学制品制造业	5.46	造纸和纸制品业	1.07
金属制品业	5.29	文教、工美、体育和娱乐用品制造业	0.97
电气机械和器材制造业	4.72	印刷和记录媒介复制业	0.67
农副食品加工业	4.48	仪器仪表制造业	0.53
专用设备制造业	4.20	家具制造业	0.50
非金属矿物制品业	3.73	废弃资源综合利用业	0.38
通用设备制造业	3.73	木材加工和木、竹、藤、棕、草制品业	0.36
食品制造业	3.01	烟草制品业	0.31
医药制造业	2.42	其他制造业	0.25
纺织业	2.36	化学纤维制造业	0.13
橡胶和塑料制品业	2.31	金属制品、机械和设备修理业	0.11
有色金属冶炼和压延加工业	2.05		

注:由于数据缺失,烟草制品业与化学纤维制造业未将北京市数据纳入统计;制造业分类参照 GB/T 4754 – 2011.《国家经济行业分类》[S].

数据来源:《天津统计年鉴(2014)》《北京统计年鉴(2014)》《河北经济年鉴(2014)》。

---

① 由于河北省技术市场交易额较少,因此未将其考虑在内。

按照促成区际贸易的最根本条件——相互需求的对接,京津科技创新成果与河北技术需求的错位会极大地影响到京津科技成果在河北省的推广和应用。实际上,北京科技市场在全国呈现出蛙跳式辐射效应,2014 年北京市流向外省市技术合同额度为 1 722 亿元,其中流向福建省技术合同成交额居首位,为 304.7 亿元,占北京流向外省市技术合同成交额的 18.9%;而北京流向河北市场的技术合同额只有 32.4 亿元,仅占流向省外技术合同总额的 2.01%,在东部地区承接北京技术的省市中排名第 9[①]。2013 年天津流向外省市的技术成交额为 135.28 亿元,其中流向河北的技术合同成交额 3.82 亿元,仅占流向外省市技术合同成交额的 2.82%。

表 4　2013 年京津技术市场分领域合同交易额比例　　　　单位:%

技术领域	北京	天津	京津
现代交通	23.20	16.73	22.57
电子信息技术	22.40	18.02	21.95
环境保护与资源综合利用	14.50	6.37	13.68
城市建设与社会发展	10.70	15.45	11.12
核应用技术	11.30	0.07	10.23
新能源与高效节能	6.23	7.98	6.40
先进制造技术	4.48	22.91	6.24
航空航天技术	2.73	1.22	2.59
生物、医药和医疗器械技术	1.96	5.65	2.32
新材料及其应用	1.39	4.14	1.65
农业技术	1.24	1.45	1.26
合计	1	1	1

数据来源:《天津科技统计年鉴(2014)》、北京市技术市场统计年报,http://www.cbtm.gov.cn/bjjssc/scjc_show_ids502monitorTypes1.html.

(三)科技成果市场化水平不高,转化效果不明显

从科技成果市场发展水平看,用每万名科技活动人员技术合同成交额反映京津沪技术市场创新产出效率。由图 2 可知,2008—2013 年天津市创新产出效率增速缓慢,2014 年仍处于低位水平,为 12.73 亿元/万人,与上海相当,远低于北京市的相应值 43.16 亿元/万人。因此,天津市科技成果市场化水平仍较弱。另外,用

---

①　东部地区包括福建省、辽宁省、广东省、江苏省、上海市、浙江省、山东省、天津市、河北省,以及海南省等 10 个省市,北京输出东部地区的技术合同成交额占北京流向外省市技术合同成交额的 47.5%。

新产品销售收入衡量科技成果直接转化效果,2013 年天津市新产品销售收入占主营业务收入比重为 18.86%,而北京与上海市水平分别为 19.62% 与 21.70%①,凸显了天津市科技成果直接转化效果不明显的问题。

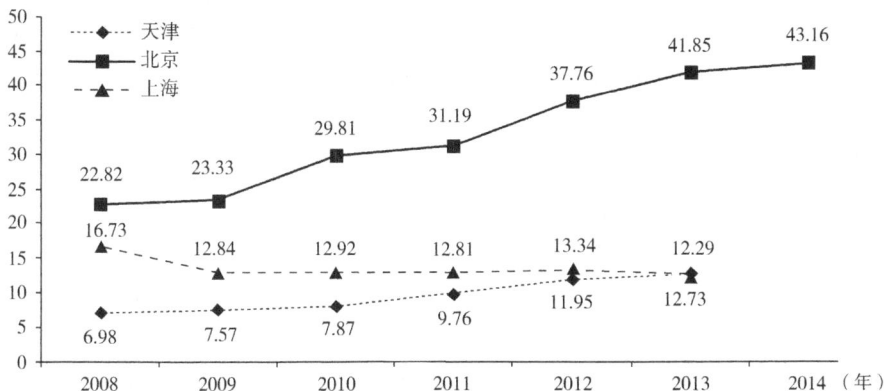

图 2   2008—2014 年京津沪每万名科技活动人员技术市场成交额(单位:亿元/万人)

注:天津市与上海市 2014 年数据缺失。

数据来源:北京市数据来源于北京市统计局网站科技活动及专利情况,http://www.bjstats.gov.cn;天津市数据来源于《天津市科技统计年鉴(2014)》;上海市数据来源于 Wind 数据库。

四、基于京津冀产业一体化的区域创新链构建对策

创新链内部环节的割裂和产业链与创新链的割裂不仅阻碍了京津冀地区的产业一体化,也影响了区域产业的竞争力。因此,为了加快实现北京"全国科技创新中心"、天津"全国先进制造研发基地"、河北"产业转型升级试验区"的战略定位,建议将构建区域创新链作为促进京津冀产业一体化的抓手和突破口,实现跨区域间产业紧密衔接,从而提升京津冀地区的自主创新能力和国际市场竞争能力。

(一)注重城市错位分工,加强城市产业合作

京津冀协同发展背景下,京津冀地区需形成完整的科技创新体系。北京要立足首都功能,充分发挥科技、信息和人才优势,集中发展公司总部、科技创新、市场营销等产业链的高端环节;天津要突出先进制造业研发基地的功能,一方面承接产业链的主体制造部分,另一方面重点优化发展高端装备、电子信息等先进制造业,加强科研成果转化,努力实现由劳动密集型向深加工为主的资本、技术密集型转型。另外,天津市全国先进制造业研发基地的发展需借力京冀,三者在分工的基础

---

① 数据来源于《天津科技统计年鉴(2014)》。

上无缝对接,形成区际产业链,将产业链上企业由竞争转向合作推动区际产业协调发展。

建议合作的重点放在三个方面:一是加大京津科技合作的力度,基于产业集群积极探讨构建区域产业技术创新联盟,共同促进区域应用研究的发展,接续断裂的区域创新链条,提升区域创新链的整体竞争优势;二是利用天津制造业的优势,鼓励北京科技界与天津企业界的合作,引导企业早期介入研发工作,使企业真正成为创新的主体,促进研究开发成果更好地符合市场需求,更快地形成生产力;三是加强京津科技资源和科技服务的共享,搭建公共资源共享平台、建立产业发展关键技术数据库,提高创新资源的利用效率,提升区域产业的创新水平。

(二)精准对接重大需求,促进区域产业一体化

以市场需求为导向,凝练区域研究发展方向,集中有限的资源重点突破,是实现区域资源高效配置的重要手段。依据国家对于京津冀"全国创新驱动经济增长新引擎"和"生态修复环境改善示范区"的战略定位,以及京津冀协同发展的战略,应立足京津冀,辐射全国乃至全球建设京津冀创新链。因此,根据"中国制造2025"发展战略,结合京津冀产业发展需求,建议京津冀区域创新链未来发展重点聚焦于以下三个研究方向:①代表最新生产力的战略性新兴产业技术。重点在于包括新一代信息技术、高档数控机床和机器人、航空航天装备、先进轨道交通装备、新材料、生物医药等十大高端领域,促进天津早日实现全国先进制造研发基地的战略定位。②促进传统产业提档升级的技术。"没有过时的产业,只有落后的技术"。在现阶段,传统产业依然是经济的主体,未来发展不宜也不应该放弃或削弱传统产业。通过科技创新研究推动传统制造业更新换代,提高其资源利用效率,是京津冀产业链尤其是河北省传统产业提档升级的需要,重点包括级别特别高的钢铁基地和高档金属制品制造的钢铁产业精深加工技术、石化产业技术、装备制造业技术和农产品的加工技术等。③绿色技术。党的十八届五中全会明确提出了包括"绿色"在内的五大发展理念,生态环境保护同时也是京津冀协同发展需率先突破的重点领域之一,因此应将研究开发节约能源、水资源和环境保护技术放在首位,加快解决制约发展的资源能源环境问题。具体而言,包括绿色产品设计、绿色材料、绿色设备、绿色回收处理、绿色公益、绿色包装等技术的创新。

(三)完善产业支撑体系,增强基地辐射能力

要完善产业支撑体系,激发市场活力,提高天津市创新产出效率以及科技成果转化能力,将先进制造业做大做强,全面增强基地辐射带动能力。第一,通过大力促进科技中介服务行业的人才专业化建设,以及逐步完善科技中介服务的标准规范等方面,发展天津市科技中介服务行业,促进天津市科技成果转化效率,释放天津市"全国先进制造业研发基地"跨越发展的内生动力。第二,发挥政府采购的调

控作用,开展科技成果应用示范工程,从市场端拉动科技成果转化应用,从需求端和供给端同时出发,促使供需平衡,从而使供需政策相互促进、相互匹配,以提高科技成果的转化效率,加快科技创新成果转化为现实生产力的进程。第三,加大对外开放力度。一方面,充分利用港口优势,对接全球价值链,促进自身产业升级;另一方面,加深与内地城市的合作力度,扩大城市影响力,全面形成先进制造业发展合力。第四,改善基地营商环境,通过完善基础设施建设、规范市场运营制度、加强生态环境治理,为入驻企业提供良好的运营和生产环境,加强天津市的城市承载功能,提高城市竞争力。

参考文献:

[1]全诗凡.基于区域产业链视角的区域经济一体化[D].天津:南开大学,2014.

[2]林淼.技术链、产业链与技术创新链理论分析与政策含义[J].科学学研究,2001(12):28-33.

[3]吴金明,邵昶.产业链形成机制研究——"4+4+4"模型[J].中国工业经济,2006(4):36-43.

[4]魏然.产业链的理论渊源与研究现状综述[J].技术经济与管理研究,2010(6):140-143.

[5]胡亦盛,楼儒铠,章豪锋.价值链、供应链与产业链的概念辨析[J].现代物业:中旬刊,2010(6):22-23,105.

[6]邵昶,李健.产业链"波粒二象性"研究——论产业链的特性、结构及其整合[J].中国工业经济,2007(9):5-13.

[7]Schumpeter J, Backhaus U. The theory of economic development[M]. Joseph Alois Schumpeter:Springer US, 2003:61-116.

[8]蔡翔.创新、创新族群、创新链及其启示[J].研究与发展管理,2002(12):35-39.

[9]Bamfield P. The Innovation Chain[J]. Research and Development Management in the Chemical and Pharmaceutical Industry:Second Edition, 2004:225-244.

[10]程李梅,庄晋财,李楚.产业链空间演化与西部承接产业转移的"陷阱"突破[J].中国工业经济,2013(8):135-147.

[11]崔焕金.基于全球技术链的产业升级分析[J].技术经济与管理研究,2010(3):120-123.

[12]刘明宇,芮明杰.价值网络重构、分工演进与产业结构优化[J].中国工业经济,2012(5):148-160.

[13]姜泽华.关于产业对接的几个基本理论问题[J].长春理工大学学报:社会科学版,2012,25(12):67 – 69.

[14]邱维臣,马树礼.2011年天津市技术市场统计分析[J].天津科技,2014(2):36 – 38.

"北漂"群体住房状况调查

王艳芳

首都经济贸易大学城市经济与战略管理专业2015级硕士生

摘要:据统计,北京市有大约800万"北漂"群体,占常住人口近1/4,他们为北京市的经济建设、多元化发展、增加首都创新活力做出了重要贡献。尽管在北京城市建设中,人口增长带来了一些负面影响,如交通拥堵、公共设施不足等,但集聚各种优质资源且正处在发展阶段的北京市,人口增长所带来的红利远大于其负面效应。本文聚焦于年龄在18~36岁的"北漂"青年群体(下文中所提及的"北漂"群体仅指18~36岁的"北漂"青年群体),以问卷调查及人物专访的形式深入了解该人群的工作、住房现状及住房满意度等情况,利用SPSS软件对数据加以分析,通过调查数据反映"北漂"群体在住房方面所面临的困境,并利用"福利三角范式"分析其中原因并给出相应的建议,旨在帮助"北漂"群体解决困境,鼓励高素质人才留京。

一、引言

资料显示,"北漂"(青年)群体普遍具有如下特征:思维意识活跃,对同质群体具有强烈的归属感,自我要求高,压力大,高等需求较强等。经济压力、被关注度不足、缺乏安全感等问题在"北漂"群体身上屡见不鲜,而缺乏安全感的主要原因就是住房问题。由于众多主客观原因,很多"北漂"群体暂时没有能力买房,只能选择租房居住,他们的主要经济支出就是房屋租金。

住房问题是世界各国的难题,对中国而言,城市青年阶层的住房问题尤为突出。针对不同地区的住房状况,众学者对此进行了广泛研究。研究对象主要集中在以下几个方面:外来务工人员、新老两代农民工、[1]夹心层群体、高校毕业生、[2]高校青年教职工、城市低收入人群[3]和城市非户籍人员。[4]研究角度主要包括:住房状况、发达国家以及中国的住房保障、住房供给与需求、城镇住房差异化和住房不平等问题。研究主要通过调查问卷和个体访谈两种方式进行。

首先是对某群体住房状况的研究。范丽娜、巫亚桥、张佳等人针对"北漂"群体的生存状况进行过深入研究,通过问卷调查和个人访谈,他们发现"北漂"群体的住房现状普遍不容乐观,在住房选择、居住实态、住房保障方面面临较大压力,且住房压力致使人均可支配收入偏低。

其次是对住房需求影响因素的有关研究。美国学者 Adams(1984)指出,一个人的住房问题与他的财产状况、社会地位、社会保障程度以及一些特殊因素相关联。刘永翔等基于武汉市的统计数据进行实证分析,发现年人均可支配收入和年龄结构对住房需求影响较大,房价和房贷利率对住房需求有一定影响但影响较小。蒋达强等以上海市为例进行了实证研究,其结果显示影响上海市住房需求的主要因素有潜在的住房需求、城市居民收入的逐年提高、居民消费结构和消费意识的转变和住房政策。

最后是"北漂"群体的住房保障政策研究。英国学者 Nevitt(1977)提出,对一个国家来说,住房和社会保障这两个问题中的任何一个解决不好,都会影响该国向其国民或家庭提供全面保护。而一个社会如果希望取得基于社会安全目标的社会公平,就必须首先解决好它的住房问题。经济学家 Fuerst(2003)认为公共住房的目标对象是低收入家庭,他们位于收入阶层的底端,一部分人接受了公共的资助,使他们能获得更好的生活。美国学者 Alex F. Schwartz(2008)认为公共住房虽存在很多问题,如设计不合理、管理不当、运营资金不足和贫困相对集中等,但它能为中低收入住户提供相对舒适的住房。我国目前的住房保障政策主要包括廉租房政策、公共租赁房政策、经济适用房政策、两限房政策,以及河北省将要实施的环京廉租房政策、住房公积金政策和住房补贴政策。但我国现有的住房保障政策有限制条件,这些"门槛"阻碍了"北漂"群体享受这些福利政策。这些限制因素将在后文中详细论述。

总体来看,住房问题引起了众多学者的关注,从住房的需求供给、住房的保障措施到城乡住房的差异和不平等[5],学者们进行了调查分析并给出了不同的看法和意见。国内外已有对青年群体住房状况和住房保障的研究,但是处于"夹心层"的"北漂"群体的住房状况问题未能得到足够重视,本文希望通过调研报告弥补这一研究缺陷;同时,本研究以北京市青年群体为例,映射出很多大城市青年群体在住房方面存在的问题和面临的困境,为提高社会总福利和完善住房保障政策提供了实证分析。本文在现有研究基础之上,将研究对象缩小到"'北漂'青年"这一相对较小的群体,深入并且有针对性地研究其住房实态、需求、住房保障状况,既为"北漂"群体消解困境,也为北京人口疏解和管理以及新城镇化的发展提供参考。

二、研究方法与数据来源

首先,本文通过文献搜集法,查找有关"北漂"群体生活状况的资料、该部分人群集聚在北京的原因以及本文的理论和现实意义;其次,通过问卷调查和个人访谈的方法,对符合本文定义的"北漂"群体进行实地调研,了解其住房实态、住房满意度以及住房保障享有程度;再次,根据调查问卷总体情况、个人访谈总体情况和已有资料文献,分析论述"北漂"群体生活现状的内在原因;最后,针对"北漂"群体所面临的问题及已分析的内在原因,给出意见和建议。本文除了使用最常见的研究方法——文献搜集法、个案访谈及问卷调查法,还使用了 SPSS 数据分析法和福利三角范式分析法。

(一)SPSS 数据分析法[6]

SPSS 软件是常用的统计分析软件,可以对调查数据进行系统分析,包括因子分析、相关分析、回归分析、独立样本 T 检验、方差分析等。此方法为研究提供了很大帮助,使分析结果更加清晰明确。

(二)福利三角范式[7]

福利三角范式是 1988 年伊瓦思在多元福利组合理论的基础上提出的,他认为社会福利是由家庭、市场(经济)和国家共同组成的福利整体。无论从家庭(此处细化为"北漂"群体个人)、市场(经济)还是国家方面,"北漂"群体都或多或少面临压力,特别是在国家政策方面,"北漂"群体明显受到社会排斥(见图1)。

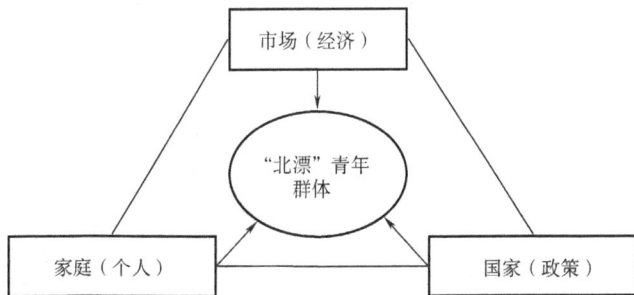

图1 福利三角范式示意图

(三)资料及数据来源

通过"问卷星"编制问卷并在网络发放问卷,发放对象主要为笔者已经参加工作的同学和朋友。大家通过"滚雪球"的方式收集了多份有效问卷,最后使用 SPSS 软件对数据进行深入分析,得出相应结论。

三、基于 SPSS 的数据分析

(一)问卷设计

考虑到数据的可获得性及针对性,本次问卷调查采取判断抽样及方便抽样的方法,根据文中"北漂"青年群体的界定,有选择性地选取对象进行调查。数据主要来源为研究者已参加工作的同学及身边同学的朋友等,以此方式收集到有效问卷40份。

问卷调查主要收集的数据包括:个人基本信息、工作与住房现状、住房满意度评价、政策评价与建议。第一部分为问卷甄别部分,内容包括年龄、学历、工作单位等基本信息,旨在筛选符合条件的调查对象,了解样本信息。第二部分为问卷主体部分,内容包括住房及工作相关信息,住房性质、花费、面积、居住时间、选择标准等,以及工作通勤方式、通勤时间、到北京工作的动机等。第三部分为住房满意度调查,以量表题的形式呈现,旨在调查"北漂"青年群体整体住房满意度情况。这三部分内容相互联系,由浅入深,客观且充分地了解受访者的工作与住房情况,并挖掘其与住房相关的主观意愿与动机。

(二)样本描述

由于调查样本较少,所以本调查使用目的性抽样方法,根据文中对"北漂"青年群体的界定,所选择的对象都属于界定范围之内,共收集40份有效问卷。下面对样本信息进行描述。

样本中的性别和年龄构成如图2、图3所示,样本总量为40,其中男性22人,占样本总数的55%;女性18人,占样本总数的45%。18~20岁的人数为7人,占比17%;21~30岁的人数为29人,占比73%;31~40岁的人数为4人,占比10%。

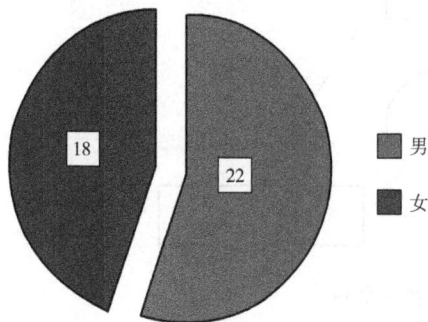

图2　被调查者男女比例　　　　图3　被调查者年龄比例

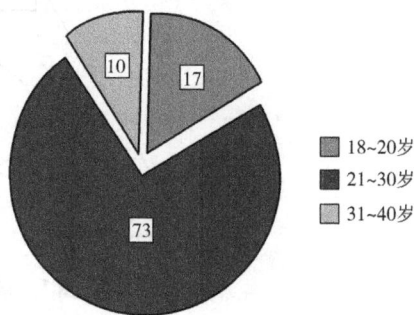

被调查者的学历、工作单位和参加工作时间如图4、图5、图6所示。可以看出,本科学历者居多,研究生和专科学历者人数持平。由此看来,大部分"北漂"青年群体具有学历支撑,有一定的文化素养。表3显示,60%的被调查者在企业工作,25%的被调查者在事业单位工作,95%的被调查者现阶段都有自己的工作,所以在住房方面,有很大的自主选择权。图6所显示的数据是被调查者参加工作的时间,绝大多数被调查者工作年限为1~2年。由于没有北京户口、工作时间短等原因,这部分人面临很大的住房困境和生存挑战。

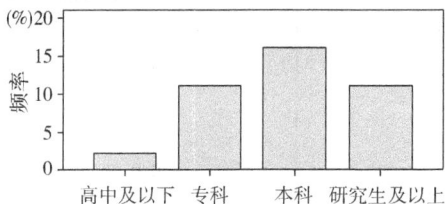

图4 被调查者学历分析

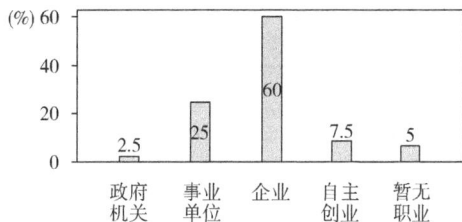

图5 被调查者工作单位分析

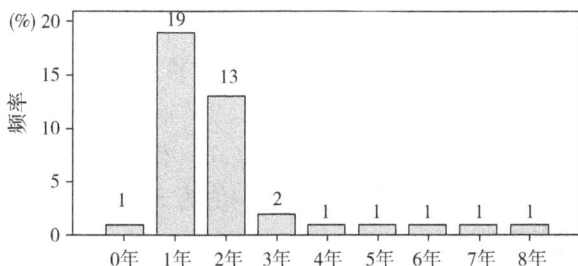

图6 被调查者参加工作时间

（三）住房现状

图7所示为被调查者的住房性质。40个被调查者中,28人租房居住,11人单位提供住处,唯有一人已经买房。其中16人享有住房公积金或者住房补贴。表1所示为被调查者的住房面积,47.5%的被调查者住房面积为20~50平方米,27.5%的被调查者住房面积不到20平方米。

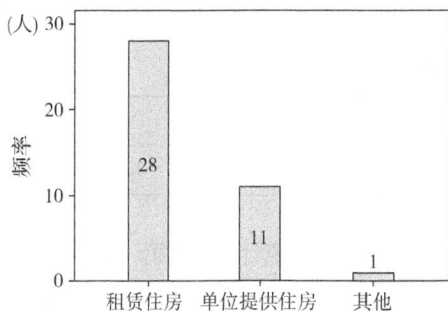

图7 被调查者住房性质

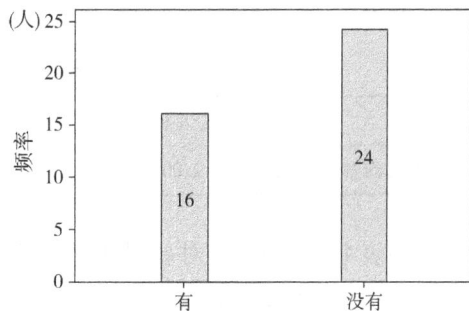

图8 被调查者是否享有住房
公积金或住房补贴

表 1 住房面积分析

	人数	百分比(%)
面积 < 20 平方米	11	27.5
20 平米 ≤ 面积 < 50 平方米	19	47.5
50 平米 ≤ 面积 < 100 平方米	8	20.0
面积 ≥ 100 平方米	2	5.0
合计	40	100.0

(四)住房满意度

为了调查"北漂"青年群体对北京住房整体满意度情况,针对以下指标进行量表题调查:对目前居住、工作、收入的满意情况,将"非常满意、比较满意、一般、不太满意、非常不满意"分别赋予分数值"5,4,3,2,1",得分越高说明"满意度"越高。表 3 对"满意度"做了量化分析,得出满意度均值为 3.065 0。总体来看,这一群体对北京住房满意度并不高。

表 2 住房满意度分析

	极小值	极大值	均值	标准差
C1 我对目前住房的满意度	1	5	2.90	0.928
C2 我对目前收入的满意度	1	5	2.78	0.947
C3 我对目前工作的满意度	1	5	3.33	1.047
C4 我对国家住房保障政策的满意度	1	5	2.60	1.105
C5 我的幸福指数	1	5	3.73	1.132

表 3 描述统计量

	极小值	极大值	均值	标准差
整体满意度	2.00	4.00	3.065 0	0.446 96

如表 4、表 5 所示,对被调查者选房时看重的因素进行统计,发现第一因素和第二因素都是"住房价格",可见,住房价格是"北漂"群体暂时无法买房的主要障碍。

总体看来,被调查者对北京住房状况的整体满意度不高。但为何"北漂"青年群体数量一直居高不下呢?表 6 显示了这一群体选择在北京工作和生活的原因,统计数据显示,最主要的三个原因是"工作机会多"、"大城市视野开阔"和"工资高",这也充分体现了北京的大城市效应。

表4　选择住房看重因素(第一因素)

	频率	百分比(%)
通勤时间	12	30.0
住房价格	14	35.0
附近生活设施	2	5.0
邻里关系	1	2.5
居住安全	11	27.5
合计	40	100.0

表5　选择住房看重因素(第二因素)

	频率	百分比(%)
通勤时间	12	30.0
住房价格	18	45.0
附近生活设施	6	15.0
邻里关系	1	2.5
居住安全	2	5.0
合计	40	100.0

表6　在京工作生活的原因

原因	频数	百分比(%)
选择北京原因(工作机会多)	30	29.1%
选择北京原因(工资高)	19	18.4%
选择北京原因(大城市视野开阔)	26	25.2%
选择北京原因(自主创业机会多)	8	7.8%
选择北京原因(情感因素)	7	6.8%
选择北京原因(为了后代考虑)	6	5.8%
选择北京原因(其他)	7	6.8%
总计	103	100.0%

通过调查问卷的数据分析,可以得出以下结论:大部分"北漂"群体短期内没有能力买房居住;部分"北漂"群体无法享受到住房福利政策,成了市场和住房保障之间的"夹心层";"北漂"群体对住房的整体满意度有待提高。

四、"北漂"群体面临困境的原因

上文仅展示了部分调查材料。根据调查问卷和个案访谈具体情况,以下将从"福利三角范式"的三个方面对"北漂"群体面临困境的原因进行分析。

(一)政府和国家

我国城镇住房保障体系主要包括:租赁房制度、经济适用房制度、住房公积金制度和政府补贴,由此形成了高收入家庭购买市场商品房、中等收入家庭购买经济适用房、低收入家庭租赁廉租房的住房结构,分别满足了这三类家庭自身的住房需求。我国采取的住房保障制度一般都有严格的条件限制,使得廉租房保障面狭窄、经济适用房"不经济",而作为刚刚进入社会不久的"北漂"青年群体正是被这些限制条件排斥在外。比如:北京廉租房的申请条件中明确规定申请人必须具有本市非农业户口,且取得本市户籍满五年;单身人士要符合晚婚年龄;人均住房面积、人均月收入、家庭资产等都要符合一定标准。作为刚刚参加工作的"北漂"青年群体,在户口方面一般会遇到很大困难,仅此一条就将很多"北漂"青年排斥在住房保障之外。经济适用房制度的建立确实解决了一部分中低收入人口的住房难题,但是北京市住建委主任杨斌在说明《北京市城镇基本住房保障条例(草案)》时指出,在原有经济适用房、限价房备案家庭解决住房困难问题后,不再开展经济适用房、限价房项目建设,这意味着在北京将不能再申请经济适用房,经济适用房的供给结束了。但是"北漂"青年并没有减少,因此他们将不能享受到经济适用房的优惠保障政策。

通过上述分析可以看出,"北漂"青年群体既没有足够能力在北京买房,又不符合保障性住房的购买条件,也达不到租赁申请要求,于是这部分人游走在市场和住房保障之间的"空心地带",成了名副其实的"夹心层"人群。

(二)市场

影响市场商品房价格的因素有很多,其中供求关系仍然是主要因素,住房价格要在供给和需求之间达到平衡。但是,住房价格往往是一种刚性价格,即房价往往高于均衡价格并且持续居高不下,这种现象一方面是由于成本刚性造成的,另一方面是因为房地产开发商为了自身利益倾向于建设高价住房,导致房价被抬高。于是,高房价将"北漂"青年群体排斥在"买房"之外。

"北漂"青年群体既没能力买房,又享受不到租房优惠,只能在房租高、面积小、环境差的私人出租房里生活。而地理位置比较优越的出租房供不应求,又将住房租金不断抬高,也使得很多"北漂"青年群体的大部分收入都花费在了房租上面。

(三)个人

除了上述市场和国家政策的社会排斥原因,"北漂"青年群体之所以面临住房困境的另一个原因来自自身。第一,自身能力不强。在众多"北漂"青年人群中,不否认会存在自身能力很强、经过两三年的奋斗之后,便能在北京很好地生活下去的人,但大多数"北漂"青年自身能力一般,而且在人才济济的北京,竞争压力十分巨大,短时间内凭借自身能力在北京解决住房困境并非易事。第二,大城市具有劳动力匹配、知识溢出、基础设施完善、机会多、工资高的优势,大部分在北京本地的毕业生不会选择去往其他小城市,都梦想着通过努力和奋斗在北京站稳脚跟,实现梦想。这种观念的存在也会使他们陷入住房困境。

五、结论与建议

因处于"夹心层"的"北漂"青年群体的住房状况未能得到足够重视,本文正是以此为切入点,对"北漂"群体的住房现状进行调查,了解其真实生活状况;同时本研究以北京市青年群体为例,映射出很多大城市青年群体存在的住房问题和面临的困境,为提高社会总福利和完善住房保障政策提供了实证分析。具体政策建议如下。

(一)国家和政府应加大保障力度

建议政府牵头建设适用于青年人才的保障性住房,比如"青年人才公寓",采取学校公寓的管理模式,作为青年人才工作前几年的过渡性住房;同时,制定严格规范的申请标准与退出机制,开放对象仅为青年人才群体。此外,建议国家放宽住房公积金的提取条件,允许个人在紧急情况下提取公积金,并提高住房公积金利率,以减少通货膨胀带来的损失。

(二)"北漂"青年群体应积极转变传统思想

"自有住房是稳定生活的保障"这一传统思想在大部分中国人心中根深蒂固,认为结婚、养老等事项都需要有稳定的住房。这些观念使得部分"北漂"青年急于购买住房,甚至购买超出自身购买能力的住房。因此建议,一方面政府需要完善租房政策,减少青年群体租房的后顾之忧;另一方面,"北漂"青年群体也应该从自身出发,积极转变传统思想,避免盲目买房,以造成更大的生活压力。

本文采取多种研究手段和方法,尽可能全面具体地分析"北漂"群体的住房现状和问题。但是由于样本取样有限、调查范围不够广泛、调查对象不配合以及软件使用、数据处理方面的问题和研究者自身能力等原因,研究难免有偏差和分析不充分之处,在后续研究中将继续完善。

参考文献:

[1]于洪芳. 新生代农民工住房状况及改善对策研究[D]. 大连:大连理工大学,2011.

[2]贡成龙. 大学毕业生群体住房现状及保障研究[D]. 南京:南京农业大学,2009.

[3]王飞. 我国中低收入大学毕业生住房保障问题研究[D]. 昆明:云南财经大学,2012.

[4]王星. 上海市青年就业人口住房现状及需求影响因素研究[D]. 上海:复旦大学,2013.

[5]王雪力. 基于居住状况视角的流动人口社会融合研究[D]. 武汉:华中师

范大学,2015.

　　[6]邓振伟,于萍,陈玲.SPSS软件在正交试验设计、结果分析中的应用[J].电脑学习,2009(5):15-17.

　　[7]洪韬.关于我国机构养老模式发展的思考——基于福利三角范式的视角[J].湖北职业技术学院学报,2012(3):78-82.

新型城镇化过程中
农业转移人口市民化成本分担机制研究

张怀超

首都经济贸易大学区域经济专业 2015 级硕士生

摘要:有序推进农业转移人口市民化是《国家新型城镇化规划(2014—2020年)》的重要内容,也是进一步推进城镇化的必要举措。在以人为核心的城镇化建设中,农业转移人口市民化的巨大成本支出是影响市民化进程的重要因素,因此实现农业转移人口市民化的关键在于设计合理、适用的成本分担机制。本文以农业转移人口市民化成本分担的现实基础为切入视角,研究推进市民化过程中各种费用支出的构成,并找出我国农业转移人口市民化的主要制约因素:制度制约、成本制约和财税政策制约;并通过对制约性因素的分析,探讨如何构建各级政府、用工企业、农民工自身协同参与的成本分担机制,明确成本承担主体、支出责任和分摊比例,以期为形成政府主导、多方参与的农业转移人口市民化成本分担机制提供参考。

一、引言

进城务工的农民工群体是新型城镇化建设的主要贡献者。有序推进留城人口的就地市民化,实质是实现城镇基建和市政服务一体化的过程,而推进市民化过程中巨大的费用支出已成为阻碍新型城镇化发展的关键因素。另外,我国当前存在着众多制约市民化推进的障碍因素,导致整个市民化进程推行得十分缓慢。因此,设计合理、适用的市民化成本分担机制,是各地推进市民化进程的首要任务。

我国第一代农业转移人口以 70 后为主,他们现在大多已返回农村。目前在城镇中工作生活的第二代农业转移人口以 80 后和 90 后为主,他们大多已经习惯城市的思想观念和生活方式,有在城镇落户的强烈意愿。城市融入水平高,这成为城市化快速推进的内在驱动力,是农业转移人口市民化的重要现实基础。

随着国家的扶农政策落到实处,城乡居民在社会福利待遇等方面的问题得到改善。一方面,各级政府在城乡社保、医疗、就业等方面的工作取得了明显成效。另一方面,随着社会的发展,我国现行户籍制度的弊端日益显现,各级政府在探求中稳步推进户籍制度改革,积累了一定的工作经验。这些都为我国农业转移人口市民化奠定了丰富的实践基础。

二、农业转移人口市民化成本构成分析

目前,学者们对市民化成本的构成已形成多样、合理的认识。单菁菁(2015)把市民化成本分为公共成本和私人成本;张继良、马洪福(2015)没有把市民化做大致分类,而是直接具体到社会保障成本、生活成本、教育成本、住房成本等。傅东平(2014)认为市民化的支出构成应分为三类,即个人支出、用工单位支出和政府支出。苟兴朝(2014)只做了公共成本与个人成本的大致划分。笔者认为公共成本与私人成本的大致划分是较为合理的。

(一)公共成本

公共成本主要包括以下五个方面:一是城镇基建与管理成本。大量人口由农村涌入城市,势必会给城市的道路、交通、通信、电力、燃气、卫生、娱乐等各类市政公用设施造成压力。为满足新城镇人口的需要,政府会加大在医疗、环保、教育等服务方面的费用支出,以适应农业转移人口的新情况。二是社会保障成本,即农业转移人口享受城镇公共服务和相关福利待遇所应当投入的资金量。虽然我国规定城镇职工参加养老保险的保费由企业和个人承担,但为了提高居民保障水平、减轻职工压力,政府会给予一定的补贴,这也是市民化过程中重要的成本投入。三是农民工住房成本。农民工市民化后,对城镇住房的需求增加,政府需投入更多的资金加大保障性住房建设和廉租房租房补贴。四是随迁儿童教育成本。农业转移人口市民化后,与其共同生活的适龄儿童就要在城镇继续享受义务教育的福利。政府一方面要新建或扩建中小学校,另一方面又需要投入教育经费来弥补城乡义务教育差距带来的公共成本。五是农业转移人口就业服务与职业教育成本。农业转移人员文化水平低,专业技能匮乏,在城市中的求职能力较低。因此,需要政府为这些人员提供相应的职业技能培训,尽可能地为他们创造更多的就业机会、提供更多的就业岗位,此项支出也应计入市民化的公共成本之中。

(二)私人成本

农业转移人口是市民化的贡献者也是获益者,他们将逐步得到与城镇人口趋同的城市公共服务和福利待遇。因此,其自身需要支出一定比例的资金。其承担的费用主要包括:①住房支出。住房问题是市民化推进中最难以应对的困难之一,住房成本相对较高,是农业转移人口个人成本中负担较重的部分;②生活支出。即为满足城市生活的自身需求所作出的基本开支,主要包括:吃、穿、住、行、通信、娱乐等基本支出;③社会保障成本。主要是指五险一金等社会保障中需要个人缴纳的部分;④随迁子女教育支出。虽然我国目前在中小学阶段实行九年义务教育的教育经费主要由国家负担,一定程度上减轻了居民在子女教育费用上的压力,但是

在现实生活中,农业转移人口子女在幼儿园、高中、大学甚至是义务教育以外的其他形式的教育费用仍然很高,是家庭消费支出的重要部分;⑤就业支出。农业转移人口为了获取工作机会,提高自身技能,会有一部分用于提高自身素质的支出。

三、农业转移人口市民化的主要制约因素

随着新型城镇化进程的加快,农民工市民化成本分担的困难与障碍日益突出。而阻碍农民工进入城镇的限制性因素主要包括:制度制约、成本制约和财税政策制约。

(一)制度制约

我国实行城镇户籍和农村户籍双轨并行的户籍制度,不同的户籍意味着不同的权利和待遇,隐含着巨大的福利落差,这已成为阻碍农业转移人口市民化的根本因素。进城务工的农民工群体由于是农村户籍属性,一方面难以融入城镇社保体系,他们虽然和城镇居民生活在相同的环境下,却难以享受和城镇户籍市民相同的福利和待遇。另一方面,农民工群体即使加入城镇社保,在完成市民身份转变的同时,也意味着必须放弃农村承包地,这大大降低了留城务工人群的市民化意愿,使其被动地成为新型城镇化的弱势和边缘群体。

城乡社保制度的脱轨导致了农业转移人口市民化后社保制度困境局面的出现。我国实行城乡双轨社保制度,城镇户籍相比农村户籍的社会保障具有保障类型多、涉及面广和保障程度高的特点,这使城乡的社会保障资源分配严重失衡,进城的农业转移人口由于户籍限制难以得到和城镇居民同等的福利。由于城乡社保对接制度的不完善,农业转移人口退出原有社保体系,参加新型城镇化社保体系的成本也较高。

(二)成本制约

农业转移人口市民化从本质上来说是城乡服务的同等化。从前述研究可以看出,制度因素是制约农业转移人口市民化的主要因素。部分农业转移人口虽然被计入全国城镇化率,但他们并没有真正享受到除基建设施、城市交通、社会治安等以外的市政服务,比如保障性住房、子女教育等方面相关的服务。虽然目前已有包括北京在内的30个省份出台了户籍制度改革方案,但是具体的制度落实困难,难点就在于城乡公共服务差距带来的巨额成本。

虽然农业转移人口可以通过购买商品房、租房和保障性住房等方式实现"居者有其屋"的生活状态,但是由于房价较高、保障性住房较少、租房费用高等问题,想实现"居者有其屋"的愿望并非易事。由于其自身教育文化水平的限制,农业转移人口在城镇中大多从事劳动强度大、工资收入低的工作。用工企业特别是中小微企业为了降低企业成本,通常不愿意承担农业转移人口的社会保险等相关费用。

面对过高的房价和过高的生活成本,较低收入的农民工往往无力承担,这严重影响了其市民化进程。

(三)财税政策制约

财税政策属于制度范畴,之所以拿出来单独讨论,是因为资金缺口大、财力不足是各省推进农业转移人口市民化的困难所在。在现实生活中,城市基本的公共服务主要由地方政府提供。一方面,我国中央和地方收入按税种划分的政策使地方财政收入大大减少,面对市民化资金的严重短缺,地方政府财力不足,难以支付市民化的巨大成本,因此也难以有效推行户籍制度改革。另一方面,当前我国并没有把市民化指标纳入地方政府的考核机制,导致地方政府加快农业转移人口市民化的积极性不高。而我国财政转移支付对农业转移人口的长期忽视,使得市民化的资金问题迟迟得不到有效解决。

四、农业转移人口市民化成本分担机制的构建

市民化成本承担主体包括各级政府、用工企业和农民工自身。政府分摊的支出基本来自财政收入;企业分摊的支出基本来自企业的商业利润;而农民工自身承担的支出基本来自工资收入和家庭的自有财产(见表1)。

表1　农业转移人口市民化成本分担主体分析

主体	成本构成	资金来源	地位	比例
政府	$C_{基建1}$、$C_{住房1}$、$C_{社保1}$、$C_{教育1}$、$C_{就业1}$	中央和地方财政	主导	65%~75%
企业	$C_{基建2}$、$C_{住房2}$、$C_{社保2}$、$C_{教育2}$、$C_{就业2}$	商业利润	主要	15%~25%
个人	$C_{住房3}$、$C_{社保3}$、$C_{就业3}$、$C_{生活}$	工资和农村资产	辅助	10%

(一)政府分担部分

政府在进城务工人群市民化的费用分摊中起主导作用,政府又具体细分为中央和地方两级政府。其分摊的费用主要包括:城镇基建和维护支出、保障性住房支出、社保支出、随迁儿童教育支出以及就业支出等。

中央政府对市民化费用的分摊着重体现为以下几点:一是推进城乡户籍改革,着力破除双轨并行的城乡户籍制度,放宽城镇落户条件,建立健全"人—地—钱"挂钩政策,逐步消除"农业人口"和"非农业人口"的差别,逐步建立城镇乡村一体的户籍制度,完善与户籍有关的各种福利,推进城乡设施服务的同等化。二是推进城乡社保改革,完善城乡社保制度,确保农民工能够较好地过渡到城市社保体系中。加快城乡社保制度的并轨,并进一步明确农村和城镇具体社保制度上的转换和衔接,减低市民化进程中的社保过渡成本,为农业转移人口市民化后缴纳社保费

用提供制度衔接。三是推进农民工住房改革,着力创新和完善农民工住宿现状。一方面,推进农民工安居工程的建设,将农业转移人口纳入城镇经济适用房、廉租房等政策范围,对没有获得保障性住房的农业转移人口家庭给予适当的住房补贴。另一方面,加大对供给房结构的调节,引导房地产开发商开发适合留城人口居住的中低价位、中小套型住宅,满足中低端层次人群的安家诉求。中央政府可以结合农民工各地体量设立市民化专项补偿资金,加大财政补偿力度,创新财政补偿方式,通过中央政府的专项资金补偿来解决推进市民化过程中产生的各种衔接错位问题。在区域协调发展和引导农业转移人口合理流动的基础上,逐步建立以常住人口为依据、"人财"挂钩的财政补偿制度。

地方政府对市民化费用的分摊着重体现在以下方面:当地能够吸纳的外来农民工群体越多,需要投入的资金量就越大。虽然大量农民工从农村迁移到城市会给当地带来较高的财政和管理压力,但外来农民工同样是地方经济的贡献者。因此,地方政府需要积极主动地承担起推进市民化所造成的额外支出,重点是满足新增人群的城镇基建和市政服务需求,着力为新市民化人口提供良好的生活环境和便利的居住条件。因推进市民化的财政支出巨大,政府除了划拨有限的市民化专项资金外,还可以探索开发本地产业,促进农村电商发展,提升产品附加值和延长产业价值链等途径,引导一部分弱势农民工回流,以此来推动当地的市民化进程。

(二)企业分担部分

企业作为市场经济体系的基本活动单元,大量吸纳了进城务工的农业转移人口。企业分摊的费用主要包括:权益维护与城镇社保支出、住宿支出、随迁儿童的学习教育支出,职业培训支出与基础设施建设与维护支出等。企业对农业转移人口市民化各项费用的分摊应依据企业的大小规模设定对等的分摊标准。企业可分为大中型企业和小微型企业,它们对市民化费用分摊的侧重点不同。

大中型企业对费用的分摊着重体现在以下方面:一是积极参与城市基建和员工住房的搭建。接纳进城的人员越多,政府用于城市基建的财政支出也就越多。由于学校、医院、道路、交通、水电、保障性住房等基础设施建设投资大、回收期长,单纯依靠政府投资很不现实。大中型企业拥有雄厚的物资积累,可以根据公司物资实力分摊城市基建和农民工的住宿成本,如投资建设城镇便民设施、建造员工宿舍、提供职工住宿补贴等,发挥他们在城市建设中的作用。二是改善职工子女的学习教育条件。随迁儿童学习教育是农业转移人口进城务工十分关心的事情,大中型企业应积极参与员工随迁儿童学习教育条件的改善,出资为企业员工建立便民学校,支援部分生活较为困难的员工子女上学,真正关心到农民工孩子的教育需求,打消农民工进城务工的最大顾虑,这也很好地诠释了企业的社会责任感。

小微型企业对费用的分摊重点体现在以下方面:一是必须严格遵守国家法律、

法规的规定,与农业转移人口签订劳动合同。认真落实农民工的应得利益,坚决避免工作、薪酬上的区别对待情况,保证农民工和城镇职员享有同等待遇以及和城镇职员一样的薪金上涨和职务升迁的机会。二是应严格按照国家法律规定,承担农业转移人口的部分社保费用,主要是五险一金中企业应承担的部分,保证务工人员能按全国统一的规定参保,分摊市民化的社保成本。三是应分摊员工工作技能学习的费用。用工单位应加大在农民工在工作技能学习方面的投入,可结合农民工自身发展和企业自身发展需求,为他们设立特定的学习课程,组织他们参加学习。这不仅可以提高农业转移人口的工作能力,增强其对企业的认可,同时也能为企业奠定人才基础,提高企业生产效率,推动企业发展,进而帮助他们更好地完成向城市的转移。

（三）农业转移人口个人分担部分

以新生代农业转移人口为主体,加上部分老一代农民工,在逐步完成市民化并得到与城镇人口趋同的市政服务和多样福利待遇的过程中,也需要为此支出特定的费用,这主要体现在以下几个方面。

第一,是自身的住宿支出。住宿支出需要农业转移人口拥有一笔非常可观的收入才能解决,在"房就是家,没有自己的房就没有家"这种思想观念的影响下,中国人都想买房,但实际上在农业转移人口中能支付高昂房价的人很少。因此,农业转移人口应转变以前的思想,根据自身的经济收入选择居住方式,分担市民化过程中的部分住房成本。经济收入较好的人群可以采用购房为主、租房为辅的方式;经济收入较差的人群可以采用租房为主、购房为辅的方式,使农业转移人口能"住有所居"。

第二,是城镇社保支出。依据现有规定,城镇社保费用应由雇佣公司和职工个人共同支付,这主要是五险一金中个人分摊的部分。因此,农业转移人口应积极缴纳社会保险中个人应缴的部分,增强参加社会保障的热情。

第三,是就业和生活支出。农业转移人口自身应积极参加政府和企业组织的职业技能培训活动,增强自身职业技能能力。除此之外也可以根据自己的实际情况,选择适合自己的其他培训课程,不断充实和提升自我能力,来适应企业需求,从而提高收入,进而提高成本分担能力。农业转移人员应当在力所能及的范围内承担起个人及其家庭的生活成本,尽可能地减轻城市化给政府和社会带来的压力。

对于市民化过程中成本分担的比例,目前学术界还未达成共识。苟兴朝(2014)认为各主体具体承担比例应为:中央政府为60%,地方政府为20%,用工企业为10%,个人为10%。周春山(2015)认为市民化成本中政府、企业、个人承担比重依次应为46%、22%和32%。笔者认为,政府应根据本地经济发展状况来确定相应的承担比例。东部地区农业流入人口较多,市民化成本较大,但经济基础较好,可以多承担一些,积极引导人口为城市建设做贡献;而中西部人口流出较多,本地市民化成本相对较低,加上经济发展落后,可酌情少承担一些。企业作为市场经济的重要组成部分,如果承担市民化成本的比例太低则不能较好地履行企业的社会责任,发挥其在城市化过程中的推动力;而过高又会限制企业的发展。因此,笔者认为政府为65%~75%,企业为15%~25%,个人为10%比较合理。

五、结语

在加速推进以人为核心的新型城镇化建设背景下,进一步推动以新生代农民工为主体的农业转移人口市民化进程已成为历史必然,而落实过程中产生的巨大费用支出是各地面临的最大障碍。从上述研究中可以看出,应多方合力,设计出合理、适用的各级政府、用工企业、农民工自身协同参与的成本分摊体系,明确支出主体和责任,形成以各级政府为主导、当地用工企业为主体、农民工自身为辅助的市民化成本分担机制。

参考文献:

[1]苟兴朝. 农民群体分化视角下的市民化成本分担研究[J]. 开发研究,2014(5):48 - 52.

[2]单菁菁. 农民工市民化的成本及其分担机制研究[J]. 学海,2015(1):177 - 184.

[3]石智雷,朱明宝. 财政转移支付与农业转移人口市民化研究[J]. 西安财经学院学报,2015(2):5 - 10.

[4]张国胜. 中国农民工市民化:社会成本视角的研究[M]. 北京:人民出版社,2008.

[5]殷一博. 农业转移人口市民化成本分担机制探索[J]. 开放导报,2014(4):58 - 61.

[6]罗云开. 农业转移人口市民化成本分担机制研究述评[J]. 农业经济,2015(7):3 - 6.

[7]王晓红,王吉恒. 农业转移人口市民化成本困境及对策分析[J]. 农业现代化研究,2015(5):767 - 772.

[8]何玲玲,蔡炉明. 农民市民化的成本解构[J]. 重庆社会科学,2016(3):43 - 50.

[9]王国霞,张慧. 农业转移人口市民化成本分担机制分类设计初探[J]. 经济问题,2016(5):80 - 84.

[10]张继良,马洪福. 江苏外来农民工市民化成本测算及分摊[J]. 中国农

村观察，2015(2).

[11]傅东平，李强，纪明.农业转移人口市民化成本分担机制研究[J].广西社会科学，2014(4):72-77.

[12]余小英.农业转移人口市民化成本分担及政府角色研究[J].中国劳动，2015(6):25-29.

[13]高拓，王玲杰.构建农民工市民化成本分担机制的思考[J].中州学刊，2013(5):45-48.

[14]谌新民，周文良.农业转移人口市民化成本分担机制及政策含义[J].华南师范大学学报:社会科学版，2013(5):134-141.

[15]俞雅乖.农民工市民化的基本公共服务投入成本及其财政分担机制研究[J].西南民族大学学报:人文社科版，2014(8):127-131.

[16]刘美月，李开宇，唐倩倩，等.新型城镇化背景下农民工市民化成本测算及其分担机制构建——以西安市为例[J].江西农业学报，2016，28(3):113-118.

[17]周春山，杨高.广东省农业转移人口市民化成本收益预测及分担机制研究[J].南方人口，2015，30(5):20-31.

张家口市生态补偿问题及对策研究
——以草原补偿为例

冯军宁

首都经济贸易大学区域经济专业 2015 级硕士生

摘要:2016 年 4 月,国务院办公厅发布了《关于健全生态保护补偿机制的意见》,提出实施生态保护补偿是调动各方积极性、保护好生态环境的重要手段,是加快生态文明建设的重要内容之一。本文从张家口市生态补偿的必要性分析入手认为:张家口市生态系统服务价值巨大,对外部地区做出了重要贡献。但是张家口市经济实力有限,难以单独支撑自然生态保护之重任。本文以张家口市草原补偿为例探究张家口市现行生态补偿机制的短板,并在补偿主体、补偿客体、补偿标准和补偿方式等方面提出可行性建议;补偿主体多元化实现京津冀生态共建共享;受益对象明确化灵活确定补偿范围;补偿标准科学化保持生态建设可持续;补偿方式多维化实现从"输血"到"造血"的转变;构建生态补偿跟踪评估机制实现生态领域率先突破。

一、引言

张家口市位于河北省西北部,与首都北京一山之隔、一水相连,是北京的上风上水之地,对保障首都北京的生态环境有着极大的支撑作用。但由于历史原因、自然环境、社会经济等诸多因素的影响,特别是项目制约和经济贫困,使对其的投入远远达不到生态保护和建设所需的规模要求,张家口市的生态环境目前仍处于较脆弱状态。所以,生态补偿是解决区域经济、社会和生态之间矛盾的重要手段。

二、张家口市生态补偿必要性分析

(一)张家口市生态系统服务价值巨大,对外部地区做出了重要贡献

经测算,张家口市森林与湿地生态系统服务总价值高达 634.76 亿元/年[①],其中,张家口市森林物质产品总价值为 40.96 亿元/年,生态服务总价值为 312.41 亿元/年。张家口市当地受益的服务占 40.27%,有近 60% 的服务贡献给了外部地

---

① 数据来自《张家口市林业与湿地资源评估研究》。

区。张家口市湿地物质产品总价值为 13.94 亿元/年、生态服务总价值为 267.45
亿元/年。湿地提供的生态系统服务中,56.79% 为区域受益,张家口市当地受益的
服务仅占 41.04%。因此,张家口市每年为周边地区提供的生态服务价值为
305.17 亿元,这其中主要是北京地区受益,其价值占总价值的 48.07%;为全国提
供的服务价值为 71.80 亿元,占其总价值的 11.31%。张家口市每年 60% 以上的
森林与湿地生态系统服务贡献给了外部地区。

(二)张家口市经济实力有限,难以单独支撑自然生态保护之重任

1. 张家口市地区生产总值和财政收入增速急剧下降,财政赤字问题凸显

2001—2015 年张家口市地区生产总值呈现上升趋势,但增长速度比较缓慢。
2001 年张家口 GDP 为 258.02 亿元,2011 年突破千亿元大关,2015 年为 1 363.54
亿元,年均增长率仅为 1.6%,且在 2014 年以后增速明显放缓。张家口市 GDP 增
长率呈现先了上升再快速下降的趋势,尤其在 2010 年以后张家口市 GDP 增长率
由 20.75% 下降到 2015 年的 0.37%,这在一定程度上反映出张家口市为保护生态
涵养区的自然生态环境所做出的巨大经济牺牲(见图 1)。

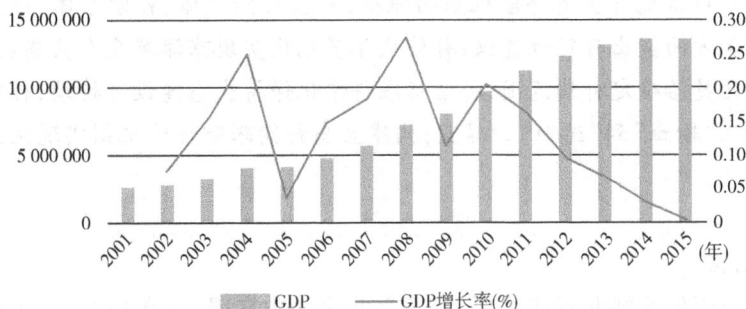

图 1　2001—2015 年张家口市地区生产总值(单位:万元)

数据来源:张家口市《国民经济与社会发展统计公报(2001—2015)》。

从数据分析来看,近年张家口市出现财政赤字现象是常态。从财政收支情况
分析,2001—2008 年张家口市基本保持了财政收支平衡;2008—2015 年,财政赤字
现象凸显,从财政赤字趋势线来看,财政赤字呈现不断扩大的趋势(见图 2)。

从财政收入来看,2001—2015 年张家口市财政收入呈现逐年递增的趋势,但
增长率明显放缓。2001 年财政收入为 19.08 亿元,2002 年财政收入为 30.83 亿
元,增长率为 61.62%;同期河北省财政收入为 448.7 亿元,张家口市财政收入仅约
占河北省财政收入的 4.25%。2015 年张家口市财政收入 230.68 亿元,增长率为
0.11%;同期河北省财政收入为 4 047.7 亿元,张家口市约占河北省财政收入的
5.70%。从 2012 年开始,张家口市财政收入增速明显放缓,2012 年增长率为

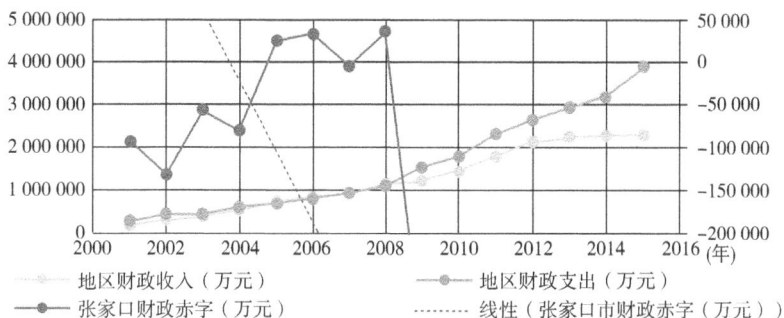

图2　2001—2015年张家口市财政收支情况

数据来源:张家口市《国民经济与社会发展统计公报(2001—2015)》。

19.41%,2013年增长率为4.58%,2014年增长率为2.88%,2015年增长率仅为0.11%。具体数据如图3所示。

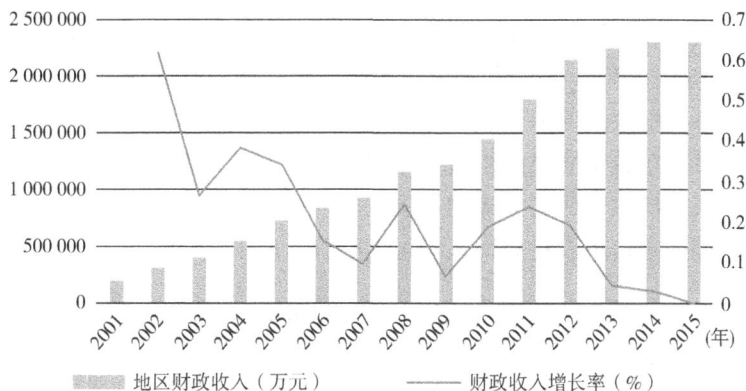

图3　2001—2015年张家口市财政收入状况

数据来源:张家口市《国民经济与社会发展统计公报(2001—2015)》。

2. 环境保护支出在财政收入中占比总体呈现上升趋势

从环境保护支出及其在财政收入占比角度分析,2007—2009年环境保护支出是加速趋势;2009—2012年环境保护支出占财政收入的比重短暂下降,自2012年以后稳步增长。2007—2015年张家口市环境保护支出与财政收入状况如图4所示。

(三)张家口市人均收入水平远低于北京市,且低于河北省人均收入水平

张家口市、河北省及北京市三省市之间人均收入相对差距在缩小,但绝对差距在拉大(见表1)。2001年北京市全年城镇居民人均可支配收入是张家口市城镇居

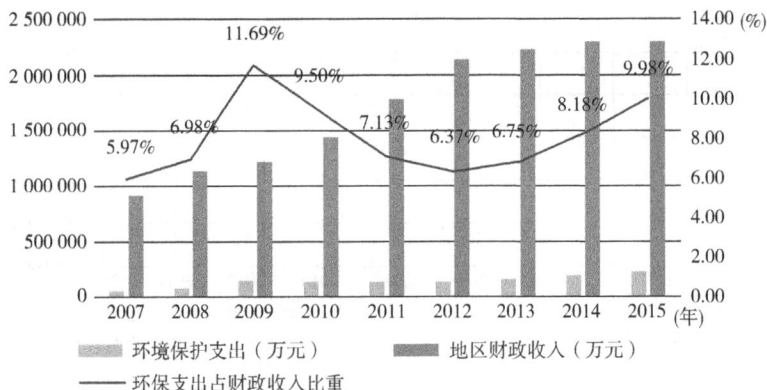

图4 2007—2015 年张家口市环境保护支出与财政收入

数据来源:张家口市财政局。

民可支配收入的 2.4 倍, 2015 年北京市城镇居民可支配收入是张家口市城镇居民可支配收入的 2.22 倍;2001 年北京市农村居民人均纯收入是张家口市农村居民人均纯收入的 3.67 倍,2015 年北京市农村居民人均纯收入是张家口市农村居民人均纯收入的 2.46 倍。2001 年河北省全年城镇居民人均可支配收入约是张家口市城镇居民人均可支配收入的 1.25 倍,2015 年河北省平均全年城镇居民人均可支配收入是张家口市全年城镇居民人均可支配收入的 1.10 倍;2001 年河北省农村居民人均纯收入是张家口市农村居民人均可支配收入的 1.88 倍,2015 年河北省农村居民人均纯收入是张家口市农村居民人均可支配收入的 1.32 倍。

表1 张家口市、河北省及北京市人均收入对比　　　　　　单位:元

年份	北京市		河北省		张家口市	
	全年城镇居民人均可支配收入	全年农村居民人均纯收入	全年城镇居民人均可支配收入	全年农村居民人均纯收入	全年城镇居民人均可支配收入	全年农村居民人均纯收入
2001	11 578	5 099	5 984.8	2 603.6	4 795	1 388
2002	12 463.9	5 880	6 678.7	2 685.2	5 275	1 534
2003	13 882.6	6 496.3	7 239.1	2 853	5 689	1 777
2004	15 637.8	7 172	7 951.3	3 171.1	6 520	2 116
2005	17 653	7 860	9 107.1	3 481.6	7 714	2 329
2006	19 978	8 620	10 304.6	3 801.8	8 940	2 670
2007	21 989	9 559	11 690.5	4 293.4	10 051	2 854
2008	24 725	10 747	13 441.1	4 795	12 054	3 286

续表

年份	北京市		河北省		张家口市	
	全年城镇居民人均可支配收入	全年农村居民人均纯收入	全年城镇居民人均可支配收入	全年农村居民人均纯收入	全年城镇居民人均可支配收入	全年农村居民人均纯收入
2009	26 738	11 986	14 718.3	5 150	13 246	3 559
2010	29 073	13 262	16 263.4	5 958	14 649	4 119
2011	32 903	14 736	18 292.2	7 119.7	16 401	4 854
2012	36 469	16 476	20 543	8 081	18 441	5 564
2013	40 321	18 337	22 580	9 102	20 525	6 384
2014	43 910	20 226	24 141	10 186	21 651	7 462
2015	52 859	20 569	26 152	11 051	23 841	8 341

注：2001 年北京市农村居民人均纯收入为全年农村居民可支配收入。

三、张家口市现行运行生态补偿短板分析——以草原补偿为例

我国现行生态补偿实践中存在着补偿主体与客体不明确、生态受益者和保护者之间利益不对等的现象，致使生态受益者和保护者权责落实不到位。当前我国草原生态补偿对象为牧民，但草原生态补偿涉及多方利益主体。张家口市草原生态补偿主要涉及京津风沙源草原治理项目、退耕还林后续产业草地建设项目和草原生态保护补助奖励政策等项目工程。

（一）中央财政以直补为主，横向补偿发展不足，市场化机制不成熟

目前生态补偿资金以中央财政转移支付为主，张家口市草原补偿主体是国家。京津风沙源治理一期工程项目 2014 年国家共投资 108 821.885 万元，其中饲料粮补助款 14 238.585 万元。二期风沙源治理工程从 2014 年实施，国家共投资 9 795万元；巩固退耕还林成果后续产业建设项目中央总投资 41 343 万元；坝上半牧区草原生态保护补助奖励机制项目 2012 年开始，到 2015 年共计 14 515 万元。多年来北京市和河北省对张家口市环境保护进行了资金支持，但由于缺乏明确的协商平台和机制，导致当地对生态保护和建设的积极性不高。另外，市场化补偿严重不足，自然资源需求关系未完全理顺，市场补偿依据不够，市场化机制不成熟。

（二）补偿资金主要分配给政府，补偿范围难以界定

张家口市草原补偿情况客体范围主要包括农业部、省农业厅、市农牧局、县（区）农牧局（畜牧局）及乡镇政府及当地居民。在实际操作中，草原补偿资金主要分配给政府部门，草原补偿项目实际受益对象不明确，导致管理费用和生态补偿资金分配不能被合理利用；受供求影响牛羊肉价格波动较大。市场滞后性及牛羊养

殖的周期性导致张家口市牧户养殖规模与数量变化较大。根据河北省草原生态保护补助奖励机制实施方案,以 20 个羊单位来计算,当市场价格较高时进行大规模养殖,市场价格较低时则不再进行养殖,这导致出现不够 20 个羊单位情况的现象,使草原补偿中享受牧民生产资料综合补贴户难以界定。

(三)生态补偿标准不科学且不合理,无法体现其连续性

这具体表现在以下几个方面。

1. 补偿标准偏低

其一,生态补偿标准低于退耕还草前的经济效益。截至 2015 年年底,张家口市坝上地区禁牧补助面积 1 963.84 万亩,补助标准为 6 元/亩,共补助资金 11 783.04万元。根据赤城县畜牧局统计,实行禁牧政策后仅养殖业一项,农民每年减收 6 500 多万元。其二,补贴标准低于生态建设成本。在京津风沙源草原治理项目补助标准是 16 元/亩,围栏封育中的围栏杆市场价 25 元/根,圈舍建设补贴标准为 200 元/平方米,而普通圈舍建造成本为 300 元/平方米,标准化的圈舍建设成本在700 ~ 750 元/平方米。其三,行政区划不同补偿标准差异大。怀来县瑞云观乡镇边城村护林员的年工资为 1 800 元/年,相比距镇边城村只有 7 公里的北京延庆的村庄,护林员的工资为5 400元/年,是怀来县村落的 3 倍。

2. 缺少管护费、草地更新费、围栏修补费

京津风沙工程建设时间长,工程量大,管护任务艰巨,而草地治理定额标准管护费期限只有一年,导致前期工程无人管理;工程补植补播、治虫灭鼠的防护资金严重缺失,造成实际防治面积与应防治面积相差较大,难以做到有规模和有效防治,已成为生态保护和建设成果的最大隐患;围栏损坏严重,围栏修补费严重不足。

3. 生态补助缺乏连续性

张家口市生态补偿以项目工程建设为主,便于操作。但随着项目或工程的结束,补偿资金就会陷入中断,生态环境保护建设便无法持续进行,从而缺乏长期性和稳定性。

(四)补偿方式单一,"造血"机制发展缓慢

首先,补偿是以项目建设为主,非经济补偿缺失。张家口市草原生态补偿主要涉及京津风沙源草原治理项目、退耕还林后续产业草地建设项目和草原生态保护补助奖励政策。张家口市草原补偿方式主要为工程和项目建设资金补偿,并以生产资料补贴等为辅助形式,这一方式使得受保护地区获得可持续发展的能力有限。其次,是后续产业发展缓慢,生产规模较小,加工精度较低,技术水平不高;品种单一,高附加值的产品很少,规模效益低;经营管理水平低,缺乏市场竞争力,导致农牧民的收入受到影响。

四、对策建议

张家口市作为京津冀生态涵养区,在保护生态环境方面有着重要的地位,其本身是京津的生态屏障和水源涵养地,也是自然生态环境脆弱的地区。其与京津冀区域现代化和生态安全密切相关,对保障首都北京的生态环境有着极大的支撑作用。本文从补偿主客体、补偿标准、补偿方式和建立补偿效果追踪评估机制等方面提出以下合理建议。

(一)补偿主体多元化,实现京津冀生态共建共享

当前,政府转移支付是生态补偿的主要模式。国家十分重视张家口市生态环境工程的建设,逐步加大了对张家口市的扶持,投入力度呈现逐渐加强的趋势。笔者认为,国家应继续加强生态补偿力度,为实现绿色发展提供物质基础;单一化补偿主体加重了中央财政负担,而搭建京津冀生态保护对话协商平台,可实现横向转移支付与纵向转移支付共同支撑的格局,形成共同参与、成本共担、收益共享的互动机制,实现京津冀三地协调发展;由于市场在资源配置中发挥着决定性作用,所以应适时适当引入市场机制,探索碳汇交易、水权交易等市场化手段,与政府补偿模式互为补充;应拓宽京津冀生态补偿基金来源,发挥非政府组织的作用。

(二)明确受益对象,灵活确定补偿范围

应明确受益对象,涉及政府的应直接补给政府部门,涉及农牧民的应直接补助给农牧民。坝下地区禁牧给农牧造成的损失直接补偿给养殖户或草地承包户。张家口市全面禁牧后,农牧民收益受到很大影响。因坝下地区绝大部分是贫困县,畜牧业是农牧民的主要经济来源。实行禁牧后,由于舍饲圈养成本增加,一些散养户纷纷退出养殖行业,全市草食牲畜存量下降,特别是崇礼、赤城等养羊大县,目前羊的存栏数比禁牧前下降了近50%。另外,草原奖补资金发放应同畜牧业综合生产资料补贴资金合并到禁牧补贴资金中一并发放到农牧民手中。

此外,还应设定补偿计算区间标准,合理确定补偿范围。应根据市场价格波动情况,合理设定补偿计算区间标准。牲畜价格变动时,适当降低或提高单位羊计算标准,促使牧民生产资料综合补贴户得以合理界定。

(三)建立合理科学的补偿标准,保持生态建设的可持续性

逐步探索和建立生态环境价值评估体系,积极推动绿色国民经济核算工作,建立合理科学的补偿标准,着手于对当地为保护生态环境的投入、当地居民最低生活标准、经济损失以及机会成本等多维度的研究,逐步缩小因行政区划不同而导致的补偿标准的差距,以调动当地居民生态建设保护的积极性。还应增加管护费、草地更新费、围栏修补费。张家口市属于生态脆弱区,生态环境易遭破坏而难以恢复。经过近15年的建设保护,加强了植被恢复成效管护,增加了管护费、草地更新费、

围栏修补费,延长了管护费周期;前期工程围栏专人专护,切实做好完成后工程补植补播、治虫灭鼠工作,对破损围栏及时补修,巩固生态建设成果。生态补偿的可持续性是测度补偿政策合理性的重要维度,生态补偿既要保持区域性,又要体现区域公平性。张家口市生态补偿面临的约束之一是补偿资金的不可持续性,所以应缩小因区域财政实力不同而造成的补偿标准差异,加强生态保护建设资金稳定性和持续性,从而调动各方生态环境保护的积极性。

(四)建立多维补偿方式,实现从"输血"到"造血"的转变

围绕"京津冀水源涵养功能区"的定位,要紧紧抓住京津冀协同发展、承办冬奥会等重要历史机遇,实现中央和三地多方资金支持,通过物资、劳力等缓解当地补偿客体部分生产资料和生活资料问题,并通过培训或输入专职人员,提高受补偿者的生产技能和技术含量。生态保护建设有极强的正外部性,政府在加强资金支持的同时,应给予相应的政策补偿。发展绿色产业,实现从"输血"到"造血"的转变,迫切要求张家口市实现产业转型,发展高新技术产业和生态产业。政府应加大扶持力度,把张家口市打造成国家生态产业发展的试点,实现其经济、社会、生态的全面协调发展。

(五)构建生态补偿跟踪评估机制,实现生态领域率先突破

生态领域是京津冀协同发展实现率先突破的三大领域之一。为了及时准确地分析生态补偿对生态、经济、社会等方面的成效,及时反馈实施工程中的问题,有必要对京津冀生态涵养区的生态补偿实施效果进行跟踪和评估,定期向张家口市生态补偿相关利益方公布评估结果,并根据结果发现问题、分析问题、解决问题,实现生态领域里的率先突破。

参考文献:

[1]Roberts M J, Lubowski R N. Enduring Impacts of Land Retirement Policies: Evidence from the Conservation Reserve Program[J]. Land Economics, 2007, 83(4): 516-538.

[2]Sijing Feng, Daohan Wang, Xinlian Zhang. Study on Ecological Compensation for Coal Mining Activities Based on Economic Externalities[J]. Journal of Geoscience and Environment Protection, 2014(2):151-156.

[3] Van Hecken, Bastiaensen G. Payments for Ecosytem Services: Justified or Not? [J]. Environmental Science and Policy, 2010(13):785-792.

[4]Shihua LI, Deshan TANG. Study on Ecological Compensation Policy among the Micro Subjects on Water Energy Resources Development[J]. Water Resource and Protection, 2009(1):1-57.

[5]I – Shin Chang, ect. Ecological Compensation for Natural Resource Utilisation in China[J]. Journal of Environmental Planning and Management, 2014:57.

[6]徐堃,田义文. 流域生态补偿理论探析[J]. 北方环境,2011(7):3 – 4.

[7]毛显强,钟瑜,张胜. 生态补偿的理论探讨[J]. 中国人口·资源与环境,2002,12(4):38 – 41.

[8]许芬,时保国. 生态补偿——观点综述与理性选择[J]. 开发研究,2010(5):105 – 110.

[9]贾引狮. 生态补偿机制的生态经济学分析[C]// 生态文明与环境资源法——2009 年全国环境资源法学研讨会,2009:372 – 373.

[10]李云燕. 我国自然保护区生态补偿机制的构建方法与实施途径研究[J]. 生态环境学报,2011,20(12):1957 – 1965.

[11]王翊,等. 外部性理论与生态补偿[J]. 中国水土保持,2007(12):17 – 20.

[12]徐中民,钟方雷,赵雪雁,等. 生态补偿研究进展综述[J]. 财会研究,2008(23):67 – 72.

[13]丘君,刘容子,赵景柱,等. 渤海区域生态补偿机制的研究[J]. 中国人口·资源与环境,2008,18(2):60 – 64.

[14]李晓光,苗鸿,郑华,等. 生态补偿标准确定的主要方法及其应用[J]. 生态学报,2009,29(8):4431 – 4440.

[15]徐中民,钟方雷,赵雪雁,李兴文. 生态补偿研究进展综述[J]. 财会研究,2008(23) : 67.

[16]陈冰波. 主体功能区生态补偿[M]. 北京:社会科学文献出版社,2009.

[17]郭跃. 鄱阳湖生态经济区湿地生态补偿标准研究——以吴城为例[C]// 中国管理科学学术年会,2012.

[18]张贵祥. 首都与跨界水源生态经济特区合作协调机制研究——以京张合作为例[J]. 生态经济,2010(2).

[19]金春久. 湿地补水生态补偿标准量化研究——以向海湿地为例[J]. 东北师大学报:自然科学版,2015,47(3).

京津冀地区雾霾治理国际案例借鉴及路径选择

潘 鹏

首都经济贸易大学区域经济学专业2015级硕士生

摘要:随着我国经济建设步伐加快,粗放式的发展模式导致近年来雾霾天气频发,且日益严重,这越来越引起人们的重视。京津冀作为我国受雾霾侵蚀影响严重的区域,对于雾霾的治理不仅迫在眉睫,更将起到巨大的区域示范作用。本研究从京津冀地区的实际情况入手,利用归纳演绎、统计描述等方法,挖掘造成雾霾天气形成的多方面因素,同时借鉴并分析国外其他地区的污染治理经验,探讨如何在统筹发展模式下开展京津冀雾霾治理工作,提出相应有效的治理路径建议。

一、前言

2014年京津冀协同发展正式上升为国家战略,未来京津冀将成为我国战略发展的重点区域之一。与之相对,京津冀地区严重的雾霾污染对人民生活、社会发展和经济建设造成了越来越恶劣的影响,公众对有效治理雾霾的诉求也日益高涨,改善生态环境条件的问题已迫在眉睫。根据美国国家航空航天局(NASA)2011年航拍数据显示(见图1),中国已经成为全球被雾霾侵袭最严重的地区之一,而这其中的重灾区就集中在京津冀范围内。

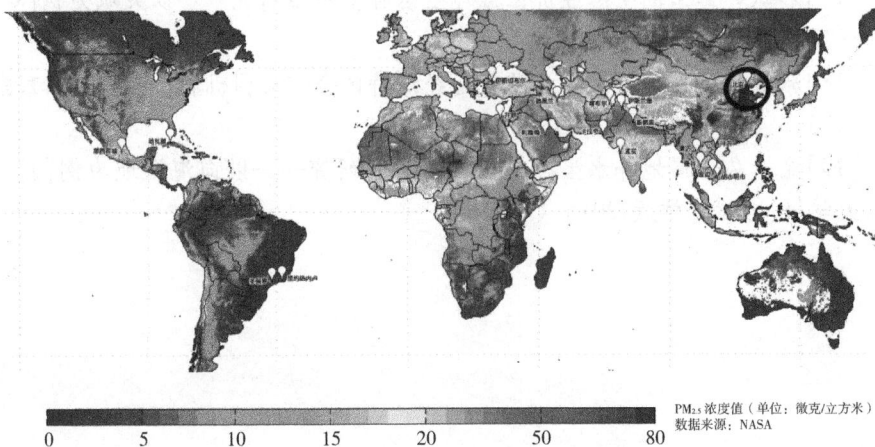

PM$_{2.5}$浓度值(单位:微克/立方米)
数据来源:NASA

0   5   10   15   20   50   80

图1 全球各地受雾霾侵袭严重程度

京津冀作为我国战略发展的重点区域之一,2014 年常住人口达到 1. 11 亿,占全国的 8. 1% ,GDP 达到 6. 65 万亿元,是目前我国最具发展潜力的地区之一,有望成为国家经济增长的第三极。然而高密度的人口负荷,快速不均衡的发展状态,也使京津冀地区的生态环境受到严重破坏,近年来更是成为我国雾霾污染最严重的地区。根据 2013—2015 年环保部公布的《我国 74 个城市空气质量状况》显示,空气质量排名最差的 10 个城市中约有 7 个属于京津冀地区,且以河北省为主(见表1)。

表1　2013—2015 年全国 74 个城市中空气质量排名最差的后十位城市

排名	2015 年	2014 年	2013 年
1	沈阳	保定	邢台
2	邢台	邢台	石家庄
3	保定	石家庄	唐山
4	石家庄	唐山	邯郸
5	哈尔滨	邯郸	济南
6	长春	衡水	衡水
7	廊坊	济南	天津
8	唐山	廊坊	保定
9	济南	郑州	郑州
10	衡水	天津	廊坊

近年来,雾霾给人民生活和经济发展所造成的严重影响已经引起公众的广泛关注。2012 年 2 月,国务院发布空气质量新标准,增加了 $PM_{2.5}$ 值监测。2013—2015 年,对比北京、天津、河北的空气质量达标天数(如图 2 所示)可以发现,这三年间京津冀三地的雾霾污染呈现逐步下降的趋势,而且河北和天津的改善趋势稍优于北京。但不得不说的是,京津冀三地在一年中仍有一半左右的时间处于空气质量不达标的状态,这其中的严峻性和危害不容小视。

二、雾霾成因探究

(一)雾霾形成的自然机理

"雾霾"是将"雾"和"霾"合二为一的概念,这一灾害天气的形成首先需要有"雾"作为载体。"雾"是一种自然现象,多发生于秋冬季节,此时大气条件稳定、地面散热慢,空气中的水汽凝结从而形成了"雾"。而从"雾"的形成到"霾"的产生,这里的过程和原因则较为复杂。但其形成的核心因素不外乎两个方面,即内因和

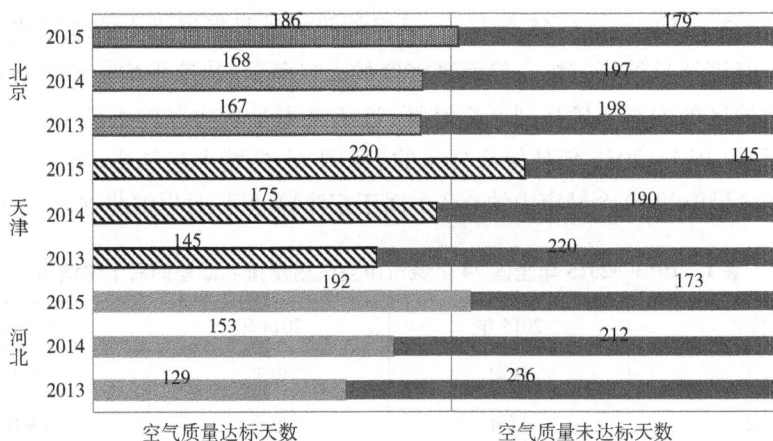

图 2　2013—2015 年京津冀空气质量达标天数

数据来源:地区统计公报及 2014 年、2015 年中国统计年鉴。

外因。形成霾天,大气污染物的源排放是内因,气象条件是外因。[1]

从地形气候特征来看,我国中东部地区近地面空气湿度较大,大气层较为稳定,少云晴朗天气时夜间温度较低,在近地面较高湿度的作用下容易凝结成雾,成为这一地区雾霾多发的自然因素之一。[2]尤其是进入下半年的秋冬季节,冷空气势力逐渐减弱,地面风速减小,大气层结构较为稳定,为水汽积聚创造了条件。

(二)雾霾产生的人为因素

自然因素对于雾霾天气的形成仅起到了促进作用,人为因素对自然环境的破坏、毫无节制的排放、不合理的生产生活模式才是“城市雾霾天气”大面积爆发的内在因素,也是根本原因。

雾霾之所以危害巨大而引起人们的重视,主要因为其中所包含的大量有毒物质。这些有毒颗粒的来源涉及生产生活的方方面面,包括:机动车尾气排放、煤炭取暖、工业生产、建筑工地扬尘、家庭装修粉尘等。而近年来,雾霾天气之所以在我国盛行,从根本上来说还是在追求发展的过程中,采取以高消耗换高增速的经济增长模式所导致的。社会建设、经济发展过程对能源的需求量巨大,然而我国现有能源结构主要以煤炭为主,煤炭燃烧排放的

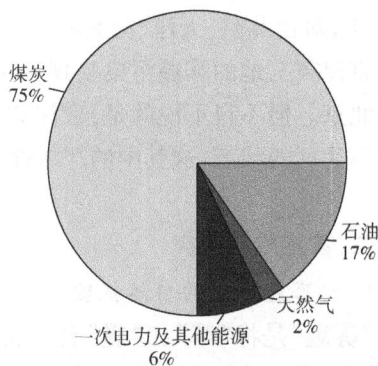

图 3　1995—2014 年我国能源消费结构

数据来源:2015 年中国统计年鉴。

CO_2、SO_2、NO 等是大气污染物的直接来源。由图 3 可以看出,从 1995—2014 年的 20 年中,我国能源消耗的构成基本保持不变,依旧以煤炭消耗为主。值得注意的是,煤炭消耗比例在近几年内呈下降趋势,而一次电力及其他能源的消耗占比逐年提升。

此外,城镇化建设作为我国近年来经济发展的主要组成部分,是雾霾天气肆虐的原因之一。城市人口的集聚以及城市建设施工造成的大量扬尘等,使空气质量逐步恶化,为雾霾的形成创造了条件。通过表 2 和图 4 可以发现,2000—2014 年,我国城镇化率增加了 20%,房屋施工面积更是在 15 年内增长了近 12 倍。从增长比率的变化趋势来看,城镇人口比重逐年增长且较为平稳,而房屋建设的增长比率则波动较大。建筑施工所造成的大量烟(粉)尘污染,很大程度上加剧了空气质量的恶化和雾霾天气的形成。

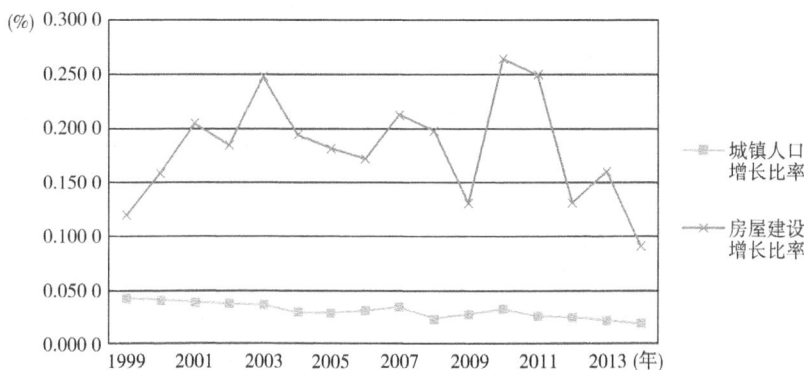

图 4　1999—2014 年我国城镇人口与房屋建设增长比率

数据来源:2000—2015 年中国统计年鉴。

表 2　1999—2014 年我国城镇人口与房屋施工面积统计

年份	城镇人口比重 (%)	城镇人口增长比率 (%)	房屋施工面积 (万平方米)	房屋建设增长比率 (%)
1999	34.78	0.042 9	56 857.63	0.119 9
2000	36.22	0.041 4	65 896.92	0.159 0
2001	37.66	0.039 8	79 411.68	0.205 1
2002	39.09	0.038 0	94 104.01	0.185 0
2003	40.53	0.036 8	117 525.99	0.248 9
2004	41.76	0.030 3	140 451.39	0.195 1
2005	42.99	0.029 5	166 053.26	0.182 3

续表

年份	城镇人口比重（%）	城镇人口增长比率（%）	房屋施工面积（万平方米）	房屋建设增长比率（%）
2006	44.34	0.031 4	194 786.42	0.173 0
2007	45.89	0.035 0	236 318.24	0.213 2
2008	46.99	0.024 0	283 266.20	0.198 7
2009	48.34	0.028 7	320 368.20	0.131 0
2010	49.95	0.033 3	405 356.40	0.265 3
2011	51.27	0.026 4	506 775.48	0.250 2
2012	52.57	0.025 4	573 417.52	0.131 5
2013	53.73	0.022 1	665 571.89	0.160 7
2014	54.77	0.019 4	726 482.34	0.091 5

数据来源：2000—2015 年中国统计年鉴。

（三）京津冀雾霾形成的地区性因素

如本文前面提及，全国 74 个城市空气质量最差的十座城市中京津冀城市占了约 7 个，主要是邢台、保定、石家庄、廊坊、唐山、衡水和邯郸，接近河北省城市数量的 70%。而天津在 2013 年、2014 年空气质量也尤为不佳。从图 5 京津冀区位图中可以看出，除了位于北面的张家口与承德以及靠近海边的秦皇岛以外，北京周边形成了一条连续长带状分布的雾霾天气重灾区地带。而空气质量良好的张家口和承德，是由于担负着首都生态涵养区功能不得不实行严格的生态保护政策，这一政策的背后则是以限制地区发展为代价的。因此与其他地区相比，京津冀地区雾霾的形成与发展既存在普遍性因素又必须考虑其实际情况的特殊性。

1. 京津冀雾霾形成的自然原因

京津冀地区位于华北平原北部，西北和北面地形较高，南面和东面地形较为平坦，在一定的天气条件下（如静稳天气下的地面弱南风、东南风气流），本地排放和外部输送的污染物容易在山前堆积，形成雾霾天气，并且沿山及山前地区往往空气污染程度最重。同时周边植被覆盖少，也加剧了雾霾天气的形成和发展。而且近年来由于气候变暖，各种极端天气频发，厄尔尼诺和逆温层现象严重，也是诱发区域雾霾天气的原因之一。[4] 从整体来看，京津冀地区属于较强的"孕灾环境"（见表 3）。

图5 2014年京津冀地区在全国74个城市中排名后十位的城市分布

资料来源：国家环境保护部。

表3 京津冀地区自然条件下"孕灾环境"分析

孕灾因素	基本情况
地形地貌	三面环山，靠近黄土高坡
气候类型	温带季风气候，雨热同期，冬季寒冷干燥
气流影响	冬季冷空气活动较弱，风速小，"逆温层"等极端气候现象频发
植被情况	植被稀薄，多以建筑用地和工业用地为主

2. 京津冀雾霾形成的社会因素

从之前的雾霾成因分析来看，雾霾的形成主要由于两方面原因，除去相对具有共性的自然条件因素，特殊的地区发展状况也是近年京津冀环境恶化的诱因之一。由于京津与河北省之间存在的巨大差异，导致这两类地区雾霾形成的原因也有所不同。

北京和天津作为发展较快的两大城市，汽车尾气和建筑施工扬尘对当地雾霾的形成起到了一定的助推作用。最新的数据显示，北京雾霾颗粒中机动车尾气占22.2%，燃煤占16.7%，扬尘占16.3%，工业占15.7%。但随着汽车技术进步以及油品质量的上升，环境管理者发现机动车尾气对雾霾天气形成并不起决定性作用，不过作为一些汽车拥有量较大的城市，仍然迫切需要控制机动车排放标准。同时，

53

大量人口的集聚导致城市建设过于集中,高楼林立,空气流通性不够也是其中的一部分原因。

而河北地区的雾霾成因,则主要是由于煤炭燃烧造成的,这主要与河北不尽合理的产业结构相关。河北省工业结构偏重,能源消耗过高,[5]长期以污染型工业为主,且与北京天津相比差距过大。据初步核算,2015 年京津冀三地地区生产总值合计 69 312.9 亿元,占全国的 10.2%,北京、天津人均 GDP 均超 1.6 万美元;而河北仅为 6 500 余美元,不足京津的 1/2。

雾霾作为一种气象灾害,不能孤立地将其集中在某一个点上来进行分析研究,只有放在整体层面上去思考探索才能真正究其根本,找到解决之道。在当前京津冀一体化发展的大背景下,破除地区间的差距,进行合理规划,实现优势互补,也是治理各类环境问题的核心所在。

三、国际上治理雾霾的案例总结

（一）英国雾霾治理经验:内外联动,多管齐下

20 世纪中叶,英国成为最先进入工业化的国家之一。由于工业化生产大量燃烧煤炭,烟尘排放超标,导致空气质量严重恶化,1952 年伦敦发生了震惊世界的"烟雾事件"。事件爆发后,英国政府采取了大量措施,通过多种方式,有效地控制了污染。

1. 建立严格完善的环境法律体系和行之有效的执法力度

1956 年,英国政府颁布了《清洁空气法》,这是世界上第一部有关大气污染和防治的法案。这一法案主要针对工厂生产和居民生活,分别要求伦敦城内的所有燃煤电厂必须停止运营,搬出市内,在市外进行重建;另外在城市内部要建立无烟区,将居民的传统灶炉进行改造。这些措施针对污染的源头——煤炭燃烧进行严格调控,有效改善了地区空气质量。此后,英国政府根据国家的实际发展状况,及时出台了相应的环境保护法律法规,制定了严格的空气质量标准。可以说,英国治理大气污染的过程就是相关法律法规不断修订和完善的过程(见表 4)。

表 4　部分英国伦敦雾霾治理生态与环境法

空气清洁治理法规	工业污染防治法规
1956 年颁布世界首部《清洁空气法案》	1972 年《工业环境健康和安全法》
1989 年《空气质量管理计划》	1974 年《控制公害法》及《污染预防和控制法案》
1990 年《清洁空气法修正案》	1985 年《地方政府法》
1992 年《环境信息条例》	1990 年《城镇和乡村规划法》
2008 年《气候变化法案》	1999 年《自由信息法》

2. 多方融合引导公众参与

英国环境治理的突出特点就是不以政府为中心,而更加注重吸纳公众与企业的力量。在英国无论是政府、企业还是个人,各方都充分利用市场的调节作用,以追求自身利益最大化为前提,形成了多元互动、目标一致、有序协作的治理框架(见图6)。英国政府将决策中心下移,使得企业与公众能够更多地参与并影响政府决策。正是在这样一种良性有序的氛围下,社会各阶层都对保护大气环境投入了自身的热情,取得了事半功倍的效果。

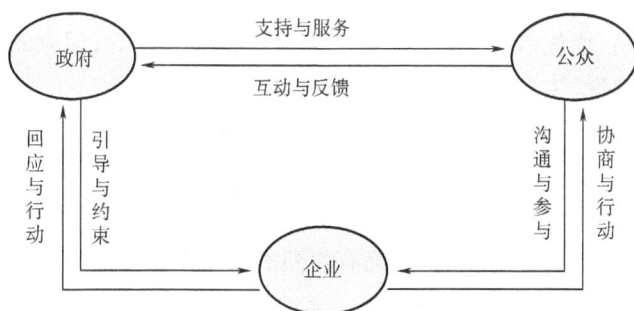

图6　英国政府、公众、企业环境治理合作框架

3. 合理调整能源结构

大力发展低碳经济也是英国政府为保证环境治理效果、实施国家能源发展战略新蓝图中尤为重要的一环。在调整能源结构上,其核心内容包括两方面:一是要大力发展新型可再生能源。按英国的国家规划,到2020年可再生能源的使用比例在总体能源供给上要占到15%,其中约40%左右的电力能源要来自低碳领域,如潮汐、波浪和风能等。二是在民众中推广新的节能生活方式。为了实现这一政策目标,英国政府拨款30多亿英镑,以帮助居民进行住房节能改造。

4. 严控机动车排放物污染

由于机动车污染也是导致大气环境恶化的原因之一,英国政府为了解决这一问题,明令要求所有新出厂的车辆必须安装尾气净化装置。从2003年开始,伦敦在全市范围内征收"拥堵费",并将收上来的费用补贴发展当地的公交事业。伦敦市政府还颁布了"交通2025"方案,这一方案更加严厉地限制进入市区的私家车数量,使汽车尾气的排放也尽可能减少。为了弥补限制私家车出行给社会带来的不便,英国政府大力发展公共交通,并推广新能源汽车,尤其通过建立2.5万套电动车充电装置,并采取电动车购买返利、免税、免费停车等措施,大力鼓励电动汽车产业的发展。

(二)其他国家雾霾治理经验

除英国外,世界范围内许多国家也都出现了不同程度的大气污染问题,各国也都根据自身特点采取了多种有效措施,这些方式对于我国的雾霾治理来说都有着一定的借鉴意义。

1. 美国:充分利用市场手段

与伦敦的遭遇类似,美国洛杉矶同样也曾发生了"光化学烟雾事件"。除了出台相关法律之外,作为典型的市场经济国家,美国充分利用市场手段解决空气污染问题。财政和税收手段是美国治理空气污染中最常使用的方法,相应的财政政策主要有财政补贴、优先购买、设立专项资金、提供优惠贷款等;相应的税收政策主要有征收新鲜材料税、生态税以及税收优惠等。

2. 日本:改善交通条件,注重绿色设施建设

日本在工业化初期也曾饱受空气污染之苦。1999 年东京 600 多位国道沿线呼吸道疾病患者就以"汽车尾气伤害其身体"为由状告地方政府和 8 家汽车企业。经专家鉴定,汽车尾气造成的 $PM_{2.5}$ 的确有强烈的致癌作用。正是这一诉讼案引起了日本政府对 $PM_{2.5}$ 的重视,日本政府除了要求汽车加装尾气净化装置以外,还对东京的出租车进行了改造,使用天然气为主要动力能源。这一系列措施使 $PM_{2.5}$ 数值大幅下降。此外,树木对城市空气的净化作用也功不可没。在东京,新建大楼必须配有绿地,同时在楼顶也进行了大量的绿化设施建设,而且要求每栋楼的绿化面积必须超过整体楼房面积的20%。而东京绿化与其他地区相异的是,它要求多种树而不种草,这一措施看重的核心并非绿化面积而是绿化体积,尤为值得我们借鉴学习。

3. 法国:监控信息实时公开,政府和机构接受民众监督

法国在空气质量检测方面主要是通过设立专门的检测协会,以对空气污染物的浓度进行监控,并将相关检测数据每天都在官网上予以公布;同时根据当日与次日的空气质量指数图,给出关于民众如何防护、政府如何改善的建议。一旦空气污染指数超标,当地政府将会立即采取相应的应急措施,予以控制治理。

4. 德国:全民参与,人人有责

德国在空气污染治理方面的特色更突出地表现为民众的广泛参与。在社会各领域,人人都以节能减排为己任:在工业领域,工厂尽量减少排污;在农业领域,农户会借鉴现代农业技术手段,发展生态农业,优化饲养种植方法;在交通领域,车辆都安装颗粒过滤装置;在日常生活中,绝大部分德国人会自觉使用可再生能源,进行垃圾分类处理,购买节能型家电产品;在日常出行中,民众会尽量乘坐公共交通工具,骑车或者步行,私家车会尽量选择排量小、污染小的车型。德国正是靠着这样"全覆盖、深融入"的环保理念普及方式走出了雾霾笼罩的阴影。

四、京津冀雾霾治理的路径建议

京津冀三地中,经济、环境有其各自的特点,雾霾严重程度也不相同,因此在治理手段和发展模式上不能采取"一刀切"的方式,而要找出各地区的优势以及薄弱环节分别进行改进,以优补劣合理推进。针对京津冀地区的特殊发展状况,同时结合国外的有效经验,对于雾霾治理应采取的路径选择提出以下几点建议。

(一)落实区域协同治理,打破行政界限

雾霾作为一种大气污染现象,通常一个地方的空气污染源不完全来自当地,它包括本地排放物和外地传输物,因而也具有跨省市、大区域的特点。因此,京津冀地区治理雾霾天气必须汇集多方力量,进行区域协调、统筹治理。应建立联防联控的区域管理机构,统一协调管理京津冀及周边地区的大气污染防治工作,并赋予其相应的执法权和监督权。同时应增强合作意识和责任意识,各地区要从保护区域内大气质量的大局出发,通力合作,克服地方保护主义,明确各方的权利义务。

(二)强化市场与公众参与力度,政府主导形成多维合力

从国外的治理经验上来看,雾霾作为一种自然灾害,其产生的社会危害是无人能够幸免的,单纯依靠政府的强制性措施所能达到的效果在某种程度上来说也是有限的,同时持久性也不够;另外政府力量所能触及的方面也是有限的。只有当雾霾治理成为社会共识,企业和个人都拥有足够的保护意识,其产生的治理效果才会事半功倍。所以京津冀应联合多方力量,建设综合治理的社会框架体系,明晰政府角色,强化公众参与,实现绿色发展(见图7)。

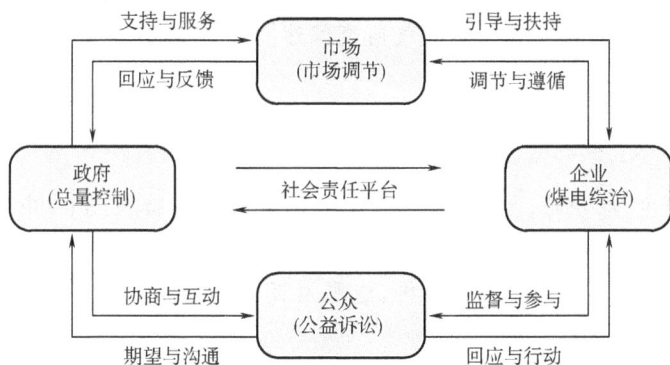

图7 京津冀地区环境协同治理框架

(三)改变能源使用结构,带头建立低碳型区域

改变能源结构,大力发展并使用清洁能源,这在我国已经成为社会发展的普遍共识。尤其对于京津冀地区,长期以来地区发展过度依赖煤炭等能源的消耗,在使

用需求方面仍保持着较高的水平。在京津冀范围内首先进行低碳型区域的建设试点,不仅有着得天独厚的基础优势,同时也将为在全国范围内发展低碳绿色经济留下宝贵经验。[5]

（四）调整产业结构布局,大力扶持科学技术发展

目前,北京虽然已经基本步入后工业化阶段,第三产业的比重占到了3/4,但是河北和天津依旧以第二产业为主,天津整体产业布局优于河北地区。河北各种工业产业包括钢铁、化工、制药等,多为高污染、高能耗行业,而且空间布局不合理,在河北省部分地区的一些污染型老厂仍旧留在市区。因此,需加快三地产业结构的调整,对河北省进行更强力度更大范围的扶持,在促进地区经济发展的同时更好地实现绿色高效增长。[6]同时在雾霾治理的过程中,要发挥科学技术在优化地区产业结构、实现经济快速持续增长方面至关重要的作用;在为管理决策提供支撑方面,也应充分发挥科学技术的力量。

（五）完善地区治理的法律法规,明确治理权责分配

雾霾治理各项措施的落实,首先要有明确有力的法律依据作为保障。在现行国家相关法律政策的框架下,需建立一套针对京津冀地区的地方性法规和实施办法,促进并协调京津冀地区经济发展与环境保护的关系。同时,要将雾霾污染的治理、保护、监督、处罚等方面的责任进行明确,在出现问题时可以做到快速反应,及时处理。

参考文献:

[1]柳博隽.把生态理念融入城市化[J].浙江经济,2013(2).

[2]吴兑.近十年中国灰霾天气研究综述[J].环境科学学报,2012,32(2):257-269.

[3]程晓军.强化机动车辆管理,推进大气雾霾治理[J].科技信息,2013(19).

[4]赵普生,徐晓峰,孟伟,等.京津冀区域霾天气特征[J].中国环境科学,2012,32(1):31-36.

[5]李瑞,蔡军.河北工业结构、能源消耗与雾霾关系探讨[J].宏观经济管理,2014(5):79-80.

[6]谢芹.从雾霾天气谈我国绿色GDP的实施[J].中国石油大学胜利学院学报,2013(2).

[7]刘朔.雾霾对经济的影响及其治理[J].河北企业,2014(4):56.

国外典型都市圈治理经验及其对京津冀的借鉴

张双悦

首都经济贸易大学区域经济专业 2015 级硕士生

摘要:现如今,都市区化在城市化发展中日益重要,但也产生了一些"城市病"。本文首先综述"都市圈"的概念、内涵,以及"区域治理"的背景,进而总结出伦敦的协同共治机制、生态补偿机制,东京的轨道交通发展、行政体制改革,纽约的产业格局培育机制、水源地生态补偿机制等大都市圈的治理经验,最后提出京津冀协同发展应从体制框架、区域分工、城市职能、主体参与、协调机制、居民生活方式、跨区域建设、空间治理形式等方面进一步完善其区域治理。

一、文献综述

(一)"都市圈"的概念及内涵

关于"都市圈"的概念,国内外学者看法不一。"都市圈"概念是由美国首先提出,而"大都市圈"的概念则是由日本提出。1910 年,"大都市区"的概念由美国首次提出,其以人口为标准,规定所谓的"大都市区"是在 10 万及 10 万以上人口的城市及其周围 10 英里范围内的郊区。1949 年,美国联邦预算局提出"标准大都市统计区"的概念,1950 年提出了"标准大都市区",1960 年形成了影响较大的SMSA。[1]1960 年,日本也提出了"大都市圈"的概念。

相对而言,国内学者的观点,仅从称谓上讲,就有诸如"都市圈""都市区""都市带""都市群"等称呼。[2]其中具有代表性的是周一星的观点,他将"都市圈"称作"大都市圈",并认为都市圈、都市带等是等同的概念。所谓"大都市圈",他认为应以一、两个大城市或特大城市为核心,辐射并带动一定范围内的周边中小型城市,使其成为有一定竞争力和影响力的城市带或区域城市群。[3]张京祥等(2001)的观点与之基本相同,并在此基础上提出都市圈是一种圈层式的结构。[4]

(二)"都市圈治理"背景分析

都市圈治理是一种适应经济一体化环境下区域资源整合的新公共管理形式。在开放的经济条件下,除政治性主体外,非营利性组织、私营部门和公众均有机会参与到区域治理过程中。[5]

不同于"都市圈治理","区域治理"的概念发源于欧美。诞生于 20 世纪早期的区域经济学,后来逐步融入了发展理论、政治学、治理理论等视角,进而发展成为区域科学研究的一门重要学科。[6]20 世纪 90 年代以来,以陈瑞莲教授为核心的团队率先对区域经济合作、流域治理、区域环境治理等进行了相关研究。现有国内研究认为,区域治理可分为四种类型(见表 1)。[7]

表 1　区域治理的四种类型

类型	性质	实践举例
宏观区域治理	洲际内由民族国家结合各国的规则形成的组织联合体	欧盟、东盟的区域治理、田纳西河的流域治理等
次区域治理	跨国界或跨境的多边"成长三角"区域共同体	"新—柔—廖成长三角""图们江地区的次区域经济合作""澜沧江—大湄公河地区的次区域经济合作"等
中观区域治理	国内跨省行政区域的管理共同体	粤、港、澳"大珠三角"的区域治理、"大长三角"的区域治理、"京、津、唐"环渤海湾区域治理、黄河的流域治理等
微观区域治理	省内跨行政区域的管理共同体	长株潭城市群、武汉城市圈、苏锡常州都市圈等

资料来源:李礼. 区域治理国内研究的回顾与展望[J]. 学术论坛,2010(7):56 - 60.

此外,也有观点认为:[8]区域治理应包括三个层次,即:全球及国家间的区域治理、国家层面的区域治理和大都市区域治理。关于全球及国家间的区域治理主要研究全球化背景下的国家角色转换、无政府状态下的合作模式路径[9]和合作机制路径。[10]关于国家层面的区域治理,主要有布伦纳的"地域重划"理论、[11]英国的"开发地区"等政策[12]和以新欧盟国家为案例关于治理模式的研究等。[13]

二、国外典型都市圈治理经验

通常,一个较为成熟的跨省都市圈往往在经济全球化中处于领先地位。在国内,成熟的跨省都市圈因其人口经济规模以及城市功能,发挥着核心枢纽作用,属于本国的核心区和战略区。[14]从伦敦、东京以及纽约都市圈的发展历程来看,这三大都市圈都经历了一个以农业的主导向以工业为主导,进而再向以服务业为主导的产业转型或发展过程。此外,在此期间,三大都市圈的发展也十分注重生态环境的保护,生态文明建设也经历了从忽略到重视,再到非常重视的过程。[15]

(一)伦敦都市圈治理经验

对于大伦敦都市圈有两种解释。广义的大伦敦都市圈是指"伦敦—伯明翰—利物浦—曼彻斯特"都市圈,形成于 20 世纪 70 年代;狭义的大伦敦都市圈是指伦敦市和 32 个伦敦自治市,共 33 个次级行政区。该都市圈是产业革命后英国主要的经济核心区及生产基地,同时也是世界经济、金融、贸易中心、高新科技中心、国际文化艺术交流中心和国际信息传播中心。[16]

1. 多元主体的协同共治机制

"巴伦委员会"的成立使都市圈规划更合理。该委员会先后根据不同阶段城市的特点、问题和需求,相继开展和制定了具有历史特色和轨迹的伦敦市(郡)规划。

2. 生态文明建设与立法治理同步推进

伦敦都市圈的生态文明建设分为三阶段,分别是生态文明的缺失阶段(1940年以前),生态文明的萌芽与发展阶段(1940—2000年)以及生态文明指导大伦敦发展阶段(2000年以后)。经过数十年的努力,伦敦空气质量得到明显改善,并迎来碧水蓝天——这些都源于伦敦政府的严格立法及执法,以及一些工业企业的积极配合与响应。

1956年英国国会通过《清洁空气法案》,明确在城市村镇设立烟尘控制区,区域内城镇禁止直接烧煤;1990年启动电力工业私有化,与此同时,天然气发电机技术取得重大突破。2009年出台《英国低碳转型计划》;2012年制定了《能源法案》,支持可再生能源、新核能、燃气等多元化能源架构。同时颁布财政刺激政策,鼓励改用节能设备等。[17]

3. 跨越部门边境的多元共治体系

在英国,区域机构规模十分庞大,它们在经济规划与空间规划方面的合作较为良好。例如,空间设计规划部门会征询经济发展部门的意见;经济发展部门在制定政策的时候,也会与空间规划部门进行协商。但由于这些机构并不是通过遴选而建立的,所以其民主性并不高。[18]

(二)东京都市圈治理经验

东京与周边的埼玉、千叶、神奈川三县连成一体,形成了庞大的东京都市圈。东京圈既拥有庞大经济规模的重要商业中心,同时也存在着集中劣势,即"一极集中"的超大城市病,如城市空间扩张失去控制、人口快速集聚等。基于此,东京都市圈开始了治理的步伐。

1. 行政"副都心""新都心"建设

20世纪五六十年代,日本经济在高速增长的同时,伴随的是东京人口在短时间内的急剧增加、首都功能的过度集中,以及交通拥堵严重等问题。为此,东京筹备兴建了7个"副行政中心",带动周边县域建设"新都心",从而有效疏解了首都城市功能。1956年,日本出台了《首都圈整备法》,通过转移政府机构和吸引企业入驻等方法,首先在新宿、涩谷和池袋建成"副都心";1982年日本又兴建了上野、浅草等3个"副都心",1995年达到7个"副都心"。此外,从20世纪50年代至80

年代,日本还在都市圈郊外大力兴建具有多重功能的复合型新城,并通过建设筑波科学城,向地方转移大批的国立研究机构。与此同时,日本将企业和机构外迁后空出的土地用作城市绿地,以此大幅改善公共环境。

2. 合作有序的轨道交通网络

东京都市圈治理中的另一大亮点,是其内部错综复杂但合作有序的轨道交通网络。东京的轨道交通全部为私营,竞争十分激烈;但同时,轨道交通公司之间也存在着紧密的合作。不同公司的线路之间可以同站换乘,甚至在同一个站台换乘。如果遇到线路发生故障,经营该线路的公司会将故障信息第一时间传达到其他公司,以便采取紧急措施,应对突然增加的客流。

3. 逐步开展行政体制改革

20世纪90年代,日本政府开始将之前的一都、一道、二府和43县这个总共有47个地方一级政府机构的区域减少到9至13个道州,以将分散的权力逐步集中化。根据最新民意调查显示,港口、航空公司以及各界产业代表,对推行道州制的愿望非常迫切。但是,对于长期形成的利益格局,光靠行政力量,很难马上得以转变;要想做到企业、公众与政府利益得以全面兼顾,很多问题亟待解决。[19]

(三)纽约都市圈治理经验

纽约都市圈,包括40个城市,总长约965公里,为一带状大都市带,其五大核心城市分别是波士顿、纽约、费城、华盛顿、巴尔的摩。

1. 梯度产业格局的培育机制

在都市圈发展中,纽约都市圈为适应地区发展的资源禀赋差异、自身发展的基础条件,倡导梯度的产业布局规划。因此,该都市圈内五大核心城市相互支撑,各具优势,形成了合理的分工格局和产业链(见表2)。

表2　纽约都市圈五大城市主要产业及核心职能[20]

五大城市	主要产业	核心职能
华盛顿	信息、金融、商业服务、健康和教育服务、休闲旅游业、生物科技、国际商务	全美政治中心
纽约	金融、商贸、生产服务业	全美的金融中心、商贸中心
波士顿	高科技产业、金融、商业、教育、医疗服务、建筑、运输服务	都市圈的科技中心
费城	清洁能源、制药业、制造业、教育服务、交通运输	都市圈的交通枢纽和全国重要的制造业中心
巴尔的摩	工业制造业、商贸、服务业	制造业和进出口贸易中心

资料来源:冯怡康,等. 国际都市圈建设对京津冀协同发展的启示[J]. 天津师范大学学报:社会科学版,2014(6):7-12.

2. 积极的水源地生态补偿机制

在此方面,纽约市主要向其水源地特拉华流域的农民提供生态补偿,即由纽约市提供资金用于上游农民控制农场污染物生成的技术咨询、设施购置、控制管理等所产生的费用,并且向特拉华流域两岸退耕的农民提供补偿,以帮助农民在保证水源清洁的基础上开发其他能够获取效益的产品。

三、京津冀区域治理发展路径

国家"十二五"规划明确提出,应当积极推进京津冀区域经济一体化发展,打造首都经济圈。目前,京津冀协同发展进入加速发展阶段,已取得了一系列重大成果,但仍然存在着非政府组织力量薄弱、产业同构化、交通网络不完善、生态环境恶化等诸多亟待解决的问题。因此,京津冀区域治理应在如下五个层面上加以优化。

(一)合理的多元主体权利体制框架

多元主体的权利体制框架是京津冀区域模式的根本内容与核心。因此,京津冀区域治理模式应把行业组织、城市企业、社会团体、公众等均纳入治理体系。同时,在设计京津冀区域治理模式的体制框架时,应在顺应时代背景及经济社会发展现状的基础上,实现横向地方政府间关系、纵向中央政府与地方政府间以及地方政府与非政府的社会主体之间的合理的结构安排。

(二)加强区域分工合作,重点提升城市职能

在京津冀区域未来的空间组织建设中,应从以下三方面加强区域分工合作(见表3):

表3 京津冀区域分工合作一览表

合作领域	合作目标
旅游、科教文化以及行政服务领域	实现"首都职能"在京津冀区域内合理分工与共同承担
京津冀区域内部的基于价值链的产业分工	区域产业结构合理布局,产业协同发展
生态环境整治与建设方面的合作	逐步形成以京津为核心,以河北省各中心城市为主体,其他城市和小城镇点状分布、高效协调可持续的城市空间格局,将区域作为推进城市化的主体形态

资料来源:作者整理。

(三)完善利益协调机制,强调多元主体参与

一般而言,利益分配补偿机制多使用局部协商或双方协议的形式,通过局部或双方协商对参与区域治理的一方进行必要的利益分配和补偿。目前,在京津冀区域的发展过程中,多元主体参与治理的机制体制严重缺失,区域中的各城市大都仅把区域治理看作政府的行为,而对人文环境和公众素质尤其是公众治理的参与意

识重视不够,从而缺乏公众参与治理决策的机制。

因此,应进一步强化京津冀区域中各成员城市的合作协商,强化公众治理参与意识,健全公众参与治理角色机制等。同时,在京津冀区域利益分配补偿机制上,实现多元创新:首先,在投资和产业分工转移中,采取一定的税收返还和区域 GDP 增减机制的办法,给予资本和产业转出地区适当补偿;其次,积极创新区域横向财政转移支付体制。通过横向转移支付体制向张家口、承德两市提供比较稳定的补贴,从而促使它们保护好京津的水源地。

(四)引导居民生活方式和消费模式转变

第一,通过学校和社会教育、媒体宣传、单位推广等方式,使人们形成提升资源利用率的意识,进而在日常生活中注意水源、家用电器、汽车、采暖设施等的合理利用;第二,注重利用新资源,尤其要注重家庭用太阳能和符合能源设施的推广,注重资源的循环和再利用;第三,进一步加强资源环境设施的管理,尤其是其精细化管理。

(五)加强跨区域基础设施建设,深化区域空间治理

近年来,京津冀区域运输需求日趋增加,但运力紧张的问题依然存在,特别是在环状方向城际间的联系通道上,仍存在严重缺失。因此,应大力倡导绿色交通、公共交通、城际综合交通系统的发展;[21]加强空港、海港、陆路交通枢纽的分工与联系。

综上所述,京津冀区域的治理是包括治理模式和治理途径的系统工程。在京津冀区域内部,要实现良好的区域治理,完善治理组织的结构设计,进一步强化治理结构,实现内部利益相关者相互之间的制衡机制显得尤为重要。在完善治理过程中,要通过决策机制、激励机制、调控机制和监督机制等来规范不同角色、不同部门的权利和责任,实现权力的有效分配与支配。

参考文献:

[1]孙加凤,薛俊菲.国外都市圈的形成与发展研究以及对中国的借鉴[J].特区经济,2007,216(1):78-79.

[2]刘荣增.城镇密集区发展演化机制与整合[M].北京:经济科学出版社,2003.

[3]王涛.城市化论坛:勾画乌昌都市圈[N].新疆都市报,2003-09-12.

[4]张京祥,邹军,吴启焰,等.论都市圈地域空间的组织[J].城市规划,2001,25(5):19-23.

[5]陈红霞.区域治理背景的都市圈利益诉求与培育机制[J].改革,2012(4):64-68.

[6]明恩溥.中国目前的形势[J].国际传教士评论,1900(6):2.

[7]李礼.区域治理国内研究的回顾与展望[J].学术论坛,2010,33(7):56-60.

[8]张衔春,赵勇健,单卓然,等.比较视野下的大都市区治理:概念辨析、理论演进与研究进展[J].经济地理,2015,35(7):6-13.

[9]贝阿特·科勒-科赫,波特霍尔德·利特伯格,吴志成,等.欧盟研究中的"治理转向"[J].马克思主义与现实,2007(4):88-94.

[10]Stefan A Schirm. Transnational Globalization and Regional Governance[J]. French Politics and Society,1996.

[11]Neil Brenner. New State Spaces:Urban Governance and the Rescaling of Statehood[M]. Oxford University Press,2004.

[12]彼得·霍尔.城市与区域规划[M].北京:中国建筑工业出版社,2008.

[13]Laszlo Bruszt. Evolving Regional Governance Regimes:Challenges for Institution Building in the CEE Countries[R]. New Models of Governance,2006.

[14]陶希东.跨省区域治理:中国跨省都市圈经济整合的新思路[J].地理科学,2005,25(5):529-536..

[15]韩慧,李光勤.大伦敦都市圈生态文明建设及对中国的启示[J].世界农业,2015(4):40-45.

[16]刘瞳.世界主要都市圈经验的借鉴和北京都市圈的发展[D].北京:中共中央党校,2011.

[17]看国际大都市如何治理城市病[OL].http://mt.sohu.com/20151224/n432469548.shtml.

[18]陈婧.大伦敦都市圈对中国的启示[N].中国经济时报,2014-06-09(9).

[19]世界五大都市圈:东京都市圈[OL].http://news.xinhuanet.com/video/2008-03/17/content_7806773.htm.

[20]冯怡康,马树强,金浩.国际都市圈建设对京津冀协同发展的启示[J].天津师范大学学报:社科版,2014(6):7-12.

[21]黄伟光,汪军.中国低碳城市建设报告[M].北京:科学出版社,2014.

绿色治理下大城市郊区农户土地利用生态行为研究①

马思瀛

首都经济贸易大学土地资源管理专业 2015 级硕士生

摘要：在推进农村绿色治理、加强资源保护和生态修复的新形势下，研究农户土地利用生态行为具有重要意义。本文根据已有研究，将农户土地利用行为的内涵定义为农户生产决策过程中土地使用权利、利用目标和利用过程三种行为的选择。通过进一步定义农户土地利用生态行为，将其细分为农户水土保持行为、保护性耕作行为和农业投入行为，分别就不同行为的现状、特点和影响因素进行文献综述。结合北京市统计数据和门头沟区的入户调查数据，进一步分析山区农户土地利用生态行为的特点。研究发现。农户对农村绿色治理政策响应程度较差，进行生态治理的积极性不高。当前，应重视规范农户土地利用生态行为，正确认识农户进行生态建设机会成本的差异，有效鼓励农户参与农村绿色治理，促进农村绿色生态的发展。

一、前言

党的十八大将生态文明建设纳入"五位一体"的整体布局，强调绿色治理以确保各项事业全面、协调和可持续发展。在过去的长期发展过程中，由于政府过分追求 GDP 增长，农户过分追求经济利润，导致农村环境遭到前所未有的破坏，农业可持续发展面临着水土资源紧缺、水土流失、土壤退化等一系列问题。[1] 而推进农村绿色治理，将绿色治理的理念、目标等全方位融入经济社会发展的各个方面，能有效突破传统单一、片面化的发展路径，为解决农业可持续发展面临的诸多问题提供新的思路，引领经济社会在动态平衡中实现可持续协调发展。[2] 农户是农村土地的实际使用者，其行为决定着微观尺度上的土地利用方式与强度。农户土地利用生态行为是农户行为的重要组成部分，在促进土地资源合理利用、保护土地生态安全、推进农村绿色治理中起到重要作用，直接影响着生态系统的演替过程和方向。[3] 因此，在当前贯彻执行农村绿色治理的大背景下，研究农户土地利用生态行为具有重要意义。本文将梳理已有学术观点，重点分析农户水土保持行为、保护性

---

① 此论文已获 2016 年中国地理学会城市与区域管理专业委员会学术年会优秀论文奖，合作导师彭文英。

耕作行为以及农业生产投入行为的特点,并以北京市为例分析农村绿色治理的实施情况,据此提出农户土地利用生态行为的调控建议,以期为规范农户行为、加速推进绿色治理提供理论参考。

二、农户土地利用行为的内涵

(一)农户及其特点

从一般意义上讲,农户是指从事农业劳动生产的家庭。我国《农村土地承包法》第 15 条规定,家庭承包土地的承包方必须是本集体经济组织的农户,以家庭为微观经济主体的农户经营是我国农业的基本特征。不同学者因不同的学术背景及思考角度对农户的概念有不同的阐释,主要从土地权益、农业生产、自给需求、劳动力、利益追求、血缘关系等角度对农户进行了定义。[4-7]

针对我国的现实情况,可将"农户"定义为:以婚姻、血缘或特殊经济关系联系在一起的,共同对承包土地生产、投入等活动进行决策和劳动的最基本单元。农户具有以下几个特点:①农户是农村的最基本单元,是农业生产最微观的经济主体;②农户以低成本提供劳动力;③农户的自给性很高,是自主经营、自负盈亏的经济组织;④农户不仅局限于血缘关系,还包括非血缘关系的利益共同体。

(二)农户土地利用行为的内涵

从经济学角度来说,土地利用是通过土地资源优化配置实现当前或未来效益最大化的过程。在这个过程中,既包括直接的土地资源优化配置,也包括追求土地储备、土地流转等未实现利益最大化的市场化运作。[8]农业土地利用包括农业、林业、牧业、副业、渔业五种产业用地。[9]作为微观经济主体的农户在农业土地利用中起着主导作用,农户土地利用行为直接影响农村土地的利用方式、土地生态环境质量等。关于农户土地利用行为,谭淑豪、黄贤金等认为其是农户以自身可能获取的经济收益为依据,根据农业生产资料价格和农产品价格的变动做出的生产决策;[10]孔祥斌、郎文聚等认为其是指农户为了追求家庭在一定条件下的效用最大化,在不同市场环境、经济发展水平和人口压力下做出的种植选择、土地经营投入等土地资源利用的行为;[11]欧阳进良、张凤荣等认为其是农户种植业生产行为涉及农业土地利用的方面,包括种植业选择行为、生产资料投入行为、自然资源利用行为、农业生产技术利用选择行为等;[12]刘洪彬、王秋兵等从农户的作物选择、土地利用程度和土地投入强度三个方面来阐述农户土地利用行为。[13-14]

总结、归纳已有的研究观点,笔者认为农户土地利用行为主要是指农户在农业土地利用中的生产决策行为,可以将之分为三个层次的行为选择,如图 1 所示。一是土地使用权利选择行为,即通常所说的农户种地与否;二是土地利用目标选择行为,即农户种什么、追求什么效益;三是土地利用过程选择行为,即农户如何种。农户土地利用行为直接关系到土地的产出效益、生态环境状况及社会效益。合理的土地利用行为,应该是既能保障农户利益,又能维护土地生态系统的良性发展。

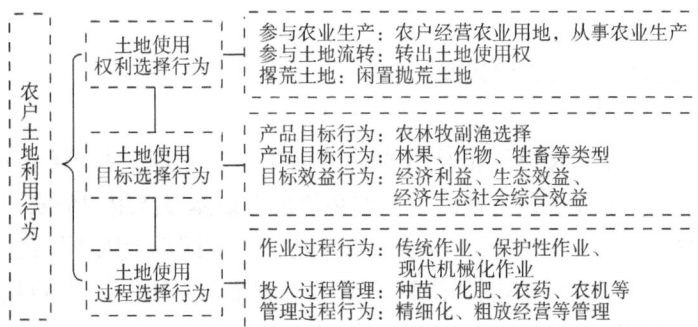

图1　农户土地利用行为内涵示意图

三、农户土地生态保护行为

农户土地生态保护行为首先具有农户行为的一般特点,即追求经济效益最大化和经营风险最小化;其次还具有非经济特性,即追求生态稳定和生态安全,是一种社会行为。农户土地生态保护行为是介于经济行为和社会行为之间的一种农户行为。一方面,生态环境的变化会影响农户进行农业生产,农户为了满足自身物质需要而采取生态保护措施;另一方面在政府宏观政策的约束下,为了社会目标农户也必须进行生态保护。农户土地生态行为主要是指农户在土地利用中所选择的生态保护措施与活动,主要表现为农户在土地生产、土地生态建设中的决策行为,如水土保持、耕地保护、化肥农药施放,以及生态农业等行动措施。

（一）农户水土保持行为

水土保持是针对我国日益严重的水土流失而提出的一种生态保护措施,主要涵盖对自然因素和人为活动造成的水土流失的治理、对城市和农村基础设施的生态保障以及对生态用地的恢复和保护。[15]农户水土保持行为的意愿受多方面的影响,其中经济激励最具有效性,其次是农户兼业行为和农户认知水平。

以退耕还林为例,自1999年启动退耕还林试点工作以来,国家政策对农户水土保持行为的影响以及农户对国家政策的响应对巩固前期退耕成果有着重要作用。在生态环境脆弱、水土流失等自然灾害频发的地区,实施退耕还林的收益要远高于农民种粮所得的收益[16],退耕还林的产权收益对农户退耕还林意愿具有显著正向作用,对农户是否有能力承担退耕还林后的风险也具有明显影响。[17]对于兼业农户来说,农户兼业化的发展将使农户在水土保持上花费的时间更少,但同时兼业带来的资金收入又有利于农户维持其水土保持行为。[18]但随着外出务工工资水平的上涨,营林造林机会成本的增加对农户退耕还林意愿产生了一定程度的负面影响。[19]

目前,我国农户退耕还林积极性不高的主要原因,是退耕还林补偿标准的测算方式没有考虑到农户机会成本和损益状况的动态变化,对农户缺乏有效的激励。[20]纯农户生计资产匮乏,决策受政策导向明显;农业主导户依赖土地经济收益,退耕意愿不明显,对政策响应平淡;非农主导户需权衡退耕的补偿与损失,对政策响应模糊;弃农农户资产丰富,对退耕决策响应积极。[21]可见,不同区域和同一区域内的不同农户对退耕政策的响应具有不同的特点。[22]2007年退耕还林补助期延长后,退耕农户的种植业生产投入积极性显著降低,表明退耕农户对种植业生产的依赖性不断降低。而且,非农就业市场的发展也促进了农户土地生产决策的转变,这有助于降低农户对种植业生产的依赖。[23]

(二)农户保护性耕作行为

保护性耕作的主要目标是减轻农田土壤的风蚀和水蚀,以土壤少/免耕、土壤垄耕、土壤覆盖、土壤保水、保护性种植等技术为主体,配套实施杂草防除、栽培管理等关键技术,实现保土、保水并获得适宜经济效益的农业可持续发展。[24]我国农户的保护性耕作主要包含免耕、少耕技术、秸秆与表土处理技术、免耕播种技术以及杂草病虫害控制技术。[25]农户保护性耕作行为对防治农田土壤沙化、提高农田抗旱能力、提高土地生产力及生产效益、保障耕地的可持续利用至关重要。[26]

从我国农村现实情况看,农户没有把自己当作耕地保护的主体,这导致农户对于耕地保护缺乏主动性,造成我国农户保护性耕作行为的效果与国外相比有很大差距。[27]性别、年龄、教育水平、风险偏好、经济作物、农业收入比例、信息渠道、农业劳动力、地块数量及耕地权属对农户保护性耕作行为意愿的影响显著,但不同地区的影响因素、影响程度因受其主客体特征及环境因素的影响而有所不同。[28]我国华北平原和成都平原农户保护性耕作采用率较高,东北平原和西北绿洲区相对较低,这表明我国农户保护性耕作行为地域差异明显。[29]在对黄河流域四个省份的实地调查中发现,农户采用最多的技术是无少耕(或免耕)条件下的秸秆覆盖,采用率达到了41%。[30]政府的强制或补贴措施、粮食商品化程度、户主身体健康状况三个因素对农户保护性耕作技术的选择有正向影响。[31]

(三)农户农业生产投入行为

农户农业生产投入行为主要涵盖粮食生产过程中涉及的劳动力、农业机械、化肥、农药等要素的投入。大城市郊区的农户,由于各自受工业化、城镇化的影响不同,其生产投入行为存在着明显差异。[32]在农业生产投入中,农户化肥、农药投入行为对于生态环境保护最为重要,过多的化肥、农药投入会造成土壤污染、水资源污染及土地肥力下降等一系列后果。

随着我国经济和农业技术的快速发展,农业生产结构发生了很大变化。大量农户不再饲养家畜,传统农家肥的主要来源消失;加之对经济利益的短期快速追求,导致化学肥料的投入呈现持续上升的趋势。影响农户化肥投入行为的因素除了化肥价格、户主文化程度、家庭收入等基本特征变量以外,化肥对土壤肥力和人体健康造成的影响认知、农户土地权利、耕地总面积、耕地离家距离、耕地等级、耕地租用情况、施肥技术培训、农产品出售比例等因素也对农户化肥投入具有显著影响。[33-35]有学者研究发现,女性决策者更擅于核算农业生产成本和收益,通过减少施用化肥量来控制生产成本。[36]测土配方技术是近几年推广的一项技术,其采用率每增加 1%,化肥施用量可降低 0.09%。但该技术在实际中推广缓慢,受农业生产决策者年龄、文化水平及家庭资产状况影响显著。[37]全球生态环境的恶化,导致农业虫灾的发生比以前更加频繁、严重,刺激农户增加了农药投入。湖北省咸宁市近 30 年的数据发现,2011 年农户农药投入是 1981 年农药投入的 5 倍;[38]苏南地区水稻种植户农户已经过量施用农药。[39]影响农户农药投入行为的因素众多,教育年限、政府对农户施药的培训、家庭年收入及种植面积等影响尤为显著。[40]与农药施用过量相比,高毒农药施用造成的人身安全和环境污染后果更为严重。[41]

四、北京市郊区农户土地利用生态行为

(一)北京市郊区农户土地利用行为概况

北京市地处华北平原北部,总面积 16 410.54 平方千米,三面环山,山区面积约占其总面积 62%。从土地利用方式的变化情况来看(由图 2 可见),北京市 1995—2014 年农作物播种面积整体上呈下降趋势,从 1995 年的 55.3 万公顷下降到 2014 年的 20 万公顷,20 年间共减少了 35.3 万公顷;尤其是 1999—2003 年农作物播种面积下降幅度明显。此外,造林面积整体受政策导向明显,21 世纪初主要受退耕还林政策影响使造林面积大幅度增加;近几年造林面积扩大主要是因为北京市政府为应对 $PM_{2.5}$ 推行的"百万亩造林工程"。

从农户土地利用投入行为来看,农户化肥、农药投入行为相应地有所变化。由图 3 可见,1995—2013 年北京郊区农户化肥投入量在整体保持不变的基础上略有上升。1995 年北京市单位耕地面积化肥投入量为 477.2kg/hm²,最高达 636.9kg/hm²;2013 年为 579.4kg/hm²,平均每单位面积化肥投入增加了 102kg/hm²。虽然国家大力倡导化肥减量,但受到经济利益以及自身观念等因素的影响,导致农户对"化肥零增长"的政策响应程度不高,化肥投入量仍处于较高的水平。农户农药投入量整体呈下降趋势,从 1995 年的 33.5kg/hm² 下降到 2013 年的 17.6kg/hm²,平

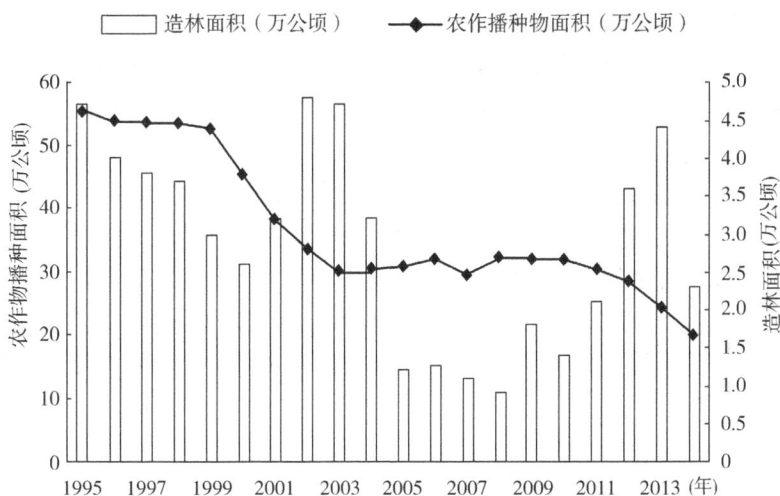

图2 1995—2014年北京市农作物播种面积与造林面积变化情况

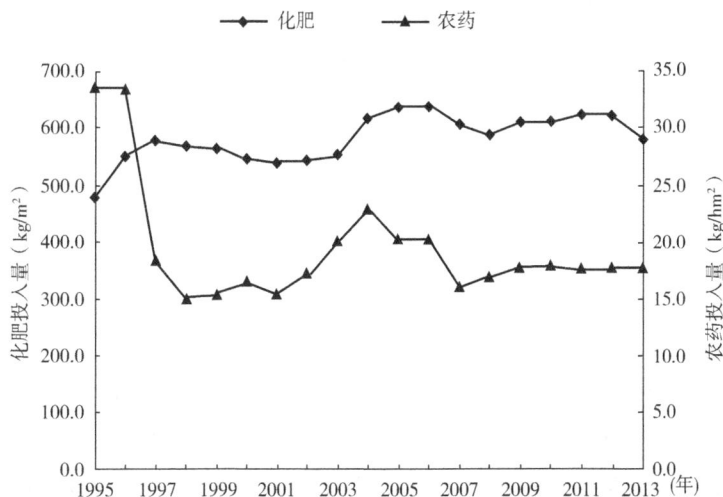

图3 1995—2013年北京市单位耕地面积化肥、农药投入情况

均每单位面积农药投入减少 15.9kg/hm²。从2009年开始,北京郊区农户单位耕地面积农药投入维持在 17.6kg/hm²,变化幅度不超过 0.3kg/hm²,这表明国家"农药零增长"政策实施情况较好,农户农药投入行为在一定程度上得到了控制。

(二)北京市郊区农户土地利用生态行为调查分析

1. 样本选择及调研方式

门头沟区地处北京西部,境内总面积 1 455km²,其中 98.5% 为山区,农业生产以种植果林为主(见图4)。在 2006 年发布的《北京市"十一五"时期功能区域发展规划》中,门头沟区被划为生态涵养发展区,承担北京地区的生态屏障和生态服务功能,属于限制、禁止开发区域。受到政策、功能定位的影响,该区农户生态行为变化明显。因此,为了进一步反映农户土地利用生态行为的情况,本研究选择门头沟区重点发展乡镇雁翅镇于 2013 年 5 月开展农户调查,在雁翅镇大村村、河南台村和太子墓村,随机抽取 30 户农户形成调查样本。因实际情况限制,共采访了 84 户农户。除去有明显错误的无效问卷,获得有效问卷 80 份,问卷的有效率为 95.2%。

图4　调查区域示意图

2. 被调查农户的一般特征

(1)农户户主特征。由表 1 所示,68.8% 的户主为男性,所有受访户主年龄均在 30 岁以上。其中,年龄在 41～50 岁的占 15%;年龄在 51～60 岁之间的占 42.5%;年龄在 60 岁以上的占 37.5%。27.5% 的户主为小学学历;48.8% 为初中学历;拥有高中及以上学历的农户户主占 12.4%。

(2)农户家庭特征。由表 2 所示,家庭劳动力数量为 1 人或 2 人的农户数量最多,占总数的 67.5%;劳动力数量为 3 人的农户占 15%;劳动力数量为 4 人及以上的农户占 17.5%。其中,大部分农户主要收入来源为种植粮食、经济作物,占 51.3%;主要收入来源为非农产业和土地流转收益的农户数量相近,分别占 23.8% 和 20%;主要收入来源为造林收入的农户数量最少,仅占样本总量的 5%。

表1　样本数据的描述性统计(农户户主特征)

序号	统计类别	范围或分类指标	频数	有效百分比(%)
1	性别	男	55	68.8
		女	25	31.2
2	年龄	30岁以下(含30岁)	0	0
		31~40岁	4	5
		41~50岁	12	15
		51~60岁	34	42.5
		60岁以上(不含60岁)	30	37.5
3	学历	未接受过教育	9	11.3
		小学学历	22	27.5
		初中、中专学历	39	48.8
		高中、职高及以上学历	10	12.4

表2　样本数据的描述性统计(农户家庭特征)

序号	统计类别	范围或分类指标	频数	有效百分比(%)
1	劳动力数量(人)	1~2	54	67.5
		3	12	15
		4	8	10
		5及以上	6	7.5
2	主要收入来源	种植粮食、经济作物	41	51.3
		造林收入	4	5
		从事非农产业	19	23.8
		土地流转收益	16	20

3. 被调查农户行为分析

(1)农户土地利用方式。在对农户土地利用方式进行调查时,农户可选择至多两项的主要土地利用方式;若土地已流转,则填写流转后的土地利用方式。经过计算可得出该地区农户最主要的土地利用方式为种植经济作物,占总数的67.5%,其中从事生态林地建设的农户为30%左右;其次为种植粮食作物;进行设施农业建设的农户数量最少,仅为6.2%,如图5所示。

该地区的土地利用方式与其自然条件、外部经济条件有着密切的关系。门头沟区多山地少平原的自然条件,在一定程度上限制了粮食作物的大面积种植,

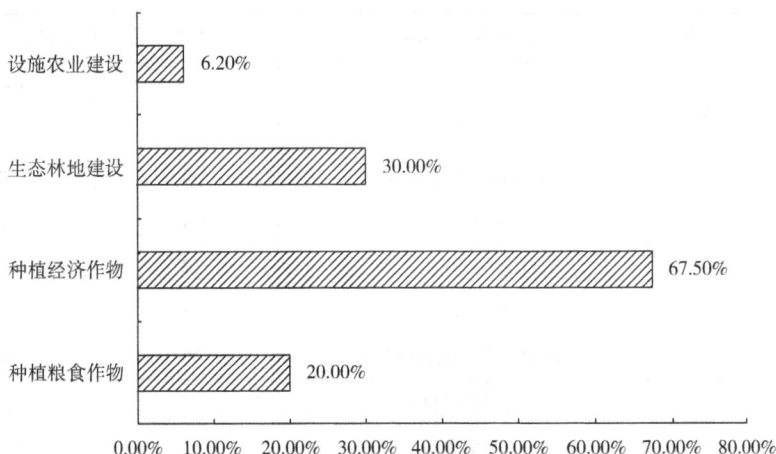

图5 农户土地利用方式

而利于经果林种植,主要种植的经果林有苹果林、核桃林和杏林。北京市核心区人口集聚,对经济作物需求量大,鼓励了农户种植经济作物的积极性。并且,有不少农户开发了农家乐采摘项目,使种植经果林的收益得到提高,更加促进了农户对经济作物种植的积极性。进行粮食种植的农户主要分为两种类型,一种是自给自足型,以种粮来满足家庭粮食需求;另一种则是因为家庭劳动力不足,相比起种植经济作物,粮食作物投入的劳动力较少,管理也较为简单。近年来,门头沟区大力推进生态林地建设,已有不少农户进行造林活动。但调查中发现,农户自发的生态林地建设行为较少,多为土地流转后由村集体或承包大户统一建设,这表明农户对于生态建设的积极性并未有明显提高。农户建设设施农业行为是因部分农户经营农家乐采摘活动而出现的行为,虽然目前数量较少,但具有一定的发展潜力。

(2)农户化肥、农药投入行为。如表3所示,该地区农户单位耕地面积化肥平均投入量为453.47kg/hm²,单位耕地面积农药平均投入量为16.07kg/hm²,均低于2013年北京市平均水平,表明该地区绿色农业生产情况优于北京市整体水平。但与国际公认的化肥投入上限225kg/hm²相比,[42]已经远远超过国际标准。这表明绿色治理政策虽有初步成效,但仍需大力推进,以尽快使我国化肥、农药投入水平与国际水平达到一致。而且,调查中发现农户间投入情况差异较大,有部分农户选择不施加化肥、农药,而有些农户化肥投入量高达750kg/hm²,农药投入量高达40kg/hm²。造成这些巨大差异的原因除了有经济方面的因素,与农户的学历、种植经验,以及农产品用途等因素也有重要关系。

表3 农户化肥、农药投入情况表

统计类别	均值	最大值	最小值	标准差
化肥投入量(kg/hm²)	453.47	750	0	178.40
农药投入量(kg/hm²)	16.07	40	0	7.73

（3）农户土地经营意愿。由图6可见,在调查中发现,农户最愿意进行的农业生产活动依然是种植经济作物,达到了总数的70%。这主要是因为经济作物为该地区的传统农业项目,且需求量大、经济效益明显。有26.2%的农户愿意建设生态林,主要是受到政策鼓励;但由于目前生态补偿机制有所欠缺,未能针对农户的实际需求来制定,导致鼓励效果一般。愿意种植粮食作物的农户仅有3%,这与当地的自然条件,以及种粮的低收益有重要关系,而且随着政策的调整,生态造林的收益越来越高,这使得农户种粮意愿进一步降低。

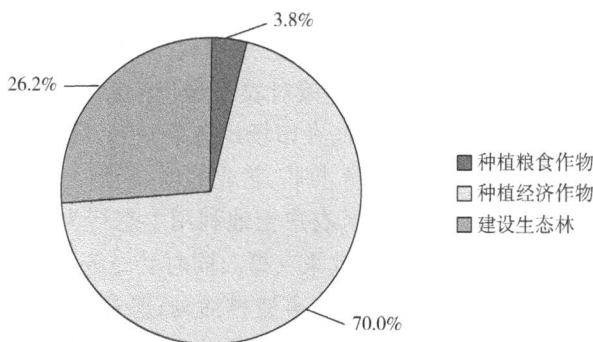

图6 农户土地经营意愿

（4）农户土地经营活动预期。如图7所示,在对于未来土地经营活动预期的调查中发现,16.2%的农户选择外出打工,43.8%的农户选择发展特色旅游经济,此两项共占总数的60%。只有36.2%的农户愿意进行造林活动,这表明大部分农户还是以自身实际收益为行为决策依据。通过对数据的进一步分析发现,选择外出打工和发展特色旅游经济的农户户主年龄多在41~60岁之间,而选择建设生态林的农户户主年龄主要集中在60岁以上。这表明农户选择建设生态林,主要是因为农户家庭状况限制了其追求更高收益的行为;加之国家给予造林的补助不断提高且来源稳定,对年龄较大的农户是很好的保障。这也从侧面反映出我国造林政策的响应程度不高,尤其是对于青、中年农户的激励效果较差,所以其生态补偿机制需进一步完善。

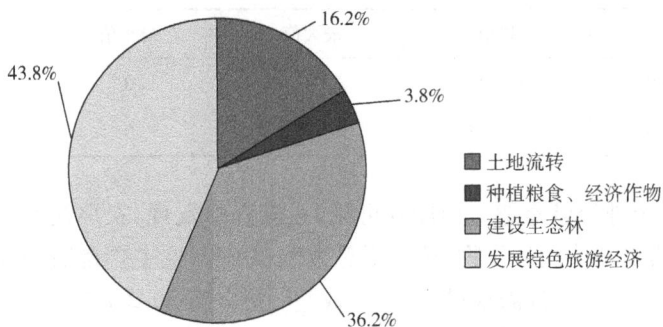

图7　农户土地经营活动预期

五、结语

（一）结论

农户是农业生产中最基本的决策单元，是农村土地的实际占有者和使用者。在农村绿色治理的大背景下，其行为决策对农村绿色治理效果的影响显著。农户土地利用生态行为是农户行为的一种，在市场经济条件下，具有追求自身利益最大化的特点。受农户性别、年龄、受教育水平、兼业程度、经济水平等因素影响，农户生态行为差异明显。在对北京市郊区农户土地利用生态行为的分析中发现，农户自发的生态行为很少，几乎都由相关政策支撑。同时受经济因素影响，大部分农户并不愿意改变原有的土地利用方式去从事造林活动；愿意进行造林活动的农户也多为劳动力有限的老年农户。在化肥、农药投入方面，农户对国家"减量投入，零增长"的政策响应程度一般，且户与户之间差异较大。总体来说，农户进行农村绿色治理的积极性未见有明显提高，目前实行的生态补偿机制对农户的激励效果一般，尤其是对青、中年农户激励效果较差。

（二）政策建议

第一，由于农户自身文化水平、技术水平等因素的影响，我国农户生态保护行为的积极性不高，绿色治理进展缓慢。建议政府进一步加大农业科技的投入和推广，鼓励教育机构投入到农技培训中；同时组建纵横向农技推广管理和队伍体系，进行区域之间的"对口援助"，以及自上而下的"省—市—县—镇（乡）—村—户"行政层级间的农技培训指导。

第二，农业保险有稳定农户收益的作用，可以促进农业要素生产率的快速增长，政府应发展农业保险，提高中央财政对农业保险的补贴额度，完善农业灾后补偿的政策性农业保险机制，引导、鼓励农户积极参与农业保险，保证农户农业生产收益的长期相对稳定，从而使农户增强耕地保护力度，推动农业经济稳定发展。

第三,我国地区间自然条件、经济发展水平差异巨大。而当前的"一刀切"生态补偿机制,忽视了农户参与生态建设机会成本的差异,从而影响了农户参与生态建设的积极性。建议政府基于不同区域发展情况,制定不同的生态补偿标准,建立多元生态补偿方式,完善地区间的生态补偿机制。

参考文献:

[1]翁伯琦,徐晓俞,罗旭辉,等.福建省长汀县水土流失治理模式对绿色农业发展的启示[J].山地学报,2014,32(2):141-149.

[2]马明冲,赵美玲.基于可持续发展视域下的绿色生态治理研究[J].生态经济,2014,30(7):175-178.

[3]孙在伟,王继军,郭满才.县南沟流域农户生态经济行为影响要素分析[J].水土保持研究,2015,22(3):253-258.

[4]恰亚诺夫.农民经济组织[M].萧正洪,译.北京:中央编译出版社,1996.

[5]卜范达,韩喜平."农户经营"内涵的探析[J].当代经济研究,2003(9):37-41.

[6]尤小文.农户:一个概念的探讨[J].中国农村观察,1999(5):17-20.

[7]钟太洋,黄贤金.农户层面土地利用变化研究综述[J].自然资源学报,2007,22(3):341-352.

[8]揣小伟,黄贤金,王倩倩.基于循环经济的区域土地可持续利用评价研究——以江苏省为例[J].江西农业大学学报,2009,31(1):166-172.

[9]高珊.农产品市场化户对农户土地利用行为的影响研究[M].南京:东南大学出版社,2013.

[10]谭淑豪,曲福田,黄贤金.市场经济环境下不同类型农户土地利用行为差异及土地保护政策分析[J].南京农业大学学报,2001,24(2):110-114.

[11]孔祥斌,李翠珍,张凤荣,等.基于农户土地利用目标差异的农用地利用变化机制研究[J].中国农业大学学报,2010(4):57-64.

[12]欧阳进良,宋春梅,宇振荣,等.黄淮海平原农区不同类型农户的土地利用方式选择及其环境影响——以河北省曲周县为例[J].自然资源学报,2004,19(1):1-11.

[13]刘洪彬,王秋兵.大城市郊区典型区域农户土地利用行为演变规律研究——基于沈阳市苏家屯区1983—2010年时间序列数据的实证分析[J].农业现代化研究,2014,35(1):83-87.

[14]刘洪彬,王秋兵,董秀茹,等.大城市郊区典型区域农户作物种植选择行

为及其影响因素对比研究——基于沈阳市苏家屯区238户农户的调查研究[J].自然资源学报,2013,28(3):372-380.

[15]曾祥坤,王仰麟,李贵才.中国城市水土保持研究综述[J].地理科学进展,2010,29(5):586-592.

[16]杨旭东,李敏,杨晓勤.试论退耕还林的经济理论基础[J].北京林业大学学报:社会科学版,2002,1(4):19-22.

[17]柯水发,赵铁珍.农户参与退耕还林意愿影响因素实证分析[J].中国土地科学,2008,22(7):27-33.

[18]钟太洋,黄贤金,马其芳.区域兼业农户水土保持行为特征及决策模型研究[J].水土保持通报,2005,25(6):96-100.

[19]刘燕,董耀.后退耕时代农户退耕还林意愿影响因素[J].经济地理,2014,34(2):131-138.

[20]李国平,石涵予.退耕还林生态补偿标准、农户行为选择及损益[J].中国人口·资源与环境,2015,25(5):152-161.

[21]张佰林,杨庆媛,苏康传,等.基于生计视角的异质性农户转户退耕决策研究[J].地理科学进展,2013,32(2):170-180.

[22]翟文侠,黄贤金.应用DEA分析农户对退耕还林政策实施的响应[J].长江流域资源与环境,2005,14(2):198-203.

[23]汪阳洁,姜志德,王晓兵.退耕还林(草)补贴对农户种植业生产行为的影响[J].中国农村经济,2012,(11):56-68,77.

[24]高旺盛.切实加强北方沙尘源农田保护性耕作制度建设的考察报告[N].科技日报,2004-05-20.

[25]高焕文,李洪文,李问盈.保护性耕作的发展[J].农业机械学报,2008,39(9):43-48.

[26]何文清,赵彩霞,隋鹏,等.农牧交错带地区发展保护性耕作的意义与前景[J].干旱地区农业研究,2006,24(4):119-122,128.

[27]郑纪芳,史建民.保护耕地与农户的认知度:462个样本[J].改革,2008,(12):82-86.

[28]肖建英,谭术魁,程明华.保护性耕作的农户响应意愿实证研究[J].中国土地科学,2012,26(12):57-63.

[29]汤秋香,谢瑞芝,章建新,等.典型生态区保护性耕作主体模式及影响农户采用的因子分析[J].中国农业科学,2009,42(2):469-477.

[30]王金霞,张丽娟,黄季焜,等.黄河流域保护性耕作技术的采用:影响因素的实证研究[J].资源科学,2009,31(4):641-647.

[31]曹光乔,张宗毅.农户采纳保护性耕作技术影响因素研究[J].农业经济问题,2008,(8):69-74.

[32]刘洪彬,吕杰.大城市郊区不同区域农户土地投入行为差异及其影响因素对比研究——以沈阳市苏家屯区为例[J].资源科学,2014,36(10):2084-2091.

[33]马骥.农户粮食作物化肥施用量及其影响因素分析——以华北平原为例[J].农业技术经济,2006(6):36-42.

[34]袁舟航,姜雪梅.环境意识视角下农户施肥行为实证分析[J].河南农业大学学报,2015,49(1):128-134.

[35]巩前文,张俊飚,李瑾.农户施肥量决策的影响因素实证分析——基于湖北省调查数据的分析[J].农业经济问题,2008(10):63-68.

[36]徐卫涛,张俊飚,李树明,等.循环农业中的农户减量化投入行为分析——基于晋、鲁、鄂三省的化肥投入调查[J].资源科学,2010,32(12):2407-2412.

[37]罗小娟,冯淑怡,石晓平,等.太湖流域农户环境友好型技术采纳行为及其环境和经济效应评价——以测土配方施肥技术为例[J].自然资源学报,2013,28(11):1891-1902.

[38]刘成武,黄利民.农户土地利用投入变化及其土地利用意愿分析[J].农业工程学报,2014,30(20):297-305.

[39]朱淀,孔霞,顾建平.农户过量施用农药的非理性均衡:来自中国苏南地区农户的证据[J].中国农村经济,2014(8):17-41.

[40]童霞,吴林海,山丽杰.影响农药施用行为的农户特征研究[J].农业技术经济,2011(11):71-83.

[41]侯建昀,刘军弟,霍学喜.区域异质性视角下农户农药施用行为研究——基于非线性面板数据的实证分析[J].华中农业大学学报:社会科学版,2014(4):1-9.

[42]朱东方,何建芳,陈明良.从世界化肥结构动态看我国化肥行业发展现状[J].化肥工业,2011,38(6):1-6,38.

京津冀一体化背景下
房地产业发展差异度评价指标体系研究

冯心怡

首都经济贸易大学土地资源管理专业 2015 级硕士

摘要: 在京津冀一体化战略背景下，正确认识京津冀地区之间的房地产业发展差异并促进该地区房地产业协调发展具有重要的现实意义。基于此，本文首先对京津冀三地的房地产业发展进行全方位的分析，然后构建指标体系来衡量京津冀各地区房地产业的发展差异度，根据数据统计、分析和测算的结果，建立一个与京津冀房地产业发展相适应的评价指标体系。根据这个指标体系，可以清晰地认识到各地区房地产业发展的差异，对房地产业发展有一个更准确的评价，京津冀各个地区才能更好地结合自身的发展状况，扬长避短、科学合理地发展房地产业，从而保证京津冀地区房地产业的健康、可持续发展，并推进整个京津冀的协同发展。

一、引言

京津冀包括北京市、天津市及河北省。京津冀协同发展目标是打造我国新的经济增长点，整体定位是"以首都为核心的世界级城市群"。多年以来，京津冀地区形成了以北京为核心、以天津为次核心的"双黄蛋"格局，经济水平、产业布局等也呈现不均衡态势。北京、天津、河北三地城市群、产业群存在断层问题，特别是作为基础产业的房地产业发展差异尤为明显。

在京津冀一体化战略背景下，一方面，房地产业的老问题依然存在，并有可能加剧，如各大城市的"摊大饼"式扩建等问题。另一方面，京津冀地区房地产业发展的天然断层与差异会影响京津冀一体化进程，这可能导致从北京流出的市民与流入地的生活不相适应，如交通、教育、消费、医疗等方面，也可能导致流入地的消费水平被流入市民迅速拉高，而使当地居民被迫适应变动后的消费水平，由此引起社会不安定等状况。

因此，正确认识京津冀地区房地产业发展差异并促进该地区房地产业协调发展的问题具有基础性和紧迫性，现实意义重大。其中，对京津冀三地的房地产业发展进行全方位的了解是首要工作。在此基础上，还要根据科学方法构建一套与京津冀房地产业发展相适应的评价指标体系。只有这样，我们才能更清晰地认识京津冀地区房地产业发展的差异,才能对房地产业的发展有一个更准确的评价,京津冀各个地区也才能更好地结合自身的情况,扬长避短、科学合理地发展房地产业,从而保证京津冀房地产业的健康、可持续发展。

二、文献综述

通过对相关研究成果进行整理、分类和评析,本部分对现阶段京津冀一体化背景下房地产业发展评价指标体系的相关研究进行综述,为以后针对京津冀地区构建其特有的房地产业发展评价指标体系打下坚实的理论基础。

Miles Keeping,David Shiers(2004)分析了房地产与环境的关系,提出了可持续资产的发展理论。[1] Gary Pivo,Paul McNamara(2005)指出房地产可持续发展研究应涉及三方面的评价:社会、经济和生态。具体评价指标为:人均 GDP、固定资产投资、城镇居民人均年可支配收入、城市人均公共绿地面积、商品房本年销售面积、工业烟尘排放量等。[2]

杨少华(2000)从人民生活、经济以及环境三个领域构建了评价指标。其中,生活领域包括人均居住面积、住房价格收入比、房地产业从业人员增长率、城镇人口增长率。经济领域包括房地产业增加值、人均房地产业增加值、房地产业增加值占GDP 的比重、房地产价格指数。环境领域包括全社会房屋使用效率、绿化率、建筑垃圾量、污水排放量、土地开发面积增长率、农业用地被征用面积增长率。[3]

贺玲、周滔(2010)认为影响房地产业发展潜力的因素包括:本年商品房销售价格/上年商品房销售价格、房屋建筑面积竣工率、商品房销售面积/竣工房屋面积、本年人均完成投资、本年购置土地面积、商品房销售面积、商品房销售价格、人均商品房销售额、本年开发土地面积、上年购置土地面积。[4] 高炳华、高莹莹(2011)分析了河北省宏观经济基本面对房地产价格的影响和作用程度,构建的指标体系包括:房地产平均销售价格、房地产开发投资额、城镇居民可支配收入、地区生产总值GDP、城镇人口数、实际利率。[5] 王洋、王德利、王少剑(2013)认为城市的区位与行政等级特征、自然环境特征、经济与生产性环境和基础设施特征是四个重要的影响因素。[6] 丰雷、卢静(2013)指出房地产用地市场运行既受宏观因素及房地产市场等需求面因素的影响,也受房地产用地供应及供地政策等供给面因素的影响。[7] 刘水(2014)构建的房地产业发展评价指标主要包括市场规模因子(城市 GDP、GDP增速、人均 GDP、常住人口、城镇居民人均可支配收入、城市面积、区位优势)、市场热度因子(人均销售面积、人均新开工面积、人均施工面积、人均 GDP、房地产投资额/GDP)、经济支撑因子(GDP 增长率、人均收入)、销供比因子(销售面积／新开工面积、销售面积／施工面积、房地产投资增速)。[8]

通过对国内外房地产业评价指标的综述可以看出,除了对社会、经济等指标的考量,环境和生态等影响因素也必须纳入评价指标体系。值得注意的是,我国关于房地产业的发展评价大多采用较为传统的客观赋权评价法,并且都是静态的评价;而房地产业的发展是动态变化的过程。因此,本研究尝试打破常规,构建新的指标体系对房地产业进行动态和静态相结合的综合分析。

三、京津冀房地产业发展概况

(一)北京市房地产业发展

总体来说,2016 年北京市商品房市场保持了平稳运行的态势,销售面积和销售额相对于 2015 年稍有回落,房价和租金将温和上涨,涨幅均处于合理区间。初步预计全年住宅交易规模在 25 万套左右,同比下降 10% 左右。从北京市来看,虽然非首都功能的疏解和人口调控会带来一定影响,但北京市仍属于人口净流入地区,这就决定了购房需求不会下降;加之限购政策已满 5 年部分需求将陆续释放、全面开放二孩等政策影响,整体购房需求仍将持续旺盛。[9-11]

(二)天津市房地产业发展

2015 年,天津市商品房销售总额为 1 783.45 亿元,总销售套数为 136 220 套,从 2015 年第一季度到 2016 年第一季度,天津市商品房销售价格呈现稳定温和增长的态势,但是 2016 年第一季度的销售面积和销售数额相对于 2015 年稍有回落。

伴随滨海新区经济的快速腾飞,区内的流动人口将迅速攀升,会产生对房地产的巨大需求。综合滨海新区的定位、区位优势、资源条件和需求分析,越来越多的人将到天津工作和生活,其中很多人都需要买房置业,经济的发展给人们带来房地产未来利好的信号,也会引来全国各地的投机资金,天津市房地产行业未来会有很大的发展空间。[12-13]相对北京高昂的地价,天津的土地成本相对较低,房地产市场起步较晚,发展潜力不可估量。

(三)河北省房地产业发展

在京津冀一体化背景下,河北将承接北京非首都功能疏解的任务。河北地域辽阔,承接着北京的转移产业,能缓解北京的土地压力,控制房价过快上涨,因此对于北京周边区域的房地产发展,都有很好的促进作用。[14-15]京津冀协同发展必然有利于河北的发展,但由于河北在基础设施条件、资源配套等方面的不足,河北房地产市场将面临长期的发展过程。

(四)京津冀房地产业发展对比

根据相关数据显示,2005—2015 年,北京市房地产开发投资额占 GDP 的比例逐步在缩小,从 22.15% 缩减至 18.19%,这说明北京市经济发展对房地产业的依赖度逐渐减小,北京市房地产业正逐步过渡到稳定健康的发展阶段。而河北的典型城市和天津市房地产开发投资额占 GDP 的比例均有一定程度的增加:天津市从 2005 年的 8.86% 增加至 2015 年的 11.32%,唐山市从 2005 年的 1.93% 增加至 2014 年的 9.79%,石家庄市从 2005 年的 6.59% 增加至 2015 年的 17.74%,廊坊市从 2005 年的 9.26% 增加至 2015 年的 27.12%。这从另一角度表明京津冀一体化背景下,天津以及河北省的房地产业都获得了一定程度的发展。

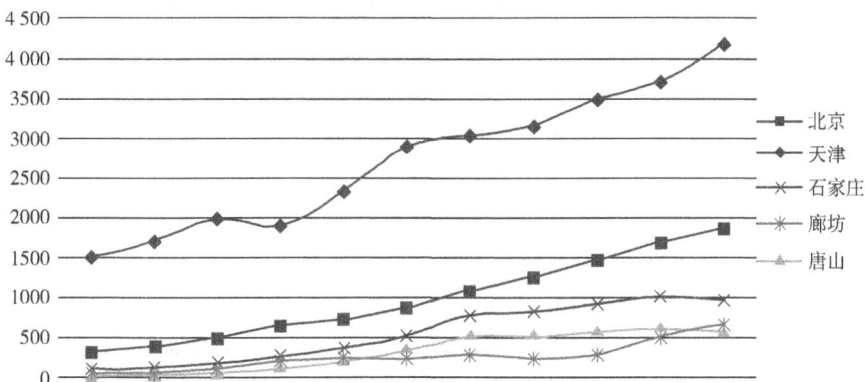

图 1　京津冀地区房地产开发投资额(亿元)

数据来源:国家统计局。

综上所述,无论从微观领域的交易规模、交易价格,还是从宏观领域的经济贡献来看,京津冀房地产业发展都存在较大的区域差异,但各个地区的差异程度如何仍未得到明确解答,测算和评价也没有一套完整的指标体系。因此,迫切需要建立一套科学的评价指标体系来衡量京津冀地区房地产业发展的差异度。

四、京津冀地区房地产业发展评价指标

在不考虑数据完整性的前提下,结合相关文献,笔者构建了京津冀地区房地产业发展评价指标体系。为了综合客观地评价京津冀地区房地产业发展状况,指标体系总体上包含社会、经济、生态环境三大类。由于经济指标是评价房地产业发展的重要方面,则进一步对经济指标细分为动态经济指标和静态经济指标。各类指标所包含的具体变量如下所述。

社会指标包括商品住宅新开工面积、商品住宅施工面积、商品住宅竣工面积、人口自然增长率、城市道路面积、年末常住人口及城镇人口。

动态经济指标包括建筑业增加值、房地产业增加值、地区(国内)生产总值增速、第三产业增加值、居民消费水平指数。静态经济指标包括房地产开发企业个数、房地产企业从业人数、房地产开发投资额、房地产开发住宅投资额、房地产开发别墅投资额、房地产开发办公楼投资额、房地产开发商业营业用房投资额、商品房

销售面积、住宅商品房销售面积、别墅/高档公寓销售面积、商品房销售额、住宅商品房销售额、商品房平均销售价格、住宅商品房平均销售价格、房地产开发企业住宅竣工套数、房地产开发企业住宅销售套数、地区生产总值、人均地区生产总值、居民消费水平及房地产住宅投资。

生态环境指标包括城市绿地面积、公园绿地面积、生态用水总量、林业用地面积、森林覆盖率、工业污染治理完成投资、城市污水日处理能力、建成区绿化覆盖率、工业污染治理本年竣工项目数。

五、京津冀地区房地产业发展评价指标的构建

数据资料是选取从 2005—2014 年的数据，评价指标包括经济、社会、生态三大类指标。通过计算这些指标的平均数、标准差以及变异系数，测算出京津冀地区房地产业在这些指标上的差距，并作为确定各项指标权重的依据。

（一）经济指标测算与构建

通过对北京、天津、河北三地的建筑业增加值、房地产业增加值、第三产业增加值、居民消费水平指数、房地产开发企业个数、房地产开发企业平均从业人数、房地产开发投资额等各项指标近 10 年来的数据进行统计，测算出各项指标的平均值、标准差以及变异系数，并进而确定各项指标所占的权重，根据权重值对指标进行筛选（见表1）。

综合三个地区的指标来看，最终选取的动态经济指标包括建筑业增加值、房地产业增加值和第三产业增加值。静态经济指标包括房地产开发投资额、商品房销售额、房地产开发企业住宅竣工套数、地区生产总值及居民消费水平。

（二）社会指标测算与构建

通过对北京、天津、河北三地的商品住宅新开工面积、商品住宅施工面积、商品住宅竣工面积、人口自然增长率、城市道路面积、年末常住人口及城镇人口各项指标近 10 年来的数据进行统计，测算出各项指标的平均值、标准差以及变异系数，并进一步测算出各项指标所占的权重，根据权重值对指标进行筛选（见表2）。

综合三个地区的指标，最终选取的社会指标包括商品住宅新开工面积、道路面积、城镇人口数和人口自然增长率。

（三）生态环境指标测算与构建

通过对北京、天津、河北三地的城市绿地面积、公园绿地面积、生态用水总量、林业用地面积、森林覆盖率、工业污染治理完成投资、城市污水日处理能力、建成区绿化覆盖率、工业污染治理本年竣工项目数等各项指标近 10 年来的数据进行统计，测算出各项指标的平均值、标准差及变异系数，并进一步测算出各项指标所占的权重，根据权重值对指标进行筛选（见表3）。

表 1 京津冀地区房地产业发展经济指标权重值

		房地产开发企业个数（个）	房地产开发企业平均从业人数（人）	房地产开发投资额（亿元）	房地产开发住宅投资额（亿元）	房地产开发别墅、高档公寓投资额（亿元）	房地产开发办公楼投资额（亿元）	房地产开发商业营业用房投资额（亿元）	商品房销售面积（万平方米）	住宅商品房销售面积（万平方米）	别墅、高档公寓销售面积（万平方米）	商品房销售额（亿元）	住宅商品房销售额（亿元）
变异系数	北京	0.07	0.06	0.30	0.34	0.23	0.57	0.29	0.29	0.37	0.55	0.23	0.22
	天津	0.11	0.12	0.52	0.49	0.32	0.64	0.53	0.10	0.11	0.30	0.33	0.33
	河北	0.35	0.39	0.67	0.65	0.52	0.91	0.78	0.48	0.46	0.40	0.71	0.68
权重	北京	0.01	0.01	0.04	0.05	0.03	0.08	0.04	0.04	0.05	0.08	0.03	0.03
	天津	0.01	0.01	0.06	0.06	0.04	0.08	0.06	0.01	0.01	0.04	0.04	0.04
	河北	0.03	0.03	0.06	0.05	0.04	0.08	0.07	0.04	0.04	0.03	0.06	0.06

		商品房平均销售价格（元/平方米）	住宅商品房平均销售价格（元/平方米）	房地产开发企业住宅竣工套数（套）	房地产开发企业住宅销售套数（套）	地区生产总值（亿元）	建筑业增加值（亿元）	房地产业增加值（亿元）	人均地区生产总值（元/人）	居民消费水平（元）	居民消费水平指数（上年=100）	房地产住宅投资（亿元）	第三产业增加值（亿元）	地区（国内）生产总值增速（%）
变异系数	北京	0.31	0.33	0.20	0.30	0.36	0.33	0.29	0.25	0.30	0.02	0.34	0.38	0.24
	天津	0.26	0.26	0.35	0.15	0.47	0.45	0.47	0.36	0.37	0.02	0.49	0.51	0.19
	河北	0.33	0.32	0.53	0.48	0.36	0.39	0.41	0.34	0.35	0.02	0.65	0.39	0.25
权重	北京	0.04	0.05	0.03	0.04	0.05	0.05	0.04	0.03	0.04	0.00	0.05	0.05	0.03
	天津	0.03	0.03	0.04	0.02	0.06	0.05	0.06	0.04	0.03	0.00	0.06	0.06	0.02
	河北	0.03	0.03	0.04	0.04	0.03	0.03	0.03	0.03	0.03	0.00	0.05	0.03	0.02

表2 京津冀地区房地产业发展社会指标权重值

		城市化率（%）	商品住宅新开工面积（万平方米）	商品住宅施工面积（万平方米）	商品住宅竣工面积（万平方米）	人口自然增长率（%）	道路面积（万平方米）	年末常住人口（万人）	城镇人口（万人）
变异系数	北京	0.01	0.24	0.11	0.26	0.38	0.26	0.12	0.13
	天津	0.04	0.16	0.32	0.2	0.19	0.22	0.13	0.17
	河北	0.13	0.46	0.58	0.47	0.04	0.21	0.03	0.17
权重	北京	0.01	0.16	0.07	0.17	0.25	0.17	0.08	0.09
	天津	0.03	0.11	0.22	0.14	0.13	0.15	0.09	0.12
	河北	0.06	0.22	0.28	0.22	0.02	0.10	0.01	0.08

数据来源：中指数据库。

表3 京津冀地区房地产业发展生态环境指标权重值

		城市绿地面积（万公顷）	公园绿地面积（万公顷）	生态用水总量（亿立方米）	林业用地面积（万公顷）	森林覆盖率（%）	工业污染治理完成投资（万元）	城市污水日处理能力（万立方米）	建成区绿化覆盖率（%）	工业污染治理本年竣工项目数（个）
变异系数	北京	0.17	0.27	0.49	0.02	0.25	0.59	0.08	0.11	0.49
	天津	0.19	0.29	0.51	0.08	0.1	0.16	0.16	0.08	0.26
	河北	0.2	0.3	0.38	0.07	0.14	0.79	0.16	0.06	0.35
权重	北京	0.07	0.11	0.20	0.01	0.10	0.24	0.03	0.04	0.20
	天津	0.10	0.16	0.28	0.04	0.05	0.09	0.09	0.04	0.14
	河北	0.08	0.12	0.16	0.03	0.06	0.32	0.07	0.02	0.14

数据来源：中指数据库。

综合三个地区的指标来看，最终选取的生态环境指标包括城市绿地面积、公园绿地面积、生态用水总量、工业污染治理完成投资。

六、结论

本研究利用2005—2014年京津冀房地产业的相关数据资料，初步挑选出由经济、社会、生态三大类指标组成的指标体系，来评价京津冀地区房地产业发展的差异度。通过计算这些指标的平均值、标准差以及变异系数，得出各项指标的权重值,最终建立起京津冀地区房地产业发展差异度评价指标体系。最后选取的动态经济指标包括建筑业增加值、房地产业增加值、第三产业增加值;静态经济指标包括房地产开发投资额、商品房销售额、房地产开发企业住宅竣工套数、地区生产总值、居民消费水平;社会指标包括商品住宅新开工面积、道路面积、城镇人口、人口自然增长率;生态环境指标包括城市绿地面积、公园绿地面积、生态用水总量、工业污染治理完成投资(见图2)。

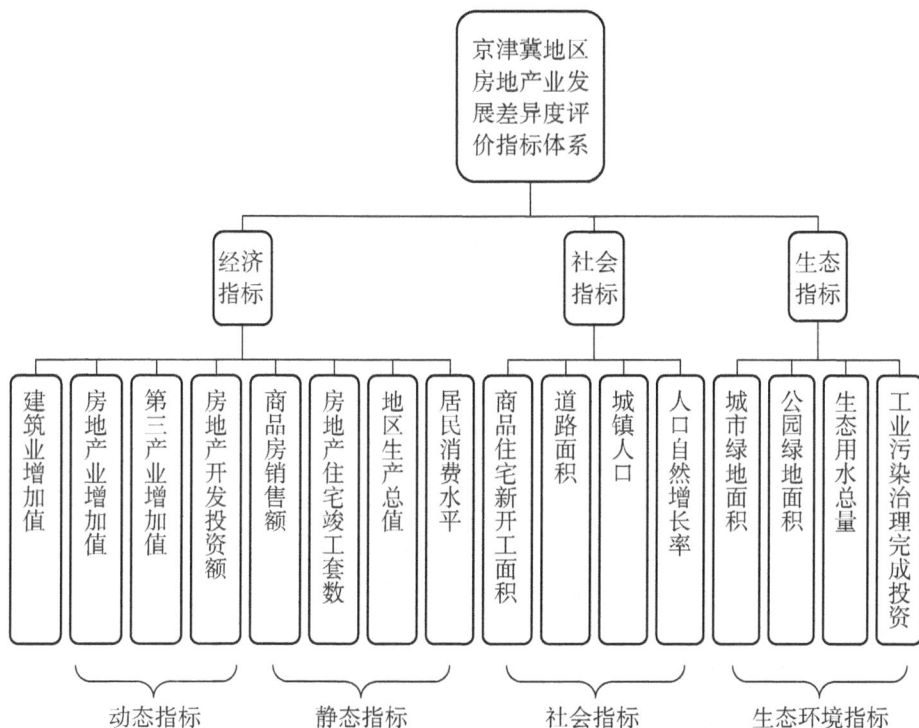

图2　京津冀地区房地产业发展差异度评价指标体系

在建立了与京津冀地区房地产业发展相适应的差异度评价指标体系的基础上,才能对京津冀地区的房地产业进行量化分析,才能为京津冀地区的房地产业协调发展提供更多的科学依据。这样有利于政府、相关研究学者以及房地产开发商根据城市的实际情况找出优劣势,针对其薄弱环节进行改善。同时,京津冀各个地区也能够因地制宜、扬长避短,按照自身的实际情况科学合理地发展房地产业,避免因重复建设导致的土地与其他资源的浪费。

参考文献：

［1］Keeing M，Shiers D. Sustainable Property Development：A Guide to Real Estate and the Environment［M］. Oxford：Blackwell Publishing，2004.

［2］Pivo G，Mcnamara P. Responsible Property Investing［J］. International Real Estate Review，2005，8（1）：B128－143.

［3］杨少华. 房地产业可持续发展评价指标体系之研究［J］. 企业经济，2000（12）：36－37.

［4］刘贵文，贺玲，周滔. 中国城市房地产市场发展潜力评价——基于时序多指标综合评价方法［J］. 科技进步与对策，2010，27（19）：153－157.

［5］高炳华，高莹莹. 河北省房地产价格波动影响因素的实证分析［J］. 中国房地产：学术版，2011（10）：12－19.

［6］王洋，王德利，王少剑. 中国城市住宅价格的空间分异格局及影响因素［J］. 地理科学，2013，33（10）：1157－1165.

［7］丰雷，卢静. 2004年以来中国房地产用地市场发展及房地产用地价格决定因素分析［J］. 中国土地科学，2013（4）：29－35.

［8］刘水. 我国主要城市房地产发展潜力评价［J］. 中国房地产，2014（10）.

［9］文魁，祝尔娟. 京津冀发展报告（2015）［M］. 北京：社会科学文献出版社，2015.

［10］齐心. 北京房地产平稳运行或成常态［J］. 投资北京，2016（3）.

［11］李俊玮. 京津冀城市群房地产业经济关联性分析［J］. 现代经济信息，2015.

［12］中国指数研究院. 中国房地产市场2015总结与2016趋势展望［J］. 中外建筑，2016（2）：28－31.

［13］王建廷. 京津冀都市圈与天津房地产业发展［J］. 中国房地产，2005（2）：19－21.

［14］魏后凯，李景国. 中国房地产发展报告（2015）［M］. 北京：社会科学文献出版社，2015.

［15］许光辉. 京津冀一体化之河北攻略［J］. 中国地产市场，2014（5）.

减量规划目标下土地利用规划实施评价

杨 雪

首都经济贸易大学土地资源管理专业 2015 级硕士生

摘要:近些年来,随着我国城镇化的不断发展,建设用地日趋紧张,特别是减量规划管理的提出,更是新时期下对土地利用规划提出的新要求。所以本文拟构建减量规划目标下的土地利用规划实施评价体系,并以延庆区为例,评价土地利用规划的完成情况,并提出合理的改进建议。

一、引言

2015 年 5 月份,北京市提出限定城市增长边界、优化城市内部结构的措施。这是北京历史上首次明确提出由"增量"规划向"减量"规划的改革。土地作为有限资源,兼具自然和经济的双重属性,在社会经济发展过程中起着基础性的作用,所以合理配置土地资源有着重要意义。土地利用规划实施评价是有效对土地资源进行管理的方式之一,同时也是规划编制的依据和参考。面对"规划瘦身"的新形式,规划要转向更小空间单元的优化与调整,从以土地增量为基础转向以减量为要求,并且要与其他规划互相协调。

二、国内外研究综述

(一)国内研究概况

对于减量规划的研究还处于起步阶段,主要代表人物有施卫良(2014)、王卫城(2011)、谭国昭(2011)、陈宏胜(2015)、方帅(2013)等人,研究成果基于对上海、广州等地的实践,探索建设用地减量发展的方向,指出存量建设与减量建设所面临的问题,并提出切实可行的解决办法。对于规划实施评价的研究,主要涉及指标体系、指标权重的确立以及方法的运用,代表人物有严金明(2012)、欧名豪(2011)、郑新奇(2006)、赵小敏(2003)、张金亭(2005)等人。在构建指标体系方面,严金明提出从控制目标和非控制目标两方面进行分类;赵小敏提出根据规划评价者、评价对象等进行分类。在权重的选取方法方面,主要有特尔菲法、鱼骨法、变异系数法等。在方法的运用方面主要有生态足迹法、地理信息系统法等。

(二)国外研究概况

国外最早研究土地利用规划实施评价的代表人之一是 A. Wildavsky,研究方法是基于一致性检验的规划实施评价。这种评价方法起源于 20 世纪 70 年代,是当时的主流评价方法,内容主要是分析规划实施的实际情况是否与编制规划时的目标相一致,如果一致则认为该方案实施有效,反之规划是无效的。这种评价方法有其自身的优越性,但随着时间的不断推移,同时伴随着外部环境的不断改变,严格按照最初的规划实施评价有一定困难。于是以 Faludi 为代表的学者提出了批评的观点,指出在规划的实施过程中,要对规划的构想和最终目的进行考评,如果实际情况与实施的发展方向一致,也可以认为规划实施是有效的。

三、相关理论

减量发展目标下土地利用规划实施评价的理论来源主要有土地节约集约利用理论、可持续发展理论、城市精明增长理论等。其中,土地节约集约利用是减量规划目标的基础,主要体现在建设用地节约利用、充分保护耕地、提高土地集约化程度、提高土地配置和利用效率等方面。精明增长理论主要是充分利用城市存量空间,限定城市扩张边界,提升土地利用的深度,切实保护农地、环境等,以促进城市整体健康有序发展。可持续发展理念要求土地资源在利用过程中要本着公平、和谐、可持续、高效的原则,着眼于长远需求和利益,合理配置土地资源,使土地利用具备可持续性和合理性。

四、减量规划目标下土地利用规划实施评价体系

(一)评价指标的选取

指标选取是否合理对于评价结果有着重要影响。减量规划目标下的土地利用规划实施评价,关键环节之一是评价指标的选取。本文根据《延庆区土地利用规划(2006—2020)》的编制内容以及延庆区自身土地利用的特点,在减量规划要求的基础上,从规划目标、规划效益、规划管理三方面入手,选取三大类一级指标和 22个二级指标进行综合评价,指标紧密围绕延庆区土地资源在实际中的利用状况,以此探究规划在土地利用过程中产生的影响。

(二)评价指标体系的框架

规划目标、规划效益、规划管理的评价见表1、表2、表3。

表1　规划目标评价

一级指标	二级指标	权重	指标说明
规划目标	耕地保有量完成率		耕地实际保有量/规划目标年耕地数量
	城乡用地规模调控指数		建设用地现状面积/规划目标面积
	交通水利及其他用地调控指数		交通水利及其他用地面积/规划目标面积
	耕地规模面积增减率		（现状年－基期年）/规划期间增减面积
	园地规模调控面积增减率		（现状年－基期年）/规划期间增减面积
	林地规模调控面积增减率		（现状年－基期年）/规划期间增减面积
	城镇用地面积增减率		（现状年－基期年）/规划期间增减面积
	农村居民点用地面积增减率		（现状年－基期年）/规划期间增减面积
	采矿用地面积增减率		（现状年－基期年）/规划期间增减面积

表2　规划效益评价

一级指标	二级指标	权重	指标说明
规划效益	土地集约节约用地程度		计算综合指数
	人均住房建筑面积		城镇人均住房建筑面积×50％＋农村人均住房建筑面积×50％
	恩格尔系数		食品支出/总支出
	城市居民人均可支配收入		城市居民可支配收入/城镇人口
	农村居民人均纯收入		农村居民纯收入/农村人口
	人均GDP		GDP/常住人口
	单位面积农业产值		农业总产值/农用地面积
	单位面积工业产值		工业总产值/建设用地面积
	社会固定资产投资增长率		社会固定资产增长额/社会固定资产投资总额
	旅游业增速		旅游业综合增长收入/旅游业总收入
	生态绿化率		非建筑用地面积/区域面积

表3　规划管理评价

一级指标	二级指标	权重	指标说明
规划管理	公众对规划的参与度		抽样调查
	公众对规划的认知程度		抽样调查

（三）评价指标构建方法

延庆区土地利用规划,列举了8项主要控制指标,选取其中3项约束性指标作为规划目标指标,分别为耕地保有量完成率、城乡用地规模指数、交通水利及其他调控用地指数。按照2013年延庆区土地利用现状情况,将实际拥有量与规划年数量进行对比分析,从而得出近3年来用地指标执行情况;在园地规模调控面积增减率、城镇用地面积增减率、农村居民点用地面积增减率、采矿用地面积增减率等方面,采取动态量化指标方式,计算实际值与基期值以及目标年与基期年的动态比率,根据比率大小得出调整情况;在用地规划效益评价中,选取11项指标,分别从经济、社会、生态三方面进行指标的计算,得出规划实施至今的效益状况;通过公众对规划的参与度与认知程度来判别规划管理程度,最后根据评价体系,将三部分指标选用对数模型方法进行标准化,随后将分值代入公式进行计算,结论如下:

$$F_i = \sum_{j=1}^{n} (F_{ij} \times W_{ij})$$

其中,F_i为总目标值,F_{ij}为分目标值,W_{ij}为权重;n为指标个数。

（四）评价指标权重

参考国内外的研究成果,评价指标权重的选取主要分为主观赋权法和客观赋权法两种。其中主观赋权法指的是依据领域内的知名专家,凭借其丰富的知识储备和经验对各项指标赋予权重,最典型的为特尔菲法。客观赋权法指的是对收集的数据信息运用具体的数学模型进行处理,得出权重,常用的方法有相关系数法、因子分析法、变异系数法等。本文通过对各项方法进行比较,综合县域规划特点,拟采用主观赋权法和客观赋权法相结合的方法,即特尔菲法与变异系数法相结合,确定各项评价指标的权重。

五、案例研究——以延庆区为例

（一）延庆区社会经济条件

延庆区位于北京市西北部,地理坐标介于东经115°44′~116°34′,北纬40°16′~40°47′。延庆区地形主要以山地为主,面积约占3/4;其次是平原,面积约占1/5。数据显示,全区人口呈平稳、缓慢的增长趋势,2013年常住人口31.6万,其中乡村人口较城镇人口多0.4万。2013年,地区生产总值922 627万元,其中第一产业109 507万元,第二产业234 426万元,第三产业578 694万元。

（二）延庆区土地利用现状

根据北京市第二次全国土地调查数据,2013年延庆区土地总面积为199 491.54公顷,其中农用地179 068.58公顷,占总面积的89.76%;建设用地16 148.77公顷,占总面积的8.1%;未利用土地4 274.9公顷,占总面积的2.14%(见图1)。

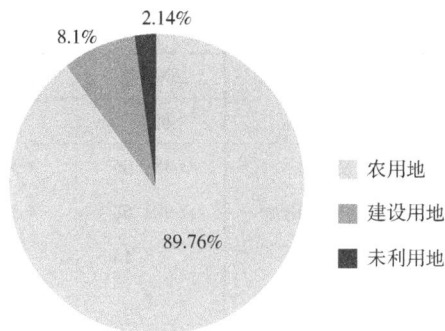

图1　延庆区土地利用情况分布图

农用地中,耕地29 775.82公顷,园地10 830.02公顷,林地136 170.07公顷,牧草地90.48公顷,其他农用地2 317.48公顷;建设用地中,城乡建设用地8 743.5公顷,交通水利用地7 405.26公顷,其他建设用地4 274.19顷;未利用土地中,水域845.88公顷。

(三)延庆区上一轮规划主要目标

延庆区上一轮规划的主要目标如表4、表5所示。

表4　延庆区规划主要控制指标表　　　　　　单位:公顷

指标名称	2009 年	2010 年	2020 年	类型
耕地保有量	29 741.54	29 313.56	28 200	约束性
基本农田保护面积	28 784.74	27 258.31	24 200	约束性
城乡建设用地规模	8 290.88	8 387.11	8 800	约束性
交通水利及其他用地规模	4 898.08	5 218.33	6 110	预期性

表5　延庆区规划期土地利用结构调整表　　　　　　单位:公顷

地　类		2009 年	2020 年	规划期间面积增减
		面积	面积	农用地
农用地	耕地	29 741.54	28 200	− 1 541.54
	园地	11 036.74	12 084.68	1 047.94
	林地	136 415.73	136 170.07	− 245.66
	牧草地	94.55	328.87	234.32
	其他农用地	2 110.53	2 199.3	88.77
	合　计	179 399.1	178 982.92	− 416.18

地 类			2009 年	2020 年	规划期间面积增减
			面积	面积	农用地
建设用地	城乡建设用地	城镇用地	3 384.06	4 342.3	958.24
		农村居民点用地	4 901.68	4 381.47	−520.21
		采矿用地	5.14	13.37	8.23
		其他独立建设用地	0	62.86	62.86
		小计	8 290.88	8 800	509.12
	交通水利及其他建设用地	交通水利用地	4 012.48	4 701.01	688.53
		其他建设用地	885.6	1 408.99	523.39
		小计	4 898.08	6 110	1 211.92
	合 计		13 188.96	14 910	1 721.04
其他土地	水域		3 452.31	3 559.14	106.83
	自然保留地		3 521.91	2 110.22	−1 411.69
	合 计		6 974.22	5 669.36	−1 304.86

（四）延庆区土地利用规划实施评价过程

依据上述指标的计算方法,分别就规划目标、规划效益、规划管理指标进行数据计算,通过计算现状年与基期年土地利用变化数值,与土地利用总体规划期间土地变动情况进行比率计算,得出相应的百分比,表示指标各单项的完成情况,对指标进行标准化处理,得出评价值(见表6)。

表6 延庆区土地利用规划实施评价体系

一级指标	权重	二级指标	权重	指标完成情况
规划目标	0.4	耕地保有量完成率	0.07	1.0558
		城乡用地规模调控指数	0.06	0.994
		交通水利及其他用地调控指数	0.05	1.212
		耕地规模面积增减率	0.07	0.022
		园地规模调控面积增减率	0.01	−0.197
		林地规模调控面积增减率	0.01	−1.469
		城镇用地面积增减率	0.05	0.0862
		农村居民点用地面积增减率	0.07	0.712
		采矿用地面积增减率	0.01	−0.049

一级指标	权重	二级指标	权重	指标完成情况
规划效益	0.4	土地集约节约用地程度	0.1	42.1
		人均住房建筑面积	0.05	34.25
		恩格尔系数	0.01	33.75
		城市居民人均可支配收入	0.02	31 132
		农村居民人均纯收入	0.02	15 504
		人均GDP	0.02	29 190
		单位面积农业产值	0.01	14 570
		单位面积工业产值	0.01	401 011
		社会固定资产投资增长率	0.06	0.102
		旅游业增速	0.05	0.067
		生态绿化率	0.05	0.645
规划管理	0.2	公众对规划的参与度	0.1	0.32
		公众对规划的认知程度	0.1	0.46

根据表7可以看出,从2009—2013年,延庆区土地规划目标、规模效益完成情况较好;规划管理情况相对较差,规划实施总体处于中等水平。

表7　延庆区土地利用规划实施评价因子综合值分析

评价因素	规划目标	规划效益	规划管理	综合分值
分值	80.2	86.21	72.1	81.17

六、结论与建议

(一)减量规划目标下土地利用规划实施评价结果

在规划目标方面,耕地保有量完成率和交通水利及其他用地调控指数均大于1,表明2009—2013年的耕地资源数量保持多于2009—2020年,交通水利及其他用地调整超出预期。在城乡用地规模调控指数方面,完成指数达到0.99,反映出城乡用地规模增长较快,接近规划目标完成情况。动态指标中耕地面积增长率为2.2%、园地面积减少率为19.7%、林地面积减少率为146.9%,耕地和林地在规划过程中为负相关指标,表明在规划期内耕地和林地面积会相应减少。但数据显示,在土地实际利用过程中,耕地面积不降反增,林地的面积减少,且超过规划指标;城镇用地面积增长率为8.62%、农村居民点面积增长率71.2%、采矿用地面积减少率为4.9%,农村居民点变动为负相关指标,表示规划期内会减少用地面积。通过指标数据分析,农村居民点面积处于增加状态,且增加比例较大。城镇用地面积增减率、采矿用地面积增减率均为正向指标,从实际利用现状分析,采矿用地面积减少,城镇用地面积增加,且增加速度较快,表明延庆区近几年在建设用地方面投入较多,特别是在交通道路建设、农村居民点建设等方面,比较突出。

在规划效益方面,2013年延庆区人均住房建筑面积达到34.25平方米,远高于北京市同期人均住房建筑面积,表明延庆区居民具有较适宜的居住环境。恩格尔系数即食品支出占家庭总支出的比例,恩格尔系数越高反映家庭生活水平越低。2013年延庆区恩格尔系数高于北京市,说明经济发展水平欠发达,人均生活水平不高。延庆区城市居民人均可支配收入31 132元,农村居民人均纯收入15 504元,人均GDP 29 190元,相比往年有所增加。说明尽管其生活水平不能达到高水准,但仍呈现增长趋势。延庆区单位面积农业产值14 570元/公顷,单位面积工业产值401 011元/公顷,社会固定资产投资增长率10.2%,旅游业增速6.7%,生态绿化率64.5%。延庆区发展的核心定位为:首都生态涵养重地、国际旅游休闲名区、耕地和基本农田保护重要地区。通过分析不难看出,延庆区在生态涵养和基本农田保护方面做得较好,且旅游业占比较大,增速较快,和其发展定位相一致。延庆区土地集约节约用地程度较低,则暴露出其用地不合理、土地利用方式粗放、效率低下等问题。

在规划管理方面,公众对规划的参与度为0.32,对规划的认知程度为0.46,处于相对较低水平。

(二)减量规划目标下延庆区土地利用建议

"减量规划"是经济新常态发展背景下对土地利用规划提出的新要求,旨在倡导合理配置土地资源。基于减量规划目标下的土地利用规划实施评价被赋予了新的内涵,是新时期、新形势下对土地利用规划实施评价问题的新思路。基于减量规划目标分析延庆区土地利用现状,得出以下几点建议。

第一,严格执行耕地保护政策,切实保护耕地资源。通过减量规划目标下的规划实施评价体系分析得出,延庆区较好地完成了规划目标,特别是耕地保有量完成率指标。在土地实际利用过程中着重保护耕地,为国家坚守"18亿亩耕地"红线做出了贡献。今后需要进一步执行耕地保护政策,切实保护耕地资源,全面加强耕地保护目标责任制度建设,严格执行土地利用年度计划,从严控制各类建设占用耕地,完善耕地破坏程度鉴定工作机制,切实将耕地保护工作落实到位。

第二,统筹城乡建设用地发展,促进土地节约集约利用。在建设用地方面,延庆区现阶段指标达成率与规划指标趋于一致,需要将建设用地速度放缓,特别是针对农村居民点土地利用面积、城乡建设用地面积均增速较快这种状况。结合延庆区土地利用规划现状图分析,延庆地区城乡土地利用效率较低,二元用地结构问题突出,利用水平较为粗放,农村居民点布局分散,村庄周围闲置地较多,土地节约集约利用度较低。因此,需要在减量规划目标的基础上,提高土地集约节约利用程度,促进农村居民点合理布局,统筹城乡建设用地规划,加快城镇化发展,提升土地利用潜力,促使规划区域内建设用地资源利用最大化,实现最优利用。

第三,加强生态环境建设,优化旅游用地资源。延庆区发展定位为首都生态涵养重地、国际旅游休闲名胜区、耕地和基本农田保护重要地区,所以要进一步加强生态环境建设,在规划中优化调整旅游用地的空间布局和利用结构,加快推动经济发展,着力提高延庆区的经济和社会效益。

第四,提高土地利用规划的科学性,加大公众参与程度。在规划管理过程中需要加强土地审查力度,建立有效的监督机制,加强对违法占地行为的惩处,提高公众对规划的参与度和认知度。

参考文献:

[1]施卫良,邹兵,金忠民,等. 面对存量和减量的总体规划[J]. 城市规划,2014(11):16-21.

[2]王卫城,戴小平,王勇. 减量增长:深圳规划建设的转变与超越[J]. 城市发展研究,2011(11):55-58.

[3]积极推进城乡统筹发展实现村庄规划全覆盖——广州市番禺区社会主义新农村村庄规划工作情况总结[J]. 规划师,2009,25:11-16.

[4]施卫良. 规划编制要实现从增量到存量与减量规划的转型[J]. 城市规划,2014(11):21-22.

[5]陈宏胜,王兴平,国子健. 规划的流变——对增量规划、存量规划、减量规划的思考[J]. 现代城市研究,2015(9):44-48.

[6]方帅. "减量规划"求解城市土地饥渴症[J]. 中国房地产业,2013(12):72-75.

[7]严金明,夏方舟,李强. 顶层战略让土地整治可持续[N]. 中国国土资源报,2012-12-10.

[8]张宇,欧名豪,靳晓雯,郭杰. 土地利用总体规划实施评价方法研究[J]. 中国土地科学,2011(10):40-46.

[9]郑新奇,李宁,孙凯. 土地利用总体规划实施评价类型及方法[J]. 中国土地科学,2006(1):21-26.

[10]赵小敏,郭熙. 土地利用总体规划实施评价[J]. 中国土地科学,2003(5):35-40.

[11]张金亭,吴秀,刘越岩.基于模糊综合评判的土地利用规划实施评价方法[J].国土资源科技管理,2005(5):82-86.

[12]袁成军,何腾兵,李屹旭,等.基于GIS的土地利用总体规划实施评价决策支持系统研究与应用——以贵州省黔西县为例[J].贵州农业科学,2008,36(2):108-111.

[13]符海月,李满春,毛亮,等.基于生态足迹的土地利用规划生态成效定量分析——以河北省廊坊市为例[J].自然资源科学,2007,22(2):225-235.

[14]王婉晶,揣小伟,黄贤金,郭怀成.中国土地利用规划实施评价研究进展与展望[J].中国土地科学,2012(11):91-96.

[15]Longgao Chen,Xiaoyan Yang,Longqian Chen,Rebecca Potter,Yingkui Li. A State-impact-state Methodology for Assessing Environmental Impact in Land Use Planning[J]. Environmental Impact Assessment Review,2014(46):12-15.

[16]Theodor J. Stewart, Ron Janssen. A Multiobjective GIS-based Land Use Planning Algorithm[J]. Computers,Environment and Urban Systems,2014(46):25-29.

[17]乌拉尔·沙尔赛开,孙平军,宋庆伟.脆弱性视角的中国大城市土地节约集约利用模式的规划思考[J].经济地理,2014(3):156-161,181.

[18]Fokadu Beyene. Land use change and determinants of land management:Exprience of pastoral and agro-pastoral herders in estern Ethiopia[J]. Journal of Arid:Enviroments,2016(125):6-9.

[19]Xue jun Du,Zhanghua Huang. Ecological and enuironmental offects of land use change in rapid urbanization:The case of hangzhou, China[J]. Ecological Indicators,2017(81):41-43.

[20]赵烨,杨燕敏,刘锋,孙雷.北京市土地利用总体规划实施管理预警系统的构建[J].干旱区资源与环境,2006(1):23-26.

[21]刘湘宏,马姝玮.科学实施土地利用总体规划,促进区域经济可持续发展[J].经济地理,2007(2):306-309.

[22]梁烨,刘学录,汪丽.基于灰色多目标线性规划的庄浪县土地利用结构优化研究[J].甘肃农业大学学报,2013,3:93-98.

[23]中共什邡市委、市人民政府.什邡:新的起点新的跨越[J].四川省情,2011.

[24]谭明生,贾雷.统筹城乡发展视角下的农村建设用地整理研究——以永川区推进城乡建设用地增建挂钩项目为例[J].农业与技术,2015,9:157-159.

[25]赵奕,罗丽娥,叶楠,等.新形势下延庆新城控制性详细规划工作探索[J].北京规划建设,2009(S1):132-141.

山东省人力资本与人才资本贡献率测算与分析[①]

陈祥梅

首都经济贸易大学教育经济与管理专业 2015 级硕士研究生

摘要:在人才强国和人才强省战略实施的现实背景下,准确把握山东省人才的开发成效、人才效能的发挥及其影响因素,对于更好地发挥人力资本与人才资本对拉动经济增长方面的动力作用具有重要意义。本文将柯布－道格拉斯生产函数法和数据包络分析方法相结合,对山东省 2001—2013 年人力资本投入与人才资本投入的贡献率及其 DEA 有效性进行测算分析,可以看到与国家以及山东省提出的到 2020 年的人才贡献率目标相比,山东省的人才贡献率还存在较大差距。因此,应该对人力资本与人才资本进行合理配置,提高人力资本与人才资本的利用效率,以更好地促进经济的快速稳步发展。

一、引言

大量学者研究了人力资本或者人才资本对经济增长方面的贡献。舒尔茨(Theodore W. Schultz)从宏观层面和微观层面分别将人力资本对经济增长贡献的内部原理进行分析,研究结果表明:人力资本促进了分工专业化以及技术进步的发展,使得生产效率逐步提高,从而加快了经济的发展。罗默(Paul M. Romer)与卢卡斯(Robert Lucas)等学者提出经济增长理论和人力资本内生化增长模型,表明正是因为人力资本的外部效应和内部效应共同促使人力资本的收益递增,物质资本的收益不递减甚至是递增,从而使得国民经济快速增长。桂昭明(2009)在《全国人才中长期发展规划纲要》中首次提出人才资本对经济增长的重要作用。目前,国内外大多数学者只是研究了人力资本对经济增长的贡献,或者只是研究了人才资本对经济增长的贡献,并没有同时将人力资本和人才资本区分开来并进行对比,研究它们对于生产总值的贡献。为此,本文以山东省 2001—2013 年经济增长数据为例,运用柯布－道格拉斯生产函数和数据包络分析法,对人力资本贡献率和人才资本贡献率进行测算与分析。

二、研究方法

为测算山东省人力资本与人才资本的贡献率,采用生产函数法与 DEA 分析法

---

① 本文是在张立新副教授的指导下完成的,在此表示感谢。

相结合的方式,来测算山东省各生产要素的相对贡献率及其产出弹性,分析和比较人力资本和人才资本的投入冗余以及产出不足,分析其弱 DEA 有效的原因及应改进的方向和程度。

(一)基于柯布－道格拉斯生产函数模型的构建

基于传统的柯布－道格拉斯生产函数以及新经济增长理论,构建新的经济增长分析模型。扩展的生产函数的表达式为:

$$Y_t = F(L_t, H_t, K_t, A_t) = L_t^{\alpha} H_t^{\beta} K_t^{\gamma} A_t^{\varepsilon} e_t^{\mu} \tag{1}$$

公式(1)中,Y_t 代表各期的经济水平,L_t 代表各期的人力资本投入,H_t 代表各期的人才资本投入,K_t 代表各期的物质资本投入,A_t 代表各期的技术投入,μ 代表随机干扰项;α、β、γ、ε 分别表示人力资本投入、人才资本投入、物质资本投入以及技术投入的产出弹性系数。为了消除时间序列数据的异方差性,将各个变量分别取自然对数,记为 $\ln Y_t$、$\ln L_t$、$\ln H_t$、$\ln K_t$ 和 $\ln A_t$,所以公式(1)可以变形为以下方程:

$$\ln Y_t = \alpha \ln L_t + \beta \ln H_t + \gamma \ln K_t + \varepsilon \ln A_t + \mu \tag{2}$$

对公式(2)进行变形得:

$$\frac{\Delta Y_t}{Y_t} = \alpha \frac{\Delta L_t}{L_t} + \beta \frac{\Delta H_t}{H_t} + \gamma \frac{\Delta K_t}{K_t} + \varepsilon \frac{\Delta A_t}{A_t} \tag{3}$$

我们用 Eviews 软件,采用 OLS 回归分析,得出各个要素的弹性系数,可以计算出各个要素的增长率和经济增长率,以此就可以计算出各个要素的相对贡献率。贡献率公式为:

$$要素贡献率 = \frac{要素增长率 \times 弹性系数}{经济增长率} \tag{4}$$

(二)数据包络分析

数据包络分析(Data Envelopment Analysis,DEA)是著名运筹学家 A. Charnes 和 W. W. Copper 等学者将"相对效率"这一概念作为基础,根据多指标投入和多指标产出对相同类型的单元(部门)进行有效性或效益性评价的一种新的系统分析方法。它是处理多目标决策问题的好方法。决策单元的相对有效性(即决策单元的优劣)被称为 DEA 有效性。DEA 是以相对效率这一概念为其基础,以凸分析、线性规划作为其工具的一种评价方法。它应用数学规划模型来计算以及比较决策单元之间的相对效率,并对评价对象做出效率评价。

具有不同规模收益条件下的 DEA 模型的研究是 DEA 研究的一项重要内容。C^2R 模型是一个测算生产是否为规模有效与技术有效的 DEA 模型。1984 年,

Banker 等针对生产可能集中的锥形假设不成立,创造出了另一个评价生产技术相对有效的 DEA 模型——BC^2 模型。与此同时,Grosskopf 等人也创造出了满足规模收益非递减的 DEA 模型——FG 模型。1990 年,Seiford 和 Thrall 创造出了另一个满足规模收益非递减的 DEA 模型——ST 模型。上述四个模型是经典的 DEA 模型,它们对经济学中的规模收益评价问题构成了一个完整的体系。本文运用 BC^2 模型,其模型见公式(5),其中,θ 为标量,表明第 j 个决策单元的效率值。一般来说,$\theta \leqslant 1$,若 $\theta = 1$,那么说明该单元是相对有效率的,并且是位于前沿线上的。x_j 代表输入变量;y_j 代表输出变量。

$$(D_{BC2})\begin{cases} \min\theta = V_D, \\ \text{s. t.} \sum_{j=1}^{n} x_j\lambda_j + s^- = \theta x_{j0}, \\ \sum_{j=1}^{n} y_i\lambda_j - s^+ = y_{j0}, \\ \sum_{j=1}^{n} \lambda_j = 1, \\ s^- \geqslant 0, s^+ \geqslant 0, \lambda_j \geqslant o, j = 1, 2, \cdots, n. \end{cases} \tag{5}$$

三、数据来源

选取山东省生产总值、人力资本投入量、人才资本投入量、物质资本投入量以及技术经费投入量等能够促进经济发展的指标,数据主要来源是山东统计年鉴,数据见表1。

表1　山东省生产总值、人力资本存量、人才资本存量、
物质资本存量以及技术经费投入量　　　　　单位:亿元

年份	生产总值	人力资本存量	人才资本存量	物质资本存量	技术投入量
2001	9 195.04	39 776.96	24 032.19	2 680.66	60.90
2002	10 275.50	40 802.52	26 697.62	3 248.12	196.50
2003	12 078.15	41 560.96	25 346.66	4 904.86	103.80
2004	15 021.84	43 850.90	25 338.82	6 960.22	142.10
2005	18 366.87	45 193.64	20 662.31	9 525.04	195.80
2006	21 900.19	46 718.55	22 055.90	9 642.98	234.10
2007	25 776.91	49 631.52	21 692.35	10 561.79	312.30
2008	30 933.28	49 720.33	24 451.16	12 932.61	433.70

续表

年份	生产总值	人力资本存量	人才资本存量	物质资本存量	技术投入量
2009	33 896.65	51 946.03	24 544.86	15 881.02	519.59
2010	39 169.92	50 330.46	32 723.95	19 332.69	672.00
2011	45 361.85	44 809.01	50 297.13	21 859.10	844.40
2012	50 013.24	44 689.84	50 790.58	25 252.37	1 020.30
2013	54 684.33	43 936.01	55 127.96	29 522.86	1 175.80

经济增长（Y_t）以山东省2001—2013年的生产总值（单位：亿元）来作为实际产出量的指标。技术投入（A_t）用山东省2001—2013年的R&D经费支出（单位：亿元）。人力资本投入（L_t）和人才资本投入（H_t）使用受教育年数计算法，即郭克良研究中对初等教育、中等教育和高等教育分别乘以1.0、1.4以及2.0系数的方法，最后将各个教育阶段加总，得到人力资本存量和人才资本存量。物质资本存量（K_t）选取《山东统计年鉴》中的固定资本投资额作为物质资本投入的数据，使用永续盘存法进行物质资本存量的计算，其公式为：

$$K_t = (1 - \delta_t)K_{t-1} + I_t \tag{6}$$

公式（6）中，K_t 是第 t 年的物质资本存量，K_{t-1} 表示第 $t-1$ 年的物质资本存量，I_t 表示第 t 年的净投资量，以2000年为基期，δ 为5%的折旧率，计算2001—2013年的物质资本存量（单位：亿元）。

四、山东省人力资本与人才资本贡献率测算的实证分析

（一）单位根检验以及协整检验

1. 单位根检验

经济学家们认为，大多数的经济类变量数据是时间序列数据，而大多数的时间序列数据是不平稳的，若将不平稳的时间序列数据当成是平稳的时间序列数据来进行OLS分析，就可能出现"伪回归"现象。所以，为使数据的分析具有可靠性和有效性，避免生产函数的时间序列数据存在不平稳，从而导致"伪回归"现象的发生，应该在普通最小二乘法分析之前对时间序列数据进行单位根检验。首先，第一步对数据自身进行检验，如果结果是不平稳的，再检验数据的一阶差分。表2为ADF单位根检验结果。

从表2可以看出，除了 $\ln K_t$、$\ln A_t$ 的ADF值大于显著性水平为10%的临界值，其他数据均不能拒绝存在单位根的原假设，所以为非平稳序列。但是当再进行二阶差分后，ADF值均小于5%和10%的临界值，说明经过对 $\ln K_t$、$\ln A_t$ 的数据进行差分后，四个序列均为平稳序列。

表 2　ADF 单位根检验结果

变量	ADF 统计量	临界值			检验类型	是否	单整阶
		1%	5%	10%	(c,t,k)		
$\ln Y_t$	1.120	-2.792	-1.978	-1.602	$(c,t,2)$	否	$I(1)$
$d(\ln Y_t)$	-4.367	-5.295	-4.008	-3.461	$(c,t,2)$	是	
$\ln L_t$	0.585	-2.772	-1.974	-1.603	$(c,t,2)$	否	$I(1)$
$d(\ln L_t)$	-2.229	-2.792	-1.978	-1.602	$(c,t,2)$	是	
$\ln H_t$	1.483	-2.772	-1.974	-1.603	$(c,t,2)$	否	$I(1)$
$\ln(H_t)$	-2.293	-2.792	-1.978	-1.602	$(c,t,2)$	是	
$\ln K_t$	-4.816	-5.125	-3.933	-3.420	$(c,t,2)$	是	$I(0)$
$\ln A_t$	-5.776	-4.992	-3.875	-3.388	$(c,t,2)$	是	$I(0)$

注:检验类型(c,t,k)当中,c为单位根检验中的截距项,t为趋势项,k为滞后阶数。滞后阶数k选择标准是 AIC 原则。此结果来自 Eviews6.0。

2. 协整检验

由于原变量都是非平稳序列,需要通过协整检验进一步检验变量之间的线性组合是否为平稳序列。有两种关于协整性的检验方法:一种协整检验,它依据于回归残差;另一种是 Johansen 协整检验,它依据于回归系数的完全信息。这里用的是前一种方法。为分析变量之间是否会存在协整关系,这里第一步对变量进行回归,第二步再检验一下回归残差是否平稳。运用 OLS 回归方法来估计回归模型,分析结果见表3。

下面来检查残差平稳性,表4为残差序列平稳性检验估计结果。在5%显著性水平下,t检验统计量的值为 -3.535,小于其临界值,因此拒绝原假设,说明残差序列并不存在单位根,为平稳序列,表明变量之间存在着长期均衡关系。

表 3　回归结果

自变量	系数	标准差	t 统计量
C	-16.148	10.054	-1.606
$\ln L_t$	1.589	0.804	1.975
$\ln H_t$	0.427	0.232	1.839
$\ln K_t$	0.473	0.096	4.929
$\ln A_t$	0.074	0.095	0.775
$R^2 = 0.991$	Adjusted $R^2 = 0.986$	$F = 217.870$	$DW = 1.280$

注:结果来自 Eviews6.0。

表4　残差序列平稳性检验估计结果

残差序列平稳性检验	显著性水平	$t-\text{Statistic}$	Prob.*
Augmented Dickey – Fuller test statistic		-3.535	0.002
Test critical values：	1% level	-2.792	
	5% level	-1.978	
	10% level	-1.602	

注：结果来自 Eviews6.0。

（二）回归模型

如表3所示的回归结果表明：①模型的拟合优度为0.991，修正后的拟合优度为0.986，表明回归模型对样本观测值的拟合程度较好；②在显著性水平为5%的水平下，F值为217.870，说明回归方程总体上是显著的；③各参数的 P 值都小于0.05，说明各解释变量对被解释变量分别都有显著性影响，则得出以下回归模型：

$$\ln Y_t = 1.589\ln L_t + 0.427\ln H_t + 0.473\ln K_t + 0.073\,7\ln A_t - 16.482 \qquad (7)$$

（三）回归模型的检验

多重共线性检验，通过取对数之后的变量之间的相关系数的观察，其值均小于0.8，并且各参数均通过 t 检验，回归模型的 F 值也通过检验，因此判断不存在严重的多重共线性。

自相关检验，回归结果中 DW 值为1.280，此方程的解释变量个数为4，样本容量大小为13，查询德宾 – 沃森 d 统计量表，在0.05显著性水平上，$d_L = 0.574$，$d_U = 2.094$，$d_L < DW < d_U$，无法判断是否存在自相关性，很可能由于样本容量较小。采取偏相关系数检验法，经检验回归模型不存在自相关。

White 检验用来检验模型是否存在异方差，其中心思想是，如果存在异方差，其方差 δ_t^2 与解释变量有关系，通过分析 δ_t^2 是否与解释变量有某些形式的联系以判断是否存在异方差性。表5表示 White 检验的结果，P 值为0.214，说明模型不存在异方差。

表5　White 检验结果

White Heteroskedasticity Text			
F 统计量	2.453	P 值	0.201
nR^2	10.799	P 值	0.214

（四）各要素贡献率的测算分析

由表1、公式（4）以及 OLS 分析得出的弹性系数，以此计算山东省2001—2013

年的生产总值平均增长率、人力资本平均增长率、人才资本平均增长率、技术资本平均增长率以及各要素的平均贡献率,如表6所示。

表6　各要素的平均增长率与平均贡献率　　　　　单位:%

	人力资本存量	人才资本存量	技术投入存量
平均增长率	0.768	6.595	25.574
平均贡献率	8.301	19.165	12.819

由表6可以看出,山东省2001—2013年技术投入的平均增长率和平均贡献率分别为25.57%和12.82%。人力资本和人才资本的平均增长率为0.77%和6.59%,人力资本和人才资本的贡献率为8.30%和19.16%,人才资本的平均增长率和平均贡献率在2001—2013年均比人力资本的要高。

五、人力资本与人才资本投入与产出的有效性分析

使用Deap2.1软件,运用公式(5),以山东省2001—2013年的数据,由人力资本存量和人才资本存量求出生产总值增量,接着把人力资本存量和人才资本存量作为投入,得出的生产总值增量作为产出,运用产出导向型的BCC模型求人力资本效率值(见表7)和人才资本效率值(见表8)。

表7　人力资本效率的测算结果

年份	crste	vrste	scale	投入冗余值	产出不足值
2001	0.186	1.000	0.186	0	0
2002	0.202	0.503	0.402	0	10 136.524
2003	0.233	0.421	0.555	0	16 629.253
2004	0.275	0.279	0.985	0	38 731.606
2005	0.327	0.336	0.972	− 1 257.630	36 317.460
2006	0.377	0.400	0.940	− 2 782.540	32 784.140
2007	0.417	0.471	0.885	− 5 695.510	28 907.420
2008	0.500	0.566	0.884	− 5 784.320	23 751.050
2009	0.524	0.620	0.846	− 8 010.020	20 787.680
2010	0.625	0.716	0.873	− 6 394.450	15 514.410
2011	0.813	0.830	0.981	− 873.000	9 322.480
2012	0.899	0.915	0.983	− 753.830	4 671.090
2013	1.000	1.000	1.000	0	0

表 8　人才资本效率的测算结果

年份	crste	vrste	scale	投入冗余值	产出不足值
2001	0.277	0.283	0.977	0	23 242.282
2002	0.279	0.291	0.959	0	25 084.405
2003	0.345	0.351	0.984	0	22 363.493
2004	0.429	0.436	0.984	0	19 414.474
2005	0.644	1.000	0.644	0	0
2006	0.719	0.817	0.880	0	4 911.574
2007	0.860	1.000	0.860	0	0
2008	0.916	0.920	0.996	0	2 696.651
2009	1.000	1.000	1.000	0	0
2010	0.867	0.993	0.873	0	286.150
2011	0.653	0.883	0.740	0	6 038.910
2012	0.713	0.967	0.738	0	1 722.924
2013	0.718	1.000	0.718	0	0

　　Crste 代表总效率,vrste 代表纯技术效率,scale 代表规模效率。通过对表 7 和表 8 的分析,得出人力资本的总效率呈现逐年递增的趋势,2013 年的总效率最好。总效率等于纯技术效率乘以规模效率。总效率小于 1 有两种原因:第一种是纯技术效率小于 1,即人力资本或者人才资本的结构配置不合理,引起效率低下。所以山东省除了 2001 年、2013 年以外,其他年份均需合理配置人力资本的结构;人才资本除了 2007 年、2009 年、2013 年外,其他年份都需要进行合理配置。第二种是规模效率小于 1,即人力资本或者人才资本的规模配置不恰当。因此,人力资本除了 2013 年,人才资本除了 2009 年外,其他年份均需进行合理的规模配置。

　　从表 7 和表 8 可以看出,人力资本在 2002—2012 年均出现产出不足现象,在 2005—2012 年均出现投入冗余现象。而人才资本除了 2005 年、2007 年、2009 年和 2013 年外,其他年份均有产出不足。人力资本并没有出现投入冗余现象,说明应该继续加大对人力资本的投资力度,以期带来更多的产出。综上对表 7 和表 8 的分析,人才资本的 DEA 有效性要优于人力资本的 DEA 有效性。

六、结论与政策性建议

　　本文通过对山东省人力资本和人才资本与经济增长之间关系的研究,以及人力资本和人才资本效率的测算,得出以下结论和建议。

（一）结论

本文通过对柯布－道格拉斯生产函数回归结果得出，人力资本每增长 1 个百分点，经济将会增长 1.59 个百分点；人才资本每增长 1 个百分点，经济将会增长 0.43 个百分点。说明人力资本和人才资本对经济增长至关重要。经计算，2001—2013 年山东人力资本的平均贡献率为 8.30%，人才资本的平均贡献率为 19.16%，表明人才资本的平均贡献率要高于人力资本的平均贡献率。通过对 2001—2013 年的数据进行 DEA 分析，得出山东省人才资本的有效性要优于人力资本的有效性。

（二）政策性建议

针对以上结论，结合山东省的实际省情，本文提出以下政策建议。

1. 合理优化人力资本及人才资本结构

依据西方经济学中的理论，通过改变现有的资源配置，在不减少一方福利的同时提高另一方福利的情况，被称为"帕累托改进"。也就是说，当帕累托改进理论应用于经济增长方面时，通过对人力资本及人才资本进行合理有效的配置，同时适量加大人力资本及人才资本的投资，这样并不会影响物质资本投资发挥其应有的贡献，还可促进经济的增长。

2. 合理有效地配置教育资源，提升人力资本及人才资本的质量

一是将教育资源多投资于基础教育，以降低农村孩子的失学率，保障适龄儿童都能够接受教育，从而提升人力资本及人才资本的质量，使得人力资本转化为贡献率较高的人才资本。

二是确立透明以及公开的教育经费公示制度，保障教育经费的支出效率，确保教育经费落到实处，以国家法律等形式来保障教育经费具体的分配情况和使用情况。

三是合理设置高校专业。当今高等学校的专业设置与社会的实际需要存在着一定程度的脱节，专业设置的不合理在一定程度上增加了就业的难度，使得高素质的人才资本没有发挥出应有的作用。与此同时，也增加了企业对于人才进行培训的成本，造成了资源的浪费。所以，应该对高校的专业进行合理设置，使高校的专业能够依据社会的实际需求进行相应的调整，从而提高人才资本的贡献率。

3. 适度对人才的区域间流动进行引导，建立起灵活的人才流动机制

首先，为提升企业员工的技能，政府应该大力鼓励企业建立起完善有效的职工培训体系。企业应该紧跟政府导向扩大公民的受教育范围，加大对员工的技能培训，优化员工培训体系，从而提高人力资本与人才资本的质量。政府也应该高度重视企业培训体系，从政策方面、税收方面等给予相应的优惠。

其次，应营造比较宽松的人才流动环境，使人才流动不受阻碍。以多种方式引

进优秀的人才,充分发挥市场在人力资本配置中的基础性作用,从而促进人才适度和合理的流动。

4. 转变政府的职能,加强政府投资管理

政府在促进经济增长的过程中起着至关重要的作用。所以,政府的观念将直接或者间接地影响经济增长的速度和程度。政府应该转变其职能,由管理型政府向服务型政府进行转变,制定出各种吸引人才的政策,努力为人才营造良好的环境,从而提升其人力资本与人才资本水平。

参考文献:

[1]魏权龄. 评价相对有效性的 DEA 方法:运筹学的新领域[M]. 北京:中国人民大学出版社, 1988.

[2]盛昭瀚,等. DEA 理论、方法与应用[M]. 北京:科学出版社,1996.

[3] Banker R D,Charnes A,Cooper W W. Some Models for Estimating Technical and Scale Inefficiencies in Data Envelopment Analysis[J]. Management Science,1984,30(9):1078 – 1092.

[4] Charnes A,Cooper W W,Golany B,et al. Foundation of Data Envelopment Analysis for Pareto – koopmans Efficient Empirical Production Functions[J]. Journal of Econometrices,1985,30(1):91 – 107.

[5]陈昌兵,徐海燕. 我国国民经济增长因素的实证分析[J]. 陕西经贸学院学报,2001(6):5 – 8.

[6] 付瑶,徐维林. 创新人才对区域经济发展贡献度的实证分析——以山东半岛蓝色经济区为例[J]. 理论探索, 2014(4):98 – 101.

[7]高素英,张燕,金善女,等. 人力资本与河北省经济增长的实证研究[J]. 河北工业大学学报, 2005, 34(1):36 – 40.

[8]郭克良, 张子麟, 蒙运芳. 基于柯布 – 道格拉斯模型的人才贡献率研究——以河北人才资本对经济增长贡献率分析为例[J]. 学术论坛, 2015, 38(1):55 – 59.

[9]小罗伯特·E. 卢卡斯. 经济发展讲座[M]. 南京:江苏人民出版社,2003.

[10]马宁,王选华,饶小龙,等. 北京经济增长中人才资源贡献率研究[J]. 中国人力资源开发, 2011(4):5 – 12.

[11]马占新. 数据包络分析方法在中国经济管理中的应用进展[J]. 管理学报,2010,7(5):785 – 789.

[12]孟晓晨,刘洋,戴学珍. 中国主要省区物质资本与人力资本利用效率及

投资取向[J]. 经济地理, 2005, 25(4):458 – 462.

[13] 张立新, 苗薇薇. 教育回报率估算方法之调整及缺陷分析[J]. 哈尔滨工业大学学报:社会科学版, 2007, 9(3):151 – 154.

[14] 舒尔茨. 论人力资本投资[M]. 北京: 北京经济学院出版社,1990.

[15] 周楠, 丁孝智, 周文学. 不同层次人才贡献率与企业人力资源优化配置研究——以肇庆市某高新技术企业为例[J]. 内蒙古工业大学学报:社会科学版, 2005, 14(2):62 – 65.

[16] 亚当·斯密. 国民财富的性质和原因的研究[M]. 节选本. 郭大力, 王亚南,译. 北京:商务印书馆, 2002.

[17] 斯密. 国富论[M]. 唐日松,译. 北京:华夏出版社, 2005.

新常态背景下我国农村教育发展研究

郭瑞雪

首都经济贸易大学教育与经济管理 2015 级硕士生

摘要: 农村教育问题是我国教育工作面临的重点问题,农村义务教育教师又是农村教育成败的关键。然而,由于文化历史以及地域性差异、经济发展滞后等多种原因,农村教师现状堪忧,出现了主力教师流失,教育质量下降等现象。在新常态背景下,需要全社会共同努力,给予农村教育和农村教师更多的关心和支持。

一、引言

百年大计,教育为本;教育大计,教师为本。如果说教育公平是社会公平的重要基础的话,那么,教师均衡则是教育公平的重要保障。中国正处于一个城镇化高速发展的新阶段,城镇化过程中的不均衡问题呈现出多样化的特点,其中城乡教育的不公平问题较为突出。随着大规模的农村学校布局调整,使能进城的农村家庭都尽力把孩子送往城镇的学校读书,而许多农村教师或者以招考选调的方式,或者以活动关系的方式、抑或以公开应聘的方式调往城镇学校,于是农村学校教育呈现出一片衰败的景象。《国家中长期教育改革发展规划纲要(2010—2020 年)》中明确提出:"建立城乡一体化义务教育发展机制,在财政拨款、学校建设、教师配置等方面向农村倾斜。率先在县(区)域内实现城乡均衡发展,逐步在大范围内推进。"近年来,党中央也出台了一系列旨在推进城乡教育均衡发展的政策措施,以求更快更好地实现城乡教育的相对公平。但是,最关键的农村教师配置不均问题始终没有得到解决。本文从城乡义务教育师资不均的角度入手,分析其中原因并提出了相关的对策建议。

二、我国农村教师配置问题

义务教育是公共产品,义务教育阶段教师基本条件的均等是实现义务教育公共性的前提保证。这些基本条件不应该因为教师所处的地域、区域以及学校的不同而出现差异。但是从现实情况来看,省域内义务教育阶段教师的差距不仅体现在区域间、区域内、城乡间以及校际方面,同时也体现在教师数量、质量以及教师职业的内在吸引力方面。这些差距都严重损害了教育公平和适龄学生获得有质量的义务教育的权利。本文通过文献搜集和对相关教育统计年鉴的数据进行整理和分析后发现,我国农村教师与城市教师相比存在较大差距,具体表现在以下几个方面。

(一)农村教师数量相对不足

教师数量方面的差距是指不同区域的教师在课程提供方面存在差距。表现尤为明显的是,行政层级越低的学校,部分科目,如体育、音乐以及美术等学科的专业教师数量越不足,课程开不齐、开不足。尽管近几年省域内教师总量差距逐渐缩小,教师的数量趋于充足甚至在部分区域出现教师超编现象,但省域内教师学科结构性矛盾突出,部分学科教师短缺的问题仍然困扰着农村学校或偏远地区教育的发展。根据《国家教育督导报告(2008)》报告,初始学历合格的初中语文、数学、外语、美术、音乐和体育老师,在农村约有40%是学非所教。在许多农村地区,外语、音乐、体育、美术和信息技术等学科的教师严重缺乏,相关课程难以开齐。特别是中西部贫困地区、少数民族地区的农村初中音乐、美术、信息技术三门学科的教师平均每校不足一人。[1]另外,伴随正式教师不足情况出现的是农村小学代课教师的大量存在。统计数据显示,我国代课教师比例最高的是在农村,为4.4%,县镇为2.1%;而城市代课教师的比例为2.9%。大多数代课教师生存环境没有保障,工作积极性不高,不足以承担起农村孩子的教育重任。当义务教育师资水平不达标时,由此推知,农村学生的受教育权利难以得到充分保障。

(二)师资质量不高

教师是影响学生健康成长的关键人物,是提高教育质量的能动因素,是促进教育公平的重要保证,是一切重大教育变革的核心力量。相对于教师数量的差距而言,教师的质量差距更为明显。教师质量上的差距是指教师的知识、能力以及素质上的差距。学历、职称是教师质量的外显指标;知识、素质和能力则是教师质量的内隐指标。有学者对北京市各区县进行调查后得出结论,北京市远郊区县教师结构不合理,小学中青年教师比例偏低;教师职称结构不合理,远郊区的小学高级以上、中学高级职称比例明显偏低;优秀教师大量集中在城区近郊区,远郊区优秀教师比例很低。[2]以西部省份陕西省2008年小学阶段教师学历结构为例,城市、县镇和农村教师研究生学历、本科学历的比例呈倒金字塔形分布,专科学历教师的比例呈纺锤形分布,而高中学历教师的比例则呈明显的正金字塔形分布。[3]农村相对较差的生活和工作环境对优质师资的吸引力不足,即使有"国培计划""特岗教师"等国家政策的推动,仍然无法改变农村教师向城市学校流动的单向流动状况。

(三)师资结构不合理

农村师资队伍结构不合理首先表现在年龄结构上。据教育部统计资料显示,在我国城市、县城和村镇三级的初中教师中,51周岁以上的占比分别为7.9%、

7.1%、8.4%，而 30 周岁以下的教师人员占比分别为 26.3%、29.1%、31.8%。这组数据显示了我国农村教师在年龄结构上呈现出明显的两头重、中间轻的特点，其中中青年比例较小的事实说明农村教师中拥有丰富教学经验的教师较少。其次，学科结构不合理。在我国城乡教育体系中体育科目的生师比分别为 441.2 : 1、920.7 : 1，计算机科目的生师比分别为 972.5 : 1、1 655.6 : 1，音乐课的生师比分别为 999.7 : 1、1 806.8 : 1，美术的生师比分别为 1 083 : 1、1 877 : 1。这组数据充分反映出在我国农村尤其是偏远地区，体育、美术、音乐以及计算机等能够培养学生综合素质的教师队伍欠缺，影响了农村孩子的全面发展。最后是教职工比例结构不合理。我国市、县、乡小学师资队伍中行政人员的生师比依次为 341.6 : 1、362.5 : 1、493.1 : 1，市、县、乡教辅人员的生师比分别为 738.6 : 1、616.8 : 1、1 191.1 : 1。可以看出，农村学校行政人员和教辅人员的短缺、后勤管理资源的缺乏导致农村学校的健康运行难以保障。

（四）农村师资队伍稳定性差

教师流动一般分为"向上为目的的个体价值流动"和"向下为目的的社会价值流动"两种流动方式。[4]前者是一种"个体地位获得流动"。从个体自由的角度看，教师由乡村到城市的流动表征的是个体价值的实现与社会地位的获得，是社会文明的标志；但从社会正义的角度看，乡村优秀教师的流失意味着农民子女虽然在同一片蓝天下却难以享受到与城镇学生一样的"有质量"的教育，这又是社会不文明的表现。后者是一种"人往低处走、水往低处流"的逆向流动，它既违背个人自主选择的自由，又违反社会流动的普遍规律。也就是说，除了少数热衷于教育慈善事业的志愿者以外，几乎很少有教师会愿意"向下流动"。我国教师流动主要表现为第一种，就其路径来讲，表现为自发地从不发达地区流向发达地区，由农村流向城市，从普通学校流向重点学校。很多农村校长也表示甚至不敢派教师出去参加培训，因为这些教师很有可能被城市的学校挖走。而同时，农村教师一旦崭露头角，就有流走的想法。所以，农村很难留住优质教师，而"支教教师"和"交换教师"又不具有长期性，稳定性很差。这种农村教师的单向流动极易造成"马太效应"，使城乡教育质量的差距越来越大。

三、城乡师资配置失衡的原因分析

（一）制度性因素阻碍

1. 城乡二元结构体制

由于历史等诸多原因，我国现行的城乡二元结构在城市和农村之间形成了一座壁垒，以城市为中心的价值取向，使国家的各项政策和措施都是优先考虑城市的利益，由此导致城乡教师资源分配的不均衡。具体表现为全国范围内的优质教师资源和大量教育经费以及其他教育配套资源都偏向城市学校,而示范学校政策的实施又使得优质教师资源向城市重点学校集聚。这无疑会造成两极分化的局面,即农村教育日益萎缩,城市教育更加强大。

2. 教师人事制度

近年来,我国教师人事制度在不断改革和完善,但在诸如教师编制标准和聘任条件上仍然存在诸多问题。首先就编制标准而言,城乡间使用不同的生师比来配置教师。农村义务教育教师存在超编但实际上又缺师资的问题主要是由编制标准低和班额小两方面因素造成的。[5]而目前我国实施的《关于制定中小学教职工教师编制标准》中,城乡教师编制标准仅仅考虑生师比,由此造成我国城乡师资分布的严重不均衡,具体表现为城市教师教学任务量小而且生活压力也相对较小;相反,农村教师不仅教学任务繁重,而且工作和生活压力也很大。这两种境况形成了鲜明的对比。在聘任条件上,城乡之间使用相同的学历标准选拔优秀教师,造成优质教师向城市集聚而农村高学历教师很少的状况。

3. 教师工资制度

在我国,义务教育教师的工资实行基础性工资加绩效工资制。其中,基础性工资由教师职称决定,而弹性绩效工资则是由教师所在学校根据实际情况自主支配。前者属于刚性工资,后者是弹性工资。刚性工资在城乡之间的差别不大,而弹性的绩效工资却没有具体量化的发放标准,具有很大的随意性,这也是造成城乡教师工资待遇差距较大的主要原因。另外,加上户籍制度的影响,农村教师在社会保障、住房以及医疗等方面与城市教师相差甚远,成为阻碍农村教育发展的一大体制障碍。

4. 教师培训制度

我国近几年开始实施"中小学教师国家级培训计划"。历时六年的实践证明,我国师资队伍的整体素质确实得到了很大程度的改善,但是在计划实行过程中出现的一些问题造成了城乡教师之间的不公平现象。第一,培训指标分配不合理。由于我国长期受应试教育的影响,思维模式也呈现出明显的应试色彩,也就是说,那些升学率高的城市重点学校会相应分到更多的培训指标,这显然与我国实行"国培计划"的初衷是相背离的。第二,培训内容缺乏操作性。"国培计划"中的培训课程基本是以讲座的方式传授理论,很少将城乡教师、学生以及教学条件的差异考虑在内,培训效果的转化程度很低,走马观花式的培训方式难以从根本上提高教师的素质。第三,培训经费不足。培训经费并非由教育行政部门全部承担,需要学校自行承担一部分,还要分摊到教师身上。这导致农村教师参加培训的成本增加,经济负担加重,参培意愿降低,导致农村教师的素质提升不明显。

5. 教师流动制度

美国和英国在区域间教师交流方面有着丰富的实践经验,近年来我国也在借鉴外国教师流动经验的基础上,实行了大学生支教政策、城乡交流政策和工作轮换政策。尤其是近年来,随着城市化进程的加快,我国农村教师流动速度加快,流动方向呈现出自发的"向城性"和由一般学校向重点学校流动的状态,这种流动方式使得农村教育的基底越来越弱。其原因在于,目前我国还没有建立完备的城乡教师流动机制和流动教师利益补偿机制,城市教师不管是在生活环境、教学环境以及个人家庭问题等方面都有着农村教师无可比拟的优势。因此没有较强的内外激励措施难以从根本上解决教师队伍的单向流动问题。

(二)非制度性因素掣肘

1. 文化观念差异

文化观念是行动的先导,造成我国城乡教师资源不均的深层次原因是观念的差异。首先,我国义务教育实行"以县为主"的管理体制,教育经费主要由县级财政供应。而以经济绩效为核心的财政激励结构是造成县级政府教育经费投入不足的体制因素。我国义务教育实行的是"以县为主"的管理体制,即县级政府承担义务教育财政支出的主要责任。一方面我国西部欠发达地区县级政府财力薄弱,另一方面中央对地方官员晋升考核与其辖区经济绩效挂钩,这最终导致县级政府财政支出结构明显偏向生产型的支出,而忽视收益周期长、外部收益显著的教育支出。其次,对教师评价存在认知偏差。长期以来,社会公众习惯于以可见、可测、可直接显现为新增产品或财富的方式来评价劳动的创造性和价值,[6]这导致了人们无视教师劳动的真正价值之所在。社会对于教师认识上的偏见和对其价值定位的误解导致农村教育的吸引力越来越弱,优质教师"东南飞"的状况愈演愈烈。因此,对农村学校而言,留教师难,扩充教师队伍更难。

2. 工作生活环境条件的差异

农村教育的吸引力较低很大程度上是由于城乡二元结构下教师生活、工作环境的巨大差异。首先是工作环境条件的差异。城市义务教育拥有雄厚的优质教育资源,不管是学校硬件设施还是办学条件以及工作环境都远远优于农村,这也就意味着农村落后的教学资源和配套设施很难满足优秀中青年教师对现代化教学的需求。其次是生活条件的差异。国家现行住房改革政策尚未惠及农村中小学教师,而城市在文化、医疗、住房等方面都拥有比农村更多的优势,因此也具有更大的客观优势条件吸引优秀教师,使得城乡师资在数量和质量上都存在显著的差距。

四、改善农村教育师资队伍建设的对策建议

(一)强化理念引导机制

国际上关于义务教育发展的成功经验甚多,值得我们学习借鉴。经验表明,要进行一项改革,理念要引导实践。我国政府是农村教育的主办方,对城市和农村义务教育均衡发展的任务承担着无可推卸的责任。因此,政府要以公平理念来引导城乡教育的均衡发展。"百年大计,教育为本"的教育理念是经过无数实践检验得出的真理性认识,要自上而下地将教育放在突出重要的位置上,并将此理念融入各项政策的实施进程中。农村教育是短板,需要政府给予充足的经费支持,从观念上重视农村教师对于改善农村教育的重要作用。另外,社会氛围和舆论对人们的价值认同、社会集体选择会起到一种无形的规范和激励作用,要通过各种途径在社会上树立起人们对教师劳动价值和创造价值的普遍认同感,加强政策的宣传和指导,以提升教师的社会自豪感和荣誉感。

(二)改革教师人事制度

改革教师人事制度主要是针对教师编制标准和教师聘任条件而言的。首先,改革教师编制核定方法。以往的教师编制是由教育主管部门来主导。应根据我国农村教育小班众多和学生总量偏少的特殊情况,将农村教师的编制权限下放,以农村学校为单位核定教师编制,因地制宜地解决农村教师出现的编制问题。其次,核定教师编制标准的多维性。教师编制标准不能仅仅考虑生师比,还应将代课数量、课时数、年级数等因素考虑在内。再次,改善"以县为主"的义务教育管理制度。县级政府权力要适度下放,在省市级主管部门的宏观指导之下,可根据学生数量、学校布局调整、本县级财政状况、教育事业发展需要等,及时调整教师的编制数量,实现本县域内教师编制的动态管理。[7]

(三)改革教师培训制度

为增强教师的综合素质,应重点对我国教师培训制度的不科学之处进行改革。第一,合理分配培训指标。在实施"国培计划"的过程中,要将培训指标向农村教师倾斜,实现差异均等。第二,制定科学的培训内容。应针对农村和城市各自的实际制定双轨培训方案,将理论讲授与实践操作相结合,提高培训效率以及将培训内容转化为现实生产力的效果。第三,保障培训经费的投入。教育培训经费充足与否直接关乎培训是否能顺利进行以及是否达到培训的预期效果。实施培训计划时,要确保教师接受的培训效果不受经费的限制,尽量在教师参与培训的比例上给予农村教师更多的关照,最大可能地提高农村教师的综合化素质,以促进农村教育的健康均衡发展。

(四)完善教师工资保障制度

城乡之间教师工资待遇差距较大是导致农村教师向城市单向流动的重要原因。美国实行多种激励性和奖励性措施来鼓励教师到农村从教。比如,为冷僻学科的代课教师提供更好的工资待遇,以及学生贷款减免等多项措施。在菲律宾,农村教师实行基础工资加艰苦工作津贴;而俄罗斯的农村教师工资要比城市高1/4。

参考国外经验,我国在实施绩效工资时,应建立定性和定量相结合的考评体系,在内容上要做到全面化,在考核方法上要有可操作性并依托合适的载体,如教师成长档案、优秀教师评比、教师自我发展规划等,注重教师履行岗位职责的实际表现和贡献。[8]另外,我国还需要健全农村教师社会保障机制,使得农村教师在住房、医疗等方面与城市教师享有平等的权益。

(五)建立城乡义务教育教师一体化流动机制

由于城乡学校在地理位置、资源配置、物质待遇、社会声望等方面存在差异,在"人往高处走"的社会理念驱使下,城乡教师流动呈现出了单向性和向城性特征。要改变这种单向流动趋势,从方法论上来说,就要着眼于全面性的机制设计。第一,确立义务教育教师的公务员法律身份,为教师定向流动提供法令规约前提。一旦从法律上确立了教师的教育公务员身份,就可以将教师的管理权归为教育行政部门,使教师由"自由人"变为"国家人",有助于教育行政部门依照《公务员法》的相关规定制定统一的教师聘任、分配、待遇、培训、流动和考核等管理政策,让教师轮岗具有与人事流动相同的强制性,使教师定期轮岗流动合法化。第二,实施边远艰苦地区农村教师全面薪酬制度,为区域内教师逆向流动建立自由选择机制。利用人性的趋利性这一特点,对农村教师根据边远艰苦标准进行分类,遵循公平和补偿相结合的原则,对乡镇学校、村寨小学和教学点教师每月给予最低200元、400元和600元,最高1 200元、1 500元、1 800元的特殊岗位津贴,并由中央和省级政府按照比例承担经费,在此基础上严格教师准入退出机制和绩效考核机制。如果农村教师职业的吸引力能全面提高,相信优秀人才会主动选择到农村任教。

五、结论

农村教师是盘活农村教育资源的关键环节,教师兴则教育兴。尽管当前我国城乡之间的一些制度和非制度因素影响着农村教育的健康发展,但是这些瓶颈不是不能跨越的,只是改变不能一蹴而就。因此,在新常态背景下,要实现农村和城市教育的均衡发展,需要政府和社会公众以及教师自身等多方的共同努力。

参考文献:

[1]国家教育督导团. 国家教育督导报告2008(摘要)——关注义务教育教师[J]. 教育发展研究,2009(1):2.

[2]成刚. 省域内义务教师师资均衡研究[J]. 教育学术月刊,2008(7):58.

[3]王鹏炜,司晓宏. 城乡教育一体化进程中的教师配置研究——以陕西省为例[J]. 陕西师范大学学报:哲学社会科学版,2011(1):158.

[4]邬志辉. 中国农村教育评论——教师政策与教育公正[M]. 北京:北京师

范大学出版社,2013.

[5]胡耀宗,童宏保.义务教育教师绩效工资政策执行中的问题及解决策[J].教师教育研究,2010(4):34-38.

[6]叶澜.改善教师发展生存环境,提升教师发展自觉[N].中国教育报,2007-09-15(3).

[7]秦玉友.农村义务教育师资队伍建设机制问题分析[J].教育发展研究,2010(10):84-87.

[8]陈阳.中小学教师流动的制度化研究[D].长春:东北师范大学,2007.

"云模式"在行政审批中的应用研究
——以哈尔滨市为例

杨艳苹

首都经济贸易大学行政管理专业 2015 级硕士生

摘要: 近年来,互联网技术和大数据的迅速发展为政府电子政务提供了诸多便利,尤其是作为电子政务核心的行政审批也随着新技术的发展而不断改进。自2006 年以来,各地政府开始将大数据和云技术运用到政府政务中,建立起政务云平台,现如今全国已建有 200 多个政务云平台。各领域内专家也对政务云的建设和应用进行了很多研究,但截至目前,将政府的"云模式"和行政审批结合起来的研究却很少。行政审批应该如何借力云计算而乘"云"而上,如何大大提高政府行政审批效率,这些问题值得我们深入探究。本文通过对哈尔滨"云模式"应用的研究,发现了"云模式"在构建及应用过程中应该注意的问题,通过对这些问题的分析提出了完善"云模式"的管理策略,并为其他地区进行行政审批改革提供了经验借鉴。

一、引言

互联网 + 、云计算浪潮的兴起,展现了科技信息迅猛的发展势头,信息技术的飞速发展影响了商业模式和社会组织结构。2006 年以来,我国各地政府开始利用云计算技术搭建政务云平台。作为政府政务核心的行政审批,其服务模式也在不断搭乘"云模式"的快车进行深化改进。"云模式"的应用将极大地提高政府行政审批的效率,也有利于数据在政府各个部门间共享和交流,可防止"信息孤岛"的产生,不断地使行政审批制度朝规范化和科学化的方向发展,有利于防止行政审批中"寻租""设租"等腐败现象的产生,从而提高行政服务效率,更好地为人民群众服务,在政府、公民和企业之间建立一条信息资源的互动通道。因此,行政审批"云模式"的应用及其研究具有一定的推广价值。

目前国内研究者更多将目光聚焦在整个电子政府的"政务云"研究方面,但是对行政审批和大数据中的"云模式"应用如何提高行政审批效率却关注较少。因此,对行政审批"云模式"的研究,对于推动政府部门间大数据的流动具有一定的理论意义。本文以哈尔滨市"云模式"在行政审批中的应用为案例进行研究,通过研究云模式在哈尔滨市行政审批中的具体应用及意义,为其他地区行政审批改革提供范例。

二、文献综述

(一)理论基础及相关概念

1. 协同理论

协同理论①(synergetics)是1971年由联邦德国斯图加特大学教授H. Hake提出的。协同理论也称为"协同学"或"协和学",该理论运用分析类比手段描述复杂系统内部各要素之间通过合作、协调和同步,最终达到时间、空间、功能上的有序化。面对新时代的挑战,政府各审批部门在进行审批及数据处理上要进行全面的改革,建立"协同"的理念和一种新的组织模式,打破各个审批部门的"信息孤岛"和条块分离的审批方式,实现政府各个审批部门信息云端数据库的共享,可极大地提高政府行政审批的效率。

2. 云计算

2006年8月9日,Google首席执行官埃里克·施密特(Eric Schmidt)在搜索引擎大会(SES San Jose,2006)上首次提出"云计算"(Cloud Computing)的概念。目前,关于云计算比较权威的定义是美国国家标准技术研究院(NIST)于2009年提出的:"云计算是一种按使用量付费的模式,这种模式提供可用的、便捷的、按需的网络访问。进入可配置的计算资源共享池(资源包括网络、服务器、存储、应用软件、服务等),这些资源能够被快速提供,只需投入很少的管理工作或与服务供应商进行很少的交互②。在"云计算"概念中,计算机不再是存储和处理数据的终端,它只是作为人们登录网络的端口,人们通过计算机登录浏览器就可以完成所需业务的数据处理分析工作。"云计算"的本质是利用虚拟机制把大量原来存储在单个计算机内的数据资源、软硬件基础设施等虚拟化为动态、流转的计算资源池,按照客服的需求自主配置,按量计费。

3. 政务云

传统的电子政务通常是公众在政府的门户网站或者服务大厅提出申请,然后经政府受理,这是被动式的。而在电子政务领域,随着政务信息资源的不断增加,政府业务处理程序也日益复杂。国外有学者在2008年指出电子政务发展不足的关键是服务不到位,因而提出了云计算的概念③。政务云是利用先进的云计算技术搭建云端数据库,各个政府部门把数据共同存储在这个数据库中,需要的信息可

---

① 赫尔曼·哈肯. 协同学——大自然构成的奥秘[M]. 凌复华,译. 上海:上海译文出版社,2005.

② 毛麾民. 浅谈云计算及其发展[J]. 技术与市场,2011(10).

③ 张建勋,古志民,超郑. 云计算研究进展综述[J]. 计算机应用研究,2010(2):429-433.

以随时在数据库中调取,避免了"信息孤岛",实现了政府各部门间数据的共享和政务的云端处理。

(二)国内外相关研究

随着大数据和物联网的迅猛发展,政府也应转变思路,更多关注如何将政务搭载现代科技,从而更好地建设服务型政府。尤其是作为政府核心业务的行政审批,需要相关的理论指导其构建及应用的落地。

首先是关于云计算的研究。对云计算的研究主要有陆平、赵培、王志坤等编著的《云计算基础架构及关键应用》,陈龙的《云计算数据安全》,顾炯炯的《云计算架构技术与实践》,张为民的《云计算》,陈芳的《云计算架构下云政府模式研究》。

其次是云计算在政府政务中应用的研究。汪玉凯客观地指出了近 10 年来中国电子政务发展中取得的成效及存在的问题,认为云计算技术的使用必将大大提高政府的服务效率[①]。宁家骏[②]、倪光南[③]等指出云计算的使用有利于政府数据中心的建设。吴迎笑等认为政务云平台的架构,有利于向公众提供智能化、个性化的服务,有利于转变政府职能,构建服务型政府。王鹏等指出了云计算在整合政府信息、建设智慧城市、改变社会管理方式等方面的意义,同时也指出了其中的风险[④]。

最后是国外关于政务云现状的研究。美国在 2011 年颁布了《联邦云计算战略》,其中明确指出要充分利用云计算技术,期望通过云计算技术的应用解决传统电子政务的低效和资源浪费等问题[⑤]。在欧洲各国,政务云的应用比较普遍,最开始使用政务云的国家是英国和法国,并且将云计算上升到国家战略。日本、韩国在 2009 年发布了各自的政府云计算战略《i - Japan 战略 2015》和《云计算全面振兴计划》,从国家层面对政务云的架构进行了整体部署。

以上学者对从不同的角度对云计算在不同环境下的政府服务模式进行了研究,各国政府也很重视政务云的架构和整体规划。但是由于云计算概念在我国发展较晚,目前还没找到有学者专门就政务云下的行政审批模式进行研究。本文通过真实的数据获取,以哈尔滨市"云模式"在行政审批中的应用为案例来进行研究。

---

① 汪玉凯. 电子政务需要政务云:2012 年中国电子政务展望[J]. 信息化建设,2012(1).

② 宁家骏. 推进云服务,促进资源优化配置和电子政务建设转型升级[J]. 电子政务,2012(2):46 – 52.

③ 倪光南. 新技术发展环境下的电子政务建设[J]. 电子政务,2010(11):3 – 10.

④ 王鹏,陈涛. 电子政务中政府云计算战略研究[J]. 电子政务,2012(10).

⑤ 陈骞. 发展云计算政府战略先行——国外政府云计算战略扫描[J]. 上海信息化,2012(9).

三、以哈尔滨市"云模式"在行政审批中的应用为例进行研究

2015年1月27日,哈尔滨市"智能化行政审批系统"投入试运行,这套创新的智能系统当时在国内尚属首创。根据国家新闻网和其他新闻网站提供的数据,"云模式"的应用给哈尔滨市带来了极大的便利,也为落实新一届政府提出的行政审批改革新思路提供了成功范例。

(一)理念先行,再造行政审批流程的顶层设计

1. 转变行政审批理念

"云模式"的应用,由以往的"以行政审批部门为中心"变为"以行政相对人为中心",由"按我的要求来审批"变为"我按你的需求服务",由"被动接受"变为"主动感知"。这套智能化的"云模式"系统,可以通过云端数据分析预测公众的需求,为公众提供智能化、个性化的需求服务,打破了原来各审批部门单独审批的现象,通过共享云端数据的方式,极大地提高了行政审批的效率。

2. 明确行政审批原则

坚持整体优化原则,对所有的行政审批流程进行系统化的设计,对审批功能部门进行压缩、并联或取消,把整理优化后的流程和所涉及的部门全部放在"云端",建立了行政审批"证照库"。行政审批"云模式"的设计和运用以整体优化和便民高效为原则,减少了审批环节,提高了审批效率。

(二)创新行政审批流程体系

1. 科学编制"一表制"

以常见的企业登记审批为例,由于云端链接和信息共享,企业设立时的工商、质监、国税、地税、统计五个部门的17套表格、570条信息现在被压缩成了一张表、49条信息,实现了"一口受理、一表登记、一次审查、一网流转、一次发证"。企业设立的时间由过去的11天变成了"立等可取",由以前拉着"拉杆箱"办证到现在拿着"公文包"即可。

2. 科学再造审批流程

充分利用科学信息技术,实现了行政审批流程"智能化"和"个性化"。以"非政府投资"项目为例,"云模式"使用以前,从项目的设立到动工一共涉及18个部门,42个审批环节,22项行政事业性收费,19类中介机构需盖章46个,33项中介服务性收费,审批时限61个工作日,整个过程千丝万缕、盘根错节。而"云模式"上线后,科学编制了33种情形的27个审批流程图,即"政府投资"类3种情形3个流程图,"非政府划拨"类6种情形6个流程图,"招拍挂、出让"类4种情形4个流程图,"协议出让"类14种情形8个流程图,"集体土地"类3种情况3个流程图,"基础工程类"3种情况3个流程图。据统计,建设项目的平均审批环节25.7个,比之

前减少了 38.8% ;平均审批要件 115 个,比之前减少了 58.6% ;平均审批时限 32.3 个工作日,比之前减少了 47% ;审批部门比之前减少了 18.8% 。"招拍挂"工业仓储类建设项目的审批时限只需 23 个工作日,逼近行政审批速度极限①。

3. 把审批流程和智能系统"云模式"相结合

申报人只需输入关键字,系统就会为其选择最合适的审批流程及其备用方案以供其选择。同时还有 27 个可调整的、模块化审批流程软件,这些软件通过计算机把程序和标准进行固化,并且根据大数据自动分析、自动推送,相关的窗口也同步启动审批流程。而且,各个部门的审批数据在"云端"共享,这是审批中一个作用极其重大的数据库。全市的行政审批数据在"云端"进行存储、获取、分析和共享。审批人员需要什么信息,直接在"云端"数据库中查询即可,不需要申请人一遍遍跑路,到一个个部门填写表格。对于"云端"没有的信息,申请人提交一次即可,不再需要重复提交。据统计,由于证照数据库的使用,需企业提供的审批要件数量减少了 58.6% 。

(三)"云模式"的特点及优点

这套系统能对行政审批流程进行全景跟踪,审批到了哪一环节、在哪个部门审批、由谁在审批、审批进展情况如何,申请人均可通过受理编号在"云端"查询审批状态,实现了"阳光审批"。同时,由于数据全部保留在了"云端",无形之中相当于形成了追溯机制。"云模式"的应用实现了政府政务"数字化"和"个性化"的发展方向,体现了"整体政府"理念和"无缝隙"的服务。

四、"云模式"下行政审批流程及应用研究

通过分析和借鉴哈尔滨市"云模式"行政审批中的数据和应用,本文对"云模式"平台在行政审批中的架构进行了研究,通过这个平台把行政审批和大数据连接起来。"云模式"平台的设计进行了充分的理论依据分析、必要性分析、可行性分析,根据标准性、安全性、开放性的原则,实现了人性化、数字化、个性化的审批理念。

(一)"云模式"下行政审批应用流程

政务云平台的运行使得原本分散在各部门的数据可以集中在云端,不仅在物理上而且在空间上实现了"一站式"服务。政务云在系统上使用了协同理论:一项政务的处理,往往需要很多部门的配合,这些政务从开始到完结,以一个部门为主线,其他部门协同配合,体现了办理流程上的协同化。另外,由于政府各部门的信息数据全部集中在"云端",实现了各部门数据"集成式"的共享。行政审批"云模

---

① http://dangjian.people.com.cn/n/2015/0518/c396241-27018412.html.

式"把行政审批服务大厅作为对外服务的统一入口,避免了多个入口可能会给公众造成的混乱,公众可通过统一的身份认证利用电脑、手机或者自助终端等服务设施登录"云"系统平台,这个统一的入口可满足不同需求、不同层面、不同领域的公众需求。

从申请人和审批人员的角度对"云模式"审批流程进行分析,申请人员从申请到获取证件实现全流程网上操作。以往申请的信息散落在各个审批部门之间,申请人需要到各个部门跑路填表。但在"云模式"平台的帮助下,审核人员对审核所需的信息只需去"云端"调取即可获取所需其他部门已经上传的申请人的有关信息,大大节省了申请人的办事时间和审批部门的审批成本。云模式的体系架构,充分体现了协同理念。"云端"申报和审批流程如图1所示。

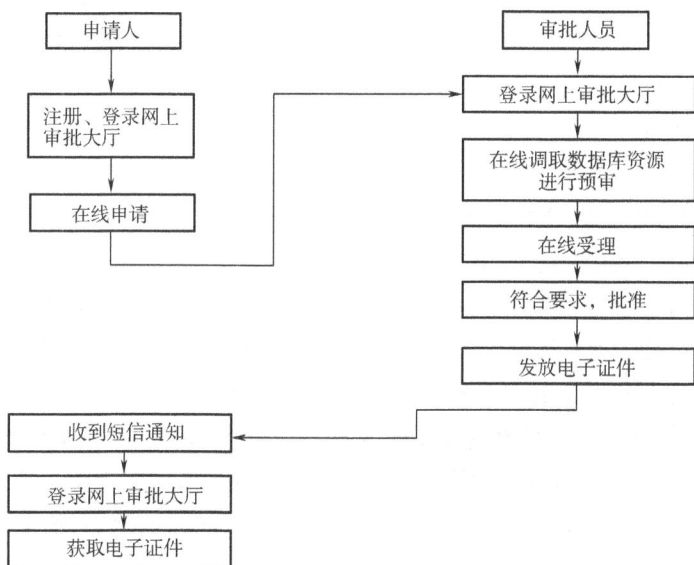

图1 "云模式"下申报和审批流程

(二)"云模式"下行政审批系统的应用分析

1. 解决审批难、办证难的问题

对于需要审批的事项,公民自行在网上查阅,需要什么手续、走什么流程都一目了然,很多审批事项可以一次性办理完成。

2. 打破部门信息壁垒

"云模式"智能系统有共享的数据库和证照库。例如,管理部门会把发改委、国土资源部、规划委、环保部等部门发的纸质版证件照以电子扫描的形式全部存储在云端数据库中,审批部门需要什么信息直接在数据库中查询即可,避免了各部门之间形成"信息孤岛"。

3. 方便公民查询

公民通过手机终端 APP、网页或者自助终端都可以登录网页自主查询信息,这套职能系统有语言识别功能、模糊搜索功能、关键词搜索功能和信息推送功能。

4. 防止"寻租""设租"等腐败行为的产生

从落马的贪腐官员来看,利用政府部门的审批权是进行"寻租""设租"、进行贪腐的一个重要手段。"云模式"的应用使审批流程全部在云端完成,实现了审理过程的阳光化、信息化,防止了"寻租"和"设租"现象的产生,有利于减少贪腐行为的产生。

5. 有利于服务型政府的建设

政府的重要职能之一是提供公共服务。"云模式"在行政审批中的应用为公众带来了极大的便利,政府可以更高效、便捷地为公众提供无缝隙服务,政府的行政审批过程不仅能服务于人民还能接受人民的监督,这有利于转变政府职能和服务型政府的建设。

五、"云模式"的共建共享策略及其推广建议

(一)合理选择"云模式"建设平台方式

目前"云模式"的建设方式主要有三种:第一种是在政府内部建设云端资源数据库平台,"云模式"平台的日常维护和运营也由内部人员负责。第二种是政府可以在原有办公设备的基础上进行资源的重新整合利用,搭建"云模式"平台,但是"云模式"平台的日常维护和运营通过购买第三方运营和维护服务的方式进行。第三种是政府外包,即政府购买第三方厂商的全套服务,但必须保证第三方机构提供服务的安全性和保密性。影响政府选择平台模式的因素众多,需要各地政府结合自身实际情况进行选择。

(二)安全是"云模式"的基础

"云模式"在带来极大便利的同时也存在一定的隐私安全隐患,虚拟技术的引入需要实施有效的隔离,以防止业务间的非法访问或者攻击,要求安全隔离设备具有良好的扩展性。审批数据资源的公开要处理好隐私保护和数据公开之间的关系,与政府数据资源整体开放之间的关系,以及政务服务中心与审批部门之间的关系。

(三)做好顶层设计

"云模式"的建设涉及众多利益相关者,因此必须对"云模式"的架构和建设做好顶层设计,从"云模式"的服务理念、服务原则、审批流程、审批过程的监督到架构系统的软件和硬件服务模式,数据库资源的应用和维护,数据信息的安全服务以

及服务实施等方面,都要从顶层做好设计。

(四)集中管理模式是"云模式"建设的关键

"云模式"的建设涉及三方:整个政府、政府各部门和租用平台方。为了更好地利用资源数据,可以建立专门的信息管理部门。由于云计算是一项烦琐的工作,需要将数据的分类、整理、元数据标注、服务注册、本体构建等程序实现工作制度化、常态化,因此集中管理模式是"云模式"发展的长久之计。

六、总结

通过对"云模式"概念的分析和对比国内外相关研究及"云模式"应用的现状,本文认为"云模式"是未来行政审批发展的必然趋势,很多国外学者也对此做出了预测分析。目前国内的政务"云模式"建设、架构和"云模式"在行政审批中的具体使用还处于初始阶段,而且很多省市的行政审批改革还仅仅处于物理上的"一站式"模式,离"云模式"的设想还有很长距离。本文通过研究哈尔滨市"云模式"应用的数据,对"云模式"在行政审批中应用的科学性和趋势进行了论证,提出了"云"平台共建共享策略,希望对未来行政审批"云模式"在全国其他省市的推广提供借鉴。

参考文献:

[1]Bertot J C, Jaeger P T, Grimes J M. Promoting Transparency and Accountability Through ICTs, Social Media, and Collaborative E - government [J]. Transforming Government: People, Process and Policy, 2012, 6(1):78 - 91.

[2]哈肯. 协同学——大自然构成的奥秘[M]. 凌复华,译. 上海:上海译文出版社,2005.

[3]哈肯. 高等协同学[M]. 郭治安,译,北京:科学出版社,1989.

[4]毛麾民. 浅谈云计算及其发展[J]. 技术与市场,2011.

[5]张建勋,古志民,超郑. 云计算研究进展综述[J]. 计算机应用究,2010.

[6]贾一苇,赵迪,蒋凯元,等. 美国联邦政府云计算战略[J]. 电子政务,2011(7): 32 - 37.

[7]汪玉凯. 电子政务需要政务云:2012 年中国电子政务展望[J]. 信息化建设,2012(1).

[8]宁家骏. 推进云服务,促进资源优化配置和电子政务建设转型升级[J]. 电子政务,2012(2).

[9]倪光南. 新技术发展环境下的电子政务建设[J]. 电子政务,2010(11): 3 - 10.

[10]吴迎笑,温熙华.智慧政务:基于云计算建设服务型政府的新理念[J].信息化建设,2013(4).

[11]王鹏,陈涛.电子政务中政府云计算战略研究[J].电子政务,2012(10).

[12]陈骞.发展云计算政府战略先行——国外政府云计算战略扫描[J].上海信息化,2012(9).

[13]张勇进,王璟璇.主要发达国家大数据政策比较研究[J].中国行政管理,2014(12).

[14]柳琰,范伟,黄伟庆.国外政府电子政务云应用探析[J].保密科学技术,2012(4):16-19.

[15]徐杰.政务云的国际对比[J].信息化建设,2012(1).

[16]鲁俊杰,侯卫真.面向信息资源整合的电子政务云平台构建研究[J].图书馆学研究,2012(13):36-40.

[17]牛力.政务信息资源"云服务"整合模式研究[J].情报杂志,2013(1):160-163.

[18]刘邦凡,董杰.我国政务信息资源共享云服务中心之构建[J].电子商务,2014(2):32-33.

[19]张松峰.基于云计算的电子政务建设模式的研究[J].信息与电脑,2013(6):31-33.

[20]朱继团,杨琳,曾蔚.云计算视野中的电子政务协同服务模式[J].电子政务,2013(3):117-121.

[21]赵斌,王姝.我国电子政务云框架服务体系研究与实践[J].信息化建设,2011(4):35-37.

[22]鲍凌云,刘文云.云计算在电子政务系统中的应用研究[J].现代情报,2011(4):170-173.

[23]鲁俊杰,侯卫真.面向信息资源整合的电子政务云平台构建研究[J].图书馆学研究,2013(13).

[24]侯刚,罗乐,孙荣燕.电子政务云服务的研究与实践[J].中国行政管理,2012(12):11.

[25]林崇责,黄炜.基于云计算的电子政务一体化服务平台建设探索[J].计算机时代,2012(8):63.

[26]鲍亮.开源云计算平台实战[M].北京:清华大学出版社,2016.

[27]陈芳.云计算架构下云政府模式研究[M].长沙:湖南人民出版社,2014.

[28]Michael Miller.云计算[M].北京:机械工业出版社,2009.

［29］于施洋,王璟璇. 电子政务顶层设计——信息化条件下的政府业务规划［M］. 北京:社会科学文献出社,2014.

［30］侯刚,罗乐,孙荣燕. 电子政务云服务的研究与实践［J］. 信息系统工程,2012(1)：37－39.

当代公务员考录制度下
公务员人力资源配置问题与对策

武 帆

首都经济贸易大学行政管理专业 2015 级硕士生

摘要： 近年来，我国持续的公务员招考热成了公众关注的焦点。"国考"成为继考研之后人们选择就业的一大渠道。公务员考录制度的出台拓宽了人才的流动渠道，增加了社会较低层级人员向上层流动的机会。但公务员考录制度的不完善，使得不同层次水平的大批人才盲目选择报考公务员，却在随后的人才配置中难以得到合理配置。公共部门对人才的鉴别仍停留在岗位优先上，在实践中仅选择满足条件的人员去匹配岗位，而忽视了人岗合一的重要性。这对人才本身及录用单位都是一种极大的资源浪费。本文主要通过文献研究、比较研究等方法，通过分析考录制度现今的模式、近年来的报录统计、公共部门人力资源配置特点等来探究其中的人力资源配置问题，并寻求相应的解决对策。

一、引言

经过多次改革，我国将"凡进必考"原则确认为政府各机关部门招录工作人员的重要方式。相比公务员考录制度出台前的情况，这一制度增加了公务员录用的公平性，很大程度上避免了暗箱操作等情况，也为社会人才的向上流动提供了一个重要渠道。但公务员考录制度与社会中私营部门的应聘竞职还存在很大区别；相对单一的笔试模式不能较好地评测各类岗位所需人才的综合能力；报考人数众多，层次类型多样，在考试中无法良好地鉴别和准确录用；热门岗位报录比惊人，报考者存在盲目报考的情况；由于公共部门的特殊性，报考者最终被录用的岗位无非是原报考岗位或因部门间调剂而转至的岗位，录用单位通常不会针对人才的能力素质来进行人力资源的合理配置。对于公务员招录，公共部门的大多数岗位需要的是满足处理一般事务条件的行政人员，对于录用人才的要求只限于能够完成该岗位的一般事务即可，而对人才的资源类型很少会加以鉴别并进行适当配置，这对双方来说都是资源的极大浪费。所以，了解这些问题产生的具体原因，为公务员录用中人才资源的合理配置寻求解决途径是十分必要的。本文的创新性在于，现今虽已有很多关于公务员考录制度的研究，但大多数仍停留在对制度本身的解读和人力资源理论的分析上,缺乏对公务员及公共部门间人岗配置问题的双向研究,而本文将对这一问题进行探讨。

二、公务员考录制度相关研究

(一)我国公务员考录制度的形成

1994 年,国内第一次统一组织实施了公务员招录考试,公务员考录制度就此开始推行于全国。我国公务员考录的公平考试、平等竞争、严格考核、择优录取的选拔标准由此基本形成,并以德才兼备为标准,采取考试与考核并用的方法进行选才[①]。随着这一具体考录机制的应用,公务员录用过程中的寻租和腐败问题得到了相应的抑制,促进了公务员招录的公平、公正及有序开展。近 20 年间我国通过公务员考录制度累计招录了 100 多万名公务员。由于对报名者的学历、专业、年龄等多项条件有所要求,该制度很大程度上改善了公务员群体的年龄、专业知识、身份等结构。这为不同层次、不同类型人员进入到公务员队伍拓宽了渠道,为社会各阶层人员的转化及流动提供了方便,尤其有利于社会低层级人员的向上流动,调整了整个公务员队伍的阶层结构[②]。

(二)西方现代公务员考录制度

以具有代表性的英国公务员考录制度为例,其招录制度中注重"政治中立"原则,即公务员必须要严守中立,不允许参与各党派的政治活动,思想和行为上都要保持中立原则,不偏向某个政党。在这种前提下才会被允许通过公务员录用。这与我国坚持的党管干部原则完全不同,但归根结底英国的这一严守中立原则是秉持在严守国家宪法和法律基础上的,只是相对于政党竞争是独立的。

英国现代公务员制度中,政府官员主要分为两类:政务官及事务官,且事务官采用考试录用的方式进行聘用。"两官分途"实际上是强调政务官的政治化和事务官的职业化。两种官职虽都属于政府官员,但二者间不能相互转任。政务官与事务官不同,需由选举产生,且具有一定的任期时限,随党派竞选的胜败共进退。事务官,亦称文官,属文职人员,须经考试合格后才可录用。事务官在职位上实行的是常任制,只要官员对其职权下的工作能全面把握应对且没有重大违纪,即可终身任职[③]。

三、人力资源配置相关概念理论

人力资源能否得到充分利用和配置,取决于是否能将特定的人力资源分配至

---

① 《国家公务员录用暂行规定》[1994 年 6 月 7 日人事部人录发(1994)1 号发布]。

② 杨士秋. 治国之策——建设中国特色公务员制度[M]. 北京:中国劳动社会保障出版社,2011.

③ 张丽丽. 中英两国现代公务员考录制度比较研究[D]. 太原:山西大学, 2010.

"对"的位置,也就是将正确的人放到与其匹配的位置,这是人力资源配置的初衷和意义。人力资源配置的重要作用不仅在企业中被深刻体现,其在公务员制度研究中亦是十分重要的问题。在公务员职务协调中,良好的人力资源配置将大大提高人才的合理利用水平,有助于政府部门工作效率的提升。

(一)人力资源配置的相关概念

1. 人力资源概念的产生

"人力资源"一词最初是由美国管理学家彼得·德鲁克于 19 世纪 50 年代提出的。他认为人力资源拥有当前其他资源所不具有的素质,人力资源是指某一国家或地区所有为社会创造物质财富及精神财富、从事智力劳动及体力劳动的人员的总称①。当代经济学者认为,人力资源是工作活动中最重要的因素,也是一切资源的最基本载体。

2. 人力资源配置定义

对人力资源配置的定义,学界还并没有形成共识。部分学者认为人力资源配置是依靠考核、选拔、录用、培训等方式,把组织需要的人员恰当地安排在相应的岗位上。这样的方式能够提高资源利用率,实现效用最大化。因为"人"得以尽其用,并与其他资源组合形成更大的效用。简而言之就是,在恰当的时候把正确的人安排到合适的岗位上去。对于公务员队伍也是如此,人力资源管理的起点和目标都是为了实现组织内部资源的优化配置。人力资源配置的最终目的就是让正确的人做恰当的事,实现人岗相配。不能够实现该配置目标的岗位安排也有悖于现有考录制度的初衷。

(二)公共部门人力资源配置的特点

1. 行政性

公共部门与私营部门在人力资源配置上有重要区别。首先,公共部门的行政性质决定了其内部结构的复杂、烦冗,进而决定了其人力资源配置更偏向于人事管理。由于公共部门的事务大多属行政性事务,对一般行政人员的需求较大,对行政人员的资源类型要求也无明显差异,只要能够完成一般行政事务即可,这就使得在人力资源配置中很容易出现配置随意、无鉴别或缺乏鉴别的现象。又由于公共部门系统庞杂,人事部门的工作重点在于完成人事档案和人事调动的管理,严重缺乏对人才资源的管理和开拓发展,这也使得人才无法流动到合适的岗位,会造成人才资源的错置和浪费。

2. 岗位优先性

现代人力资源管理理论的核心是以人为本,把人作为重要的资源来进行管

---

① 钱丽娅. 走出对"人力资源"认识的误区[J]. 现代经济探讨,2000(9):48 - 50.

理和配置。公共部门对人才的配置是为了使该人员能够完成该岗位的工作,而不是必须要求该人员最适合该岗位且能发挥其最大作用。这不同于私营企业各类岗位尽可能配置适当人才、以最小成本获得最大效用的目标。所以,公共部门对人才的筛选鉴别往往是模糊、简略的,有时只通过对学历、性别、年龄、专业等要素的简单评价后就完成了初步鉴别,而没有深入掌握人员的资源类型及其适合的岗位。这使得公共部门多数时候是人去匹配岗位,而不是人岗合一实现效用最大化。

3. 岗位稀缺性

政府部门的唯一性和其特殊的编制体系决定了每年的岗位增量非常有限。但由于其稳定的收入和任期以及较好的福利等原因,使得即便在岗位数量稀缺的情况下仍有大量人员竞争,出现供求严重不平衡的现象。这也解释了为什么公共部门一直缺乏人力资源合理配置却无有效改善举措,岗位类型有限但仍有大量人才可供选择的现象。这时公共部门首先要做的就是筛选出能够完成岗位工作的人才,而很少考虑人才在哪方面更有作为。

四、国内公务员考录制度现状及分析

目前我国采取每年公开招考的方式,面向全国进行公开、公平、公正的公务员考试。这一形式至今已实行了 21 年。这一考录制度取代了以往国家分配的方式,十分有利于政府内部人员的流动和更新,且在很大程度上避免了人事腐败,有利于公共部门选人用人的公开透明和公平公正。由于政府部门公职人员的特殊性和待遇良好等因素,公务员招考每年都会吸引大量的人才报名。这种竞争性的考录方式在某种程度上来说比以往的分配制更有利于选拔优秀人才到适合的岗位上,但仍有很多需改进的地方。随着社会的发展和行政制度的演进,公共部门人力资源除了以人配岗,还要更加注重人与岗位的相互协调和合理配置。

(一)我国公务员考试程序概况

我国现代公务员考试录用分为中央和地方两部分,但其考录程序基本一致,主要包含笔试、面试与专业考试几个重要环节。根据报考单位招录名额,按照笔试排名确定参加面试和专业科目考试的入围人选并公示,随后进行面试和专业科目考试。目前,我国已经形成了一套相对成熟、程序清晰的公务员考录规范。但程序层面上成熟的政策制度并不意味着实际考录中能实现人力资源的优化配置。

除此之外,不论是我们熟悉的国考还是地方考,考生报考都有一个限制要求,即一个报考人员只能报考一个岗位并只能参加该岗位的面试环节。当笔试通过人数少于单位计划面试人数时,招录机关会进行调剂选拔。部分单位会对报考人员再次进行与职位相关的知识考试,最后录用岗位以报考人员所报考或调剂岗位为准①。

(二)考录制度中的突出问题

当代考录制度在实施过程中所取得的效果是明显的,以往的国家分配制被公开竞争模式所替代。该模式较好地促进了人才的有序流动,优化了人才结构。然而,在目前我国考录制度的具体实践中,受到录用机关权力过于集中、公务员考录制度不完善等诸多因素的影响,公务员制度在考录过程中仍然存在诸多亟待完善和解决的问题。

1. 公务员考录的专业化有待提升

公务员考录的目的是为政府机关选拔高水平的人才,通过公务员考录方式尽可能为党政机关招募所需人才,完成相应的岗位事务。为了实现对人才的甄别和筛选,公务员考录的专业性是十分重要的。国家公务员考试面向全国招录各党政机关所需人才,但目前统一实施的考试项目却十分单一,不论区域、部门还是岗位,考试内容均采用同一笔试试卷,且试题内容庞杂无序,专业性、针对性不强,很难达到选拔不同层次、不同专业能力人才的目的。同时,缺乏传统考试的规范性,考题繁杂,考试范围过宽现象较为普遍。毋庸置疑,党政机关需要能灵活处理行政事务的人才,但是以缺乏一定专业和系统性的试题来评判党政机关所需的专业人才恐怕不是最合理和公平的选择。并且在前期公共笔试和后续面试或复试中,针对不同岗位的试题大多是相同的,这对于选拔专业人才来说也缺乏针对性。

2. 报考机制单一

按照公务员考试规定,考生只能报考一个岗位,而各部门岗位数以千计,这就造成了考生在选择职位时所做的决定具有盲目性和单一性,在之后的录用中也很难更改志愿。实际上,考前报名阶段就已经很大程度上决定了考生的岗位方向。部分考生可能在不明确自身能力和配置类型的情况下,选择了并不适合自己的岗位,或者说并不是最适合自己的岗位。这一方面要归因于考生与政府部门间的信息不对称,另一方面是由于报考机制的单一。所以,在纠正部门录用时的人力资源配置问题前,更重要的是改善公务员的报考机制,以给考生更多的机会和选择。

3. 录用制度固化

报考人员的最终录用岗位是依据其报考岗位或调剂岗位来分配的,且每名报考人员仅能报考一个岗位。由于公共部门录用制度的僵化,一般不会进行人才的再配置,而是直接按照报考岗位录用。现实中的很多情况是,不同层次或类型专业的众多人才会同时报考热门岗位,不论最终录用人员的学历、工作经验、能力、特长如何,他们都将被分配至相同的岗位。这样人才得不到合理配置,高能低配者极易

---

① 来自《2015年国家公务员招录考试简章》。

在工作中产生失落感。在之后的职位发展中,由于公共部门更看重资历而非能力,这一部分人在职业发展中可能会更多地遇到能力输给资历的问题。而对低能高配的人来说,则会造成岗位用人不当,无法完成岗位任务的情况。人才错置不仅使得公务员在整个职业生涯中随波逐流,也会使部门工作效率低下。

4. 供过于求的考录矛盾

自实行公务员考录制度以来,每年的报考人数都呈递增趋势,近几年的报考情况更是火爆。各岗位报录比严重失衡的情况屡见不鲜,热门岗位报录比最高时达7 000∶1,而不少冷门岗位竟无人报考。2014年国家公务员考试总报考人数约152万人,但招录岗位却不到两万个。岗位供求的极大差距是造成公务员录用中人力资源配置欠缺的一大原因。岗位的稀缺和众多的报考者造成报考人员的价值下降,录用过程中岗位需求被排在第一位,"人"的配置自然不被重视。此外,供求矛盾带来的另一大问题是公务员考试录用的成本巨大。报考人数众多,最终只是极少数人被录用,中间产生的所有考试费用和成本都造成了财力物力的极大浪费。

(三)公务员考录情况的统计分析

1. 公务员招录人数趋势

如图1所示,近7年国考的招录人数呈上升趋势,平均每年上升1 000人。可见,国家在公务员招录需求上在逐渐扩大。

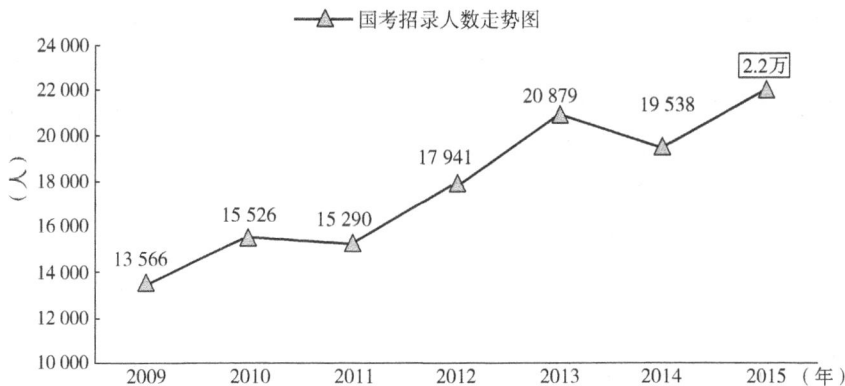

图1 2009—2015年国考招录人数走势图

数据来源:国家公务员考试网

2. 报录比分析

表1所列为我国从2010—2014年国家公务员考试的整体报录情况。由表1的数据比较分析可得出:①两项指标呈逐年递增走势,分别为招考职位数和招录人数;②初审通过人数也呈逐年增长形势,但相对较缓;③实际考试人数也呈上升趋势,只有在2014年时略有降低;④报录比呈逐年下降趋势。

表 1　2010—2014 年国家公务员考试中的相关数据①

年份	招考职位数	招录人数（人）	初审通过人数（万人）	实际参考人数（万人）	报录比例
2014	11 729	19 538	152	99	50.7:1
2013	12 901	20 839	149	111.7	53.6:1
2012	10 486	17 941	130	96	53.5:1
2011	9 763	15 290	141.5	90.2	59:1
2010	9 275	15 526	144.3	92.7	59.7:1

总体来说,每年的招考人数和初审通过人数都呈递增趋势,报录比虽呈现逐年递减趋势但并不意味着公务员热有所降温。初审人数仍然每年都在递增,这说明有报考公务员意愿的人才是众多的。并且,整体报录比均在 50:1 以上,更有其他数据称 2014 年最热岗位报录比达 7 192:1;而有 72 个"零"报考冷门岗位无人问津。这再次说明报录情况的严重不平衡,这其中的一个原因是报考人员报考的盲目性,另一个原因是岗位稀缺分布不均,致使出现了两个极端。

五、公务员录用中人力资源配置对策

当前我国公务员录用制中产生的上述问题,有着多种多样复杂的原因。这主要是因为我国实施此录用制度后机制仍需完善,否则无法跟上社会快速发展的需要。同时,日益严峻的高校毕业生就业压力和公务员"铁饭碗"的吸引力提高,使得即使公务员的岗位十分稀缺,仍有大批考试大军愿加入其中。基于上述问题,笔者在此给出以下几点建议。

（一）增强公务员考录制度的科学性、专业性

公务员考试作为筛选甄别报考人员基本素质的第一道关卡,需要具有严格的科学性。同时由于公务员招考涉及的党政机关部门和岗位众多,所需人才类型存在很大差异,所以应设置具有明显专业倾向的考试科目。在考试科目的确定上应充分考虑到不同岗位和部门的技能需求,应对以往繁杂、不系统的考试题型进行全面改革,聘用专业人员进行命题工作。各录用单位可根据本单位的需要进行相应的指导,或进行相应岗位的技能测试。

（二）采取分等级考试制度,拓宽岗位范围

目前的考试制度虽能以考试成绩将报考者划分等级,但并不能很好地体现其综合素质。报考公务员的人群从博士到本科生、高校应届生到社会人员都有,人才

① 2010—2014 年国家公务员考试中的相关数据来源于国家公务员考试网。

的层级是多样的。而当前的考录制度是一刀切,且存在岗位要求过高的现象——不少岗位要求本硕学历以上,而岗位的实际能力要求并不高。这就造成了高知学子盲目涌向低配置岗位,而低学历考生无法迈进公务员门槛的尴尬境地。为了避免这种人力资源的错置,应采取分等级考试制度,细化初审环节。应由报考人员提供自身材料,初审系统对其进行初步筛查,高层级人才可报考更高层级的职位。这一方面可以改善人力资源错置问题,另一方面还能加快行政部门人力资源的流动。

(三)转换以人配岗的配置观念

摒弃以人配岗的固化配置观念,在公务员考试、面试和专业考试中充分了解人才的资源类型,将其尽可能配置到适合的岗位上去,而不是生硬地按照所报岗位直接录用。应该允许一定空间的可调试范围,这样既可优化公共部门内部的人员结构,也有利于录用人员的职业发展和工作效率。

(四)运用相关人力资源测评系统

为使公共部门的人力资源得到合理配置,应适当借鉴企业中的模式。目前具有创新性和应用性的测评系统可对应聘人员的职业兴趣、职业意识、职业行为、配置类型、资源类型等方面实行量化评价。在面试当中加入这一方式,可以帮助录用部门了解报考人员的资源类型表现和综合素质,以及其个人与岗位是否匹配,避免低能高配和高能低配等问题的产生。

六、结论与讨论

(一)结论

公务员考录制度实行 21 年来仍存在许多问题,关于这一问题的讨论已经持续了很多年,但我们一直没有看到明显的改革措施。公务员热已经不只是一个简单的由考试引发的问题,而是整个社会就业困难、人才输出找不到出口、招考制度不完善等因素共同导致的社会问题。不同层次的人才都聚集在公务员考试大军中,却得不到合理的人力资源配置,这是人力资源的极大浪费,也是公务员考录制度的一大短板。现今的公务员考录制度下已经不缺乏可以胜任职务的人才,更需要的是可以实现科学化人力资源配置的制度和规则。以人为本终究是人力资源配置的核心,只有利用好"人"的资源,才能为政府部门的工作带来更显著的成果。

(二)不足与展望

我国公务员考录制度涉及范围非常广泛,其中的人力资源配置问题也可从多方面来探讨。由于研究时间有限,所以本文对该主题的论述可能仍不够充分,例如对于公共部门人力资源类型还可做更多论述。除此之外,我国公务员录用制度非常繁杂,本文对此未能进行全面的分析研究,未来还需进一步深入研究和完善。展望未来,公务员考录制度仍将是公众关注和热议的话题。本文提出的对策在未来的研究中可更加细化,并可进一步提出更加明确、可执行的细则措施,为政府部门改进公务员录用制度提供借鉴。

参考文献:

[1]董晓霞.公职人员职业生涯通路设计[J].党政论坛,2002(1):42.

[2]梁建东.公共人力资源绩效评估的核心冲突[J].江西行政学院学报,2003,5(1):26-29.

[3]刘重春.公开选拔的公正考量[J].中国行政管理,2003(3):32-34.

[4]侯锦,郭利.中外行政人员选拔考试制度比较研究[J].理论研究,2005(4):52-53.

[5]中国人事出版社.中华人民共和国公务员法[M].北京:党建读物出版社,2005.

[6]冯友宣,戴良铁.我国公务员系统构建双重职业路径的探索[J].科技进步与对策,2005,22(1):132-133.

[7]王霁.公务员职位分类制度的比较与借鉴[J].行政与法,2005(1):66-68.

[8]刘彩凤.我国公共部门人力资源管理的四大问题[J].浙江工商大学学报,2005(6):61-65.

[9]石捷.国家公务员考试录用制度研究[D].上海:上海交通大学,2007.

[10]李厌钧.公务员考试录用制度存在的问题及对策[J].人才资源开发,2006(4):15-16.

[11]李毓矩.对完善国家公务员录用制度的几点建议[J].长江论坛,2004(6):59-60.

[12]方以川.浅谈政府公共部门人力资源配置优化思路[J].金融经济:理论版,2010(5):69-71.

[13]王丽清,贾麟.公务员考录制度的实施现状与完善[J].人民论坛,2014(29):67-69.

[14]孙柏瑛,祁光华.公共部门人力资源开发与管理——21世纪公共管理系列教材[M].北京:中国人民大学出版社,2004.

[15]彭和平.公共行政学[M].北京:中国人民大学出版社,2012.

[16]徐双敏.公共管理学[M].北京:北京大学出版社,2014.

[17]赵曼.政府部门人力资源管理[M].北京:清华大学出版社,2005.

[18]Robert L Mathis,John H Jackson. Human Resource Management (nineth edition)[M]. South-western College Publishing,1999.

城镇化进程中我国农村养老资源供给模式研究

李金晓

首都经济贸易大学行政管理专业 2015 级硕士生

摘要：众所周知，城镇化作为解决三农问题的重要途径是现代化建设的必经之路。然而，随着我国步入老龄化社会，农村老年人口急剧增加；加之我国长期存在二元经济体制，虽然城镇化仍在不断推进中，但是农村养老问题却也日益突出。伴随着农村养老需求日益多元化、复杂化，虽然养老资源日渐丰富，但目前农村养老资源的供给模式因跟不上城镇化的步伐而显得相对陈旧，亟待改善。本文从农村养老需求的满足情况及其影响因素出发，从经济、生活、精神三个层面对个人、家庭、社区和社会四个主要供给主体的配置方式进行分析和研究。通过分析当前我国农村养老资源供给模式的现状、问题及影响因素，为解决农村养老问题提出可行性建议。

一、引言

众所周知，城镇化作为解决三农问题的重要途径，是现代化建设的必经之路。然而，随着我国步入老龄化社会，加之我国二元经济体制的长期存在，在不断推进的城镇化进程中，农村养老问题也日益突出。

在我国，由于深入人心的传统文化道德观念，一般由老年人的子女承担养老责任，这种传统的家庭养老模式一直是解决我国养老问题的重要方式之一。但是随着计划生育基本国策的实施，我国家庭人口结构发生了较大变化。虽然这项基本国策有效抑制了人口过快增长的趋势，但同时也使得家庭人口结构发生了巨大变化。从近几次全国人口普查的数据来看，我国户均人口逐年减少，"大门大户"的传统农村家庭被"小庭小院"的新型家庭模式所取代。为了让广大农民平等地参与到现代化进程中，能够分享现代化的成果，政府高度重视农村日益严峻的养老问题，推出了众多的社会养老模式并在不断建立健全、公平、可持续的社会保障制度。然而，由于我国农村经济基础相对薄弱，与农村有关的社会保障制度仍不健全，农村养老问题因此得不到基本保障，所以解决农村养老资源供给问题迫在眉睫。

二、文献综述

所谓养老资源供给模式，就是将各种养老方式经过排列组合而整合在一起，形成一个既清晰又有层次的资源供给系统,从经济、生活以及精神三个层面为农村养老提供资源供给。在不断推进的城镇化进程中,农村养老问题日益严峻,养老资源供给问题逐渐成为农村养老的核心问题,也引起了我国政府的重视和学者的关注。

一般情况下,老年人自身、家庭、社区及社会是养老资源供给的主体。自身供给是指居民在青壮年时所取得的一系列资源积累;家庭供给是指老年人的亲属、子女对老年人进行经济、生活及精神方面的支持;社区供给是指老年人所在社区提供的养老资源;社会供给是指由国家向老年公民提供的养老资源。目前我国仍然以老年人自身和家庭供给为主。随着城镇化进程的不断加快,社会和社区不应只起辅助作用,社会和社区作为供给主体的重要性已经逐渐超过了老年人自身和家庭供给的重要性。

（一）国内研究动态

对于农村养老供给模式的研究存在不同观点:一些学者主张单一模式的养老,一些学者主张多元化模式的养老,其中包括二元、三元以及四元模式。

1. 单一模式

单一模式即一元模式的养老,也称为单一支柱模式。对于这种模式主要有两种不同的观点:一种观点认为,目前我国大部分农村地区经济基础较弱,还不能建立社会养老机制。虽然农村人口结构发生了变化,但是农村的养老仍然要以家庭养老为主;另一种观点则认为,我国应当逐步同国际社会接轨,在农村建立健全养老保障机制,推行社会养老。随着改革开放的不断深化,我国经济快速发展,但是农村养老在这一过程中出现了一些问题,实行计划生育政策使农村的家庭养老模式丧失了丰厚的资源。由于人口老龄化趋势日益严峻,年轻人口逐渐减少,这就意味着家庭养老保障能力逐渐减弱,单一的家庭养老已经失去了原有的优势,所以家庭养老这种单一的模式必然会被其他模式所取代。

2. 多元模式

首先是二元养老模式。杨复兴（2007）的观点是将一元模式的两种观点有机结合起来,即构成"家庭"和"社会"交叉的农村养老资源供给模式①。

其次是三元养老模式。穆光宗（2000）认为,家庭、社会和自我三种养老模式交叉互补,构建了三元化的养老资源供给模式来解决目前农村普遍存在的养老问题②,并提出"3 + 2"养老工程。杨翠迎（2005）认为,交叉合力的养老资源供给模式较为适合中国当前农村的经济社会发展情况。虽然家庭养老模式逐渐弱化,但并不影响其解决农村养老问题。社区养老更适合在城市推广,而在比较落后的农

---

① 杨复兴. 中国农村养老保障模式创新研究——基于制度文化的分析[D]. 成都:西南财经大学,2005.

② 穆光宗. 中国传统养老方式的变革和展望[J]. 中国人民大学学报,2000,14（5）:39 - 44.

村则只能是空想。所以,在农村地区要因地制宜,解决养老问题必须家庭、社会和自我养老共同发挥作用。

最后是四元养老模式。谭克俭(2002)认为,应当将社区养老模式加入到三元养老模式当中,构成四元养老模式。这四种模式应该在分清层次的基础上进行有机的结合,其中家庭养老居于首要地位,自我养老次之;社区养老要规范化,并进一步完善社会养老①。

从整体上来看,多元化的养老资源供给模式主要有两种思路,一种思路认为目前仍然应该以家庭养老模式为主线,不管是几元化,其他养老模式都是家庭养老模式的补充和辅助。另一种思路认为,由于当前我国的特殊国情,家庭养老模式在不断弱化,所以在农村养老资源供给模式上,应该以社会养老为主,家庭养老为辅。

无论是哪一种供给模式,其本质上都是对不同养老模式的组合选择,目前的主流观点是多元化的养老资源供给模式。多元化的养老资源供给模式避免了一元模式的不足,又使各种模式的优点能够互相补充。通过针对不同的主体从不同的层次来构建农村养老资源供给模式更加符合我国当前的国情。

(二)国内研究动态述评

国外的学者对养老模式,特别是养老资源供给模式的经济层面研究很少,因为国外的大多数国家在进入人口老龄化阶段时经济已经比较发达,和我国目前的国情有所不同,所以可以借鉴的经验很少。而国内的学者对于养老模式方面的研究很多,可借鉴的材料很丰富,也很全面。

不同养老模式对于养老资源的需求与供给不同。虽然有学者对养老资源的需求与供给进行分析,但是忽略了当前农村老年人对于养老资源的需求特点、差异和变化。由于地域的不同,经济基础的不均衡,需求和供给的定位也会不同。没有明确的界定就会使农村养老资源供给出现供和需不匹配的问题。

目前,我国农村养老资源的供给模式依然存在一些亟待解决的问题:第一,关于农村养老模式的分层研究仍较为缺乏。多数学者对农村养老模式中现有的家庭养老、社区养老等方式进行了较为系统的分析,但并没有根据我国农村老年人口众多、地区差异较大的基本国情进行分析研究,未对不同地区所适宜采用的不同养老模式的可操作性进行深入探讨研究。第二,关于农村养老问题的研究视角定格在养老问题本身,未从社会的可持续发展和整体性角度进行研究。第三,关于资源供给模式的研究大多集中在农村老人的物质生活层面上,并没有从精神层面进行探讨研究。所以如何界定不同的供给主体,如何匹配不同的供给层次,如何构建更加符合我国国情的农村养老资源供给模式是目前需要研究的主要方向。

---

① 谭克俭. 农村养老保障机制研究[J]. 人口与经济,2002(2):71-75.

三、城镇化进程中农村养老资源供给模式存在的问题及原因

（一）城镇化进程中农村养老资源供给模式存在的问题

1. 需求大，经济资源在供给模式上存在不足

随着社会的发展，我国农村对养老资源的需求逐步增加，导致养老负担日渐沉重，自我养老、家庭养老、社区养老、社会养老这四种模式都已经参与到当前农村老年居民的养老问题解决中①。根据文献数据显示，农村的主要养老模式仍然是家庭养老，因为家庭仍然是农村老年人口的主要经济来源。随着我国加入 WTO，农产品面临的市场竞争日益加剧，一定的市场风险使家庭对养老资源的供给能力不稳定，进而导致农村养老资源的供给不足。

2. 农村养老服务需求增加，生活服务资源在供给模式上存在缺失

计划生育政策导致人口结构发生变化，使我国老年人口数量增速加快，生活服务方面的需求增多。尤其是步入老年过程中身体健康状况发生变化，对生活服务方面的需求急剧增加。在我国农村，老年人在没有完全丧失劳动能力之前，基本上依靠自己的劳动收入养老。相对于城市养老环境而言，农村居民的晚年更加孤独单调，所以农村老年人比城市老年人更加需要子女的照顾和精神慰藉。农民面临的市场风险增加、农村家庭子女数量的减少以及农村青壮年劳动力的外迁，使得养老服务资源的供给压力逐步增加。

虽然一系列社会保障制度有着多种的缺陷，但是这些社会保障制度还是使得养老经济资源在一定程度上得到改善。与经济资源供给模式比较而言，在农村老年人的生活服务资源供给模式方面存在严重缺失。

3. 农村社区提供的养老资源在供给模式上存在严重缺失

首先，农村社区提供的养老服务资源总量不足。在我国农村，主要的养老资源供给方式仍然是自我或家庭，其次才是社会养老即国家的社会保障。而社区养老模式被大大忽视，大多数农村居民对社区服务的意识完全不到位。在绝大多数农村地区，社区的基本养老服务设施薄弱，难以满足目前的实际需求；社区养老提供的服务质量普遍不高甚至低下，且大多数仅仅提供基本的物质生活服务，在精神慰藉及生活服务方面则是一片空白。并且社区服务人员供给不足，农村社区养老服务人员的专业素质偏低。此外，农村医疗供给结构比较单一，只能满足最基本的医疗服务。所以，社区作为供给主体的供给模式是存在严重缺失的，也是未来我们应该着重关注的。

（二）城镇化进程中农村养老资源供给模式产生问题的原因分析

1. 人口老龄化

---

① 魏彦彦. 中国特色养老模式研究［M］. 北京：中国社会出版社，2010.

第一,伴随着农村居民基本生活和医疗服务水平的极大提高,农村居民的人均寿命不断延长,死亡率随即大幅度下降。第二,老龄化速度的加快,导致老年人口数量急剧增加。而农村老年人口的增加,增加了农村养老资源的缺口。庞大的老年人群体对养老资源造成了巨大的冲击,也随之导致了农村居民对养老经济资源的大量需求,供给模式的发展因此跟不上人口老龄化的速度。

2. 家庭结构变化

首先,受我国人口计划生育政策的影响,目前我国青壮年群体在数量与上一辈中老年人群体相比明显减少了很多,家庭结构中老人照料者的数量减少,农村家庭结构由"金字塔型"转换成"工字型",即一般都是一对夫妻赡养四个老人、一个甚至一个以上的孩子,造成青壮年群体压力巨大。其次,农民赖以生存的土地被征用,导致大量农村劳动人口往城镇流动,农村家庭中老年人与子女分离,形成"空巢家庭""空巢农村"的现象。居住距离的增大使子女更难对父母加以照料,一方面得不到子女的照料,另一方面又需要对孙辈子女进行照料,这明显加重了老年人的生活压力。可见农村养老在生活服务,尤其是生活照料层面的供给模式上存在缺失。

3. 需求偏好变化

社会老龄化及其产生的累积效应导致农村对养老资源的需求快速增加。经济支持资源的需求是最主要和最基本的;老年人生活质量的高低取决于生活服务资源的丰富程度;精神需求作为一种服务照顾资源,决定着老年人的生活水平和质量。对养老资源的需求因老年人所属群体的不同而存在差异。首先,低收入或无收入的老年人群体,其追求的应当是较低的生活保障,经济支持资源对这一群体尤为重要。其次,有一定收入来源且不存在温饱问题的农村老年人口是占绝大部分的,这一群体对生活服务资源的需求往往比经济支持资源的需求更为迫切。最后是经济收入颇丰的农民,属于远远高出农村人口平均收入水平的群体,他们并不担心经济支持的问题,他们更多的是关注生活质量,尤其是精神慰藉层面的需求。

总之,随着城镇化进程的推进,农村人口的老龄化、农村家庭结构的变化和需求偏好的变化等众多原因,使得我国农村养老资源问题变得多元化和复杂化,目前的养老资源供给模式亟待改变。可以发现,老年人口对养老资源的需求具备三个明显特点:第一,以实物形式和经济补助满足农村居民的养老需求。目前我国农村养老还是以实物和经济补助的养老居多,虽然这种养老方式保障水平不高,但是能被绝大多数农村居民所接受。第二,经济迅速发展和人口老龄化增加了农村老年人的生活服务需求,而社会保障制度的不完善导致这一问题更加突出。第三,由于城镇化的发展,"空巢老人"的数量明显增加,他们对精神慰藉层面的需求越来越多。所以在农村养老方面,家庭供给模式的作用在逐渐下降,社会及社区供给模式则需要寻求多样性。只有农村养老资源的配置亟待转型、供给模式亟待转变才能使需求和供给逐渐趋于平衡。

四、城镇化进程中农村养老资源供给模式构建及优化

根据马斯洛需求原理,针对城镇化进程中农村养老资源供给现状,可以把养老需求归纳为三种类型,分别为:满足温饱的生存需求、对晚年生活质量有一定要求的生活需求和需要精神食粮来丰富自己的自我实现需求。根据这三种需求,从三个供给层面出发,通过对供给主体的主次进行定位来分别构建供给模式(见图1)。

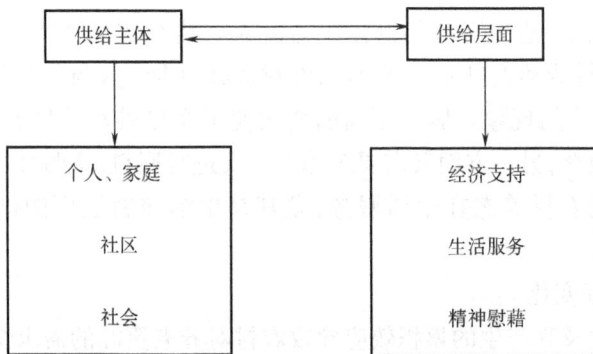

图1 城镇化进程中农村养老资源供给模式构建

(一)生存需求为导向的供给模式构建及优化

以生存需求为导向应该构建"社会为主"的供给模式。生存需求为主的农村老年人口往往收入很低,或没有固定收入。这类群体是我国农村贫困人口和低收入人群,属于贫困范畴,所追求的养老目标仍然是解决温饱。

针对这一类型的农村老年群体,经济上的支持是最为重要的,也是首要的。社会应该充当农村养老资源供给的主体,发挥其主导作用。而且生活服务方面也较为重要,这一层面就需要家庭和社区作为供给主体。政府作为经济层面的供给主体应更加科学地确定保障标准和保障对象,需加强监督,进一步完善经济上的保障,并建立更加合理的医疗制度[①]。社区和家庭作为供给生活服务的主体应配合政府的经济支持来进一步满足其基本的生活需求。

(二)生活需求为导向的供给模式构建及优化

以生活需求为导向应该构建"社会、个人为主,家庭和社区作为补充"的供给

① 刘春梅,李录堂. 农村养老资源供给模式优化及运行[J]. 西北农林科技大学学报:社会科学版,2015,15(1):8-14.

模式。生活需求为主的农村老年人口占绝大部分,他们虽然有一定的收入来源,不存在温饱问题,但是在生活层面仍然有较大需求,需要稳定的资源保障。所以针对这一层面的老年人应当建立以社会和个人为主、以家庭和社区为辅的供给模式。

养老问题本质上是经济问题,没有经济的支持,生活和精神层面的需求都很难实现,所以政府作为经济层面的供给主体应更加科学、合理地确定保障标准和保障对象,家庭则配合政府起补充作用。作为老年人生活核心的社区也应该承担更多责任,充分利用固有资源和熟悉本地老年人生活状况的优势,建立起操作性强、实用性强的生活和精神服务体系。老年人口的医疗服务和家庭化护理应由本地医疗机构提供,使服务的质量和便捷性得到保证。农村的社区服务已然成为解决老年人口生活服务问题的一大趋势。家庭作为老年人精神方面的供给主体,应当通过日常活动满足老年人口的精神需求,让老年人拥有高质量的养老生活。

(三)自我实现需求为导向的供给模式构建及优化

以自我实现需求为导向的群体多为农村地区经济收入较高的老年人,其所构建的是自我为主,家庭、社区和社会为辅的供给模式。这一层面的老年人并不担心经济支持的问题,他们更多关注生活质量,并对生活质量要求比较高,故应构建"自我养老为主,家庭、社区和社会为辅"的养老供给模式。

对于这一部分以自我实现需求为导向的老年人可以在社会统筹和个人账户的基础上,自行购买各种具有养老性质的保险,作为养老保障制度的补充。

五、结论

本文构建了以生存需求、生活需求、自我实现需求为导向的三种农村养老资源供给模式(见表1)。

表1 城镇化进程中农村养老资源供给模式

需求导向	目标群体	农村养老资源供给模式
生存需求	收入极低,贫困的农村老年人口	社会为主
生活需求	绝大多数有一定收入来源,并对生活服务有一定需求的农村老年人口	社会、个人为主,家庭和社区为辅
自我实现需求	收入较高的农村老年人口	个人养老为主,家庭、社区和社会为辅

我国的实际国情决定了农村养老资源需求与供给的特殊性。我国整体经济水平不高,主要依靠家庭养老和自我养老的农村居民其晚年生活质量得不到保证;并且由于国家发展不均衡,使得各个地区贫富差距大,每个地区对养老资源的侧重及需求量都存在差异。针对这种地区需求的差异性,政府应加大社会养老和社区养老资源的供给,使特殊地区的农村养老资源供给模式多样化,以丰富农村老年人口

的生活。同时在全国统一的社会保障制度下,还需要针对各个经济状况不同的地区,设置差异化的社会、社区养老资源供给标准。政府的第一职能是实现社会的公平与稳定。由于在资源的初次分配上,政府往往不能决定太多,所以政府在资源再分配时,政策上应给予贫困地区适度的倾斜,让贫困地区农村居民能够更多地享受到国家的现代化成果。随着城镇化的飞速发展,优化农村养老资源供给模式势在必行,需要家庭、社区和社会的合理配合,以使我国农村养老问题实现质的改善。

参考文献:

[1]陈东. 我国农村公共品的供给效率研究[M]. 北京:经济科学出版社,2008.

[2]魏彦彦. 中国特色养老模式研究[M]. 北京:中国社会出版社,2010.

[3]赵曼,吕国营. 城乡社会保障模式比较研究[M]. 北京:中国劳动社会保障出版社,2010.

[4]刘金华. 中国养老模式研究[M]. 成都:西南财经大学出版社,2011.

[5]董红亚. 中国养老服务体系建设研究[M]. 北京:中国社会科学出版社,2011.

[6]刘伯龙,竺乾威,何秋祥. 中国农村公共政策,政策执行的实证研究[M]. 上海:复旦大学出版社,2011.

[7]冯华艳. 政府购买公共服务研究[M]. 北京:中国政法大学出版社,2015.

[8]穆光宗,姚远. 探索中国特色的综合解决老龄问题的未来之路——"全国家庭养老与社会化养老服务研讨会"纪要[J]. 人口与经济,1999(2).

[9]穆光宗. 中国传统养老方式的变革和展望[J]. 中国人民大学学报,2000,14(5):39－44.

[10]陈赛权. 中国养老模式研究综述[J]. 人口学刊,2000(3):30－36.

[11]谭克俭. 农村养老保障机制研究[J]. 人口与经济,2002(2):71－75.

[12]肖向华. 多元化,社区养老的发展模式[J]. 老年人,2004(9):14－14.

[13]周莹,梁鸿. 中国农村养老资源缺失问题研究[J]. 南方人口,2005,20(4):52－56.

[14]杨翠迎. 中国农村养老保障何去何从?——对农村养老保障现状与问题的思考[J]. 商业研究,2005(8):167－170.

[15]李清娥. 我国农村养老供求失衡分析[J]. 经济体制改革,2007(1):105－108.

[16]石宏伟,朱研. 我国农村家庭养老面临的问题及对策[J]. 农业经济,2008(7):53－55.

[17]刘庚常,彭彦,孙奎立.我国老年人口社会分层初探[J].西北人口,2008,29(1):65-67.

[18]任晓娜.社区居家养老服务中存在的问题及对策[J].法制与社会,2009(11):209-210.

[19]贺聪志,叶敬忠.农村留守老人研究综述[J].中国农业大学学报:社会科学版,2009,26(2):24-34.

[20]郭竞成.中国居家养老模式的选择[J].宁波大学学报:人文版,2010,23(1):106-111.

[21]谢海路.我国农村现行的几种养老模式分析[J].中国集体经济,2010(13):7-8.

[22]丘东涛.增加我国农村养老资源供给探析[J].广东广播电视大学学报,2011,20(3):98-103.

[23]于兰华.可持续生计视域中的老年失地农民养老资源供给问题研究[J].生产力研究,2011(9):52-53.

[24]王小龙,唐龙.家庭养老、老年贫困与农村社会养老保险的角色定位[J].人文杂志,2012(2):132-139.

[25]姜浩然.我国发展社区养老的问题与对策分析[J].改革与开放,2013(18):50-50.

[26]钮学兴.积极应对老龄化带来的诸多挑战[J].江苏政协,2013(4):11-11.

[27]周湘莲,周勇.农村空巢老人精神养老问题研究[J].湖南科技大学学报:社会科学版,2014(4):101-106.

[28]唐宇,王晋媛.城镇化背景下农村养老问题研究[J].改革与开放,2014(3):71-72.

[29]江博文.农村居民养老金需求三角模型探究[J].中国市场,2014(33):183-184.

[30]刘春梅,李录堂.农村养老资源供给模式优化及运行[J].西北农林科技大学学报:社会科学版,2015,15(1):8-14.

[31]杨复兴.中国农村养老保障模式创新研究——基于制度文化的分析[D].成都:西南财经大学,2005.

消费者协会公益诉讼制度研究

杨海帆

首都经济贸易大学行政管理专业 2015 级研究生

摘要:随着市场经济的不断发展,企业或商家的逐利本性也逐渐显现,消费者的合法权益不断受到侵犯,这大大打击了消费者的消费信心并严重影响了我们的正常生活。现阶段消费者可以采取的手段包括拨打 12315 热线电话投诉、向行政部门申请调解等,但是层出不穷的消费侵权事件表明这些手段都未能很好地解决这一问题,所以需要进一步的探索和研究。首先,本文明确相关概念与职能,阐述公益诉讼的起源与应用;随后,研究阻碍消费者协会公益诉讼制度发挥作用的因素,例如消费者协会专业性不强、公益诉讼程序建设不到位、诉讼费用承担问题等;最后,针对上述问题,对促进消费者协会承担公益诉讼的职能提出一些建议。

一、引言

随着社会的不断进步,人们的权利义务意识也在不断觉醒,更多的公民主动寻求法律武器来保护自己的权利。屡次发生的消费侵权事件也使得更多的消费者参与到了维权的队伍中来,消费者权益保护日益受到了国家和社会的广泛关注。目前,我国消费者权益的行政保护相对较为完善,但是司法保护发挥的作用不大。这是因为消费侵权事件通常额度较小、数量较多,而消费者又面临着高昂的诉讼成本,最后往往得不偿失,因此阻碍了司法保护发挥实际的作用。

目前,我国民间自发成立的消费者组织数量较少,且社会影响力不大。而消费者协会作为我国在 1984 年成立的第一个消费者组织,近年来逐步发展壮大,在全国已经有各级消费者协会 3 000 多个,社会认可程度也较高。公益诉讼作为公民权利救济的一种方式,赋予了公民与强大势力抗衡的武器。所以,将消费者协会与公益诉讼结合起来,消费者协会在维权诉讼中作为原告与被告在地位上平等,实力上相当,能够更好地为消费者发声,是消费者维权的重要途径。

二、文献综述

通过对文献的检索与阅读,可以发现我国现有的关于消费者公益诉讼的研究大都是从法学视角出发,而以消费者协会作为载体的研究相对较少。

我国关于消费者协会的研究,大部分主要从其定位与职能出发。胡永霞(2006)认为,根据现行的法律规定,消费者协会应具有独立的法人地位。此外他还认为,现在很多消费者协会更名为"消费者保护委员会"的做法欠妥,这会让消费者误以为消协是政府的一个部门。王春晨(2001)认为应该取消消费者协会的调解职能,设立独立的消费纠纷仲裁机构,使调解协议更具约束力和强制力;同时加强消协的自治性,赋予其公益诉讼原告的身份。

关于消费者权益保护的公益诉讼研究,刘俊海教授(2015)认为,消费者权益保护法(简称"消法")对公益诉讼主体资格的规定适合当前基层消协能力参差不齐的情况,同时应该对公益诉讼的适用范围进行一定的规定,以保证将有限的资源用在刀刃上。杨烁(2015)提到,公益诉讼制度有利于保障消费者的权益、构建和谐有序的经济社会环境,但是目前的立法对于诉讼费用、责任分担等问题尚无明确规定,还有待完善。

通过以上所述可以看出,国内学者对于消费维权的公益诉讼已经做了很多研究,并且大多数都主张社会团体来承担相关职能,但是以消费者协会作为主体的研究相对较少。所以,本文从社会治理的角度出发,将消费者协会作为管理社会事务、提供公共服务的主体,赋予其公益诉讼原告的主体资格,进而研究阻碍消费者协会承担公益诉讼职能的因素,并提出改进的建议。

三、相关概念

(一)消费者协会

消费者是进行生活消费的,包括购买和使用商品、接受服务的个人和单位[①]。其要点有二:一是进行生活消费;二是既可以是个人也可以是单位。因此,消费者的范围很广泛,我们每个人都是消费者,都会面临权益被侵害的情况。

中国消费者协会成立于1984年12月,随后各省市都逐步建立了地方消费者协会,在全国形成了消协系统。2013年修订的《消费者权益保护法》(简称"《消法》")将消费者协会定义为"消费者协会和其他消费者组织是依法成立的对商品和服务进行社会监督的保护消费者合法权益的社会组织"[②]。《消法》将消费者协会定义为社会组织,理应是独立自治的团体,但现实是很多地方的消费者协会过度依附于行政部门,这严重阻碍了其职能的发挥。此外,《消法》第37条还规定了消费者协会具有八项公益性职责,其中包括向消费者提供咨询和服务、参与相关法律法规的制定、受理投诉并进行调解等。

---

① 来自《中华人民共和国消费者权益保护法》。
② 来自《中华人民共和国消费者权益保护法》。

（二）公益诉讼

公益诉讼制度起源于西方国家,是为了克服传统民事诉讼费用高、难以接近法院等弊端而提出的一种新的诉讼理念和方式。公益诉讼制度是指经过法律授权的组织或个人,代表多数人就危害公共利益的行为向法院提起诉讼的活动①。消费者公益诉讼以保护众多消费者的公共利益为目的,赋予消费者群体与强大的经营者平等对抗的机会,增添消费维权的新渠道。

（三）消费者权益保护

消费者权益保护的实现途径有四条,即立法保护、司法保护、行政保护、消费者组织保护。前三个途径的主体是国家立法、司法与行政机关,主要从法律与行政角度对消费者进行保护。但是,这三种途径均存在一定程度的问题,例如立法体系不完善、立法存在滞后性、司法救济不能弥补消费者的实际损失、政府与消费者的委托代理问题等,这些都是权力部门与行政机关难以避免的难题。从治理理论出发,政府可以将管不好的事务下放到社会组织,也就是使消费者组织成为维护消费者权益的主体,广泛参与到消费维权当中并起到主要作用。消费者组织可以运用多种方式与工具,保护消费者的权益,实现社会的自治。这不仅能够有效弥补立法、司法、行政保护的不足,更有助于激发广大消费者的权利意识与公共精神,促进社会的进步。

四、我国消费者协会公益诉讼制度建设的困境

（一）消费者协会独立性与专业性有待加强

中国消费者协会于 1984 年成立,由于其成立是自上而下进行的,所以一直具有较强的行政依附性。据了解,消费者协会的会长、常务副会长、理事等多由行政官员兼任,基层消费者协会的工作人员更是存在身兼多职、人手不足等情况。除此之外,消协的专职工作人员大多数以中年为主,很多都是从原来的行政岗位上退下来的,这些人员的专业水平往往不是很高。这些问题难免会造成消费者协会维护消费者权益的积极性不高,出现人浮于事、效率低下、机构形同虚设等情况;同时由于其半官方的性质,消费者和社会公众参与不多,不了解其工作内容和职能,加之其自身能力不足、活跃度不高,导致社会公信力缺失。

（二）公益诉讼制度不完善

《消费者权益保护法》中规定,省、自治区、直辖市及以上的消费者协会可以对侵犯消费者权益的行为向人民法院提起诉讼②。即有权利提起消费者公益诉讼的主体只能是省市级别的消费者协会,而县及以下级别的消费者协会则不具备这一

---

① 孙志晨．我国消费者公益诉讼制度研究[D]．南京:南京师范大学, 2014.

② 来自《中华人民共和国消费者权益保护法》。

职能。但是基层消费者协会往往具有更加灵活的信息渠道,能够掌握更多的实际情况。并且,消费者向省消费者协会求助需要耗费更多的时间及金钱成本。此外,该条法规并没有对提起诉讼的程序、费用等做进一步说明,导致该条法规很难落实到位。

(三)诉讼效益不经济

我国的消费侵权事件以小额消费纠纷为主,涉及数额通常较小。如果按照传统的诉讼程序,向法院提起诉讼必然要花费较多的金钱与时间,而且聘请律师产生的费用也不可避免。为了维护自己的权利,消费者要完成冗长的法律程序,在工作之余还要抽出时间配合法院的调查,无形中增加了很大压力。即使胜诉,微薄的赔偿也难以抵扣成本,最后往往得不偿失。

(四)举证责任不合理

新修订的消费者权益保护法中只规定了高档耐用品的举证责任由经营者承担,但是并不包括普通消费品或服务,范围有些过于狭窄。此外,该条法规虽然将举证责任倒置,由经营者来进行举证,但是并没有对举证过程做出明确规定,使得经营者在进行对自己不利的证据搜集与举证过程中,很可能会进行不当举证或故意搜集不到位,来以此减轻自己的损失。

五、建设我国消费者协会公益诉讼制度

(一)增强消费者协会的独立性与专业性

消费者协会等非政府组织作为第三部门,是社会治理的主体之一,应该在管理社会事务上发挥更重要的作用。我国消费者协会要作为原告提起公益诉讼,就必须增强其独立性,并提高其专业程度,使其具有提起公益诉讼的资格。

要增强消费者协会的独立性,一方面可以在机构设置上逐渐从工商部门中分离出来,在人员构成、管理方式方面掌握足够的自主性。另一方面,在资金来源上,除了接受政府的财务补贴之外,还可以通过运营期刊、网站等方式自行筹措资金。除此之外,还可以采用会员制,这不仅能够提高消费者的参与程度,还能在一定程度上解决资金问题。

提高消费者协会的专业性,主要可以从以下三个方面入手:一是吸纳专业技术人才和设备。通过扩大消费者协会在消费维权方面的影响力,使更多的相关专业技术人才愿意到消费者协会从事维权工作。二是建立专业型的消费者协会。我国消费者协会覆盖面广,但因工作人员有限、专业水平不高等原因很难应对专门领域的投诉。据此,可以建立专门性质的消费者协会,例如母婴消费者协会,招募相关的技术人员从事特定领域的消费维权工作。三是加强与各行业协会的合作,利用行业协会的专业知识和对该行业的熟悉程度,更好地对市场进行了解,有利于更专业地处理各种投诉。

（二）消费者协会提起公益诉讼的程序构建

我国目前还没有关于消费者公益诉讼的具体程序规定，这严重影响了公益诉讼的规范性和有效性，所以应该建立一套从诉讼范围到处分决定的完整程序。一是明确提起消费者公益诉讼的范围。这可以借鉴日本的做法：日本《消费者契约法》中规定，消费者只能对部分有损消费者权益的行为提起诉讼，并且只能提出禁止经营者某种行为的要求，而不能就赔偿提起诉讼。二是消费者协会提起公益诉讼和行政手段的衔接。相对于诉讼来说，行政手段一般成本较低且效率较高。所以，在提起诉讼之前，消费者应先向有关行政部门投诉，如果行政部门调解失败，再由消费者协会提起公益诉讼。

（三）消费者协会提起公益诉讼的费用分担

一般而言，采用诉讼方式比行政投诉方式的成本要高很多，一些消费者会因为高昂的诉讼成本而放弃诉讼方式，使得许多不法商贩逃脱了法律的制裁。消费者协会公益诉讼制度的出现就是为了改善这一状况，而消协作为一个社会团体其资金支持也常常面临困境。所以，为了更好地使这一制度运行起来，应该适当减少公益诉讼的诉讼费用。

（四）消费者协会提起公益诉讼的举证责任

在公益诉讼中，原告在获取信息方面处于先天不足的状态，所以在举证时往往存在一定的困难。虽然现行《消费者权益保护法》中对举证责任倒置做出了规定，但是在此基础上，还应当采取一定措施确保被告方准确无误地提供证据，例如由人民法院的工作人员陪同并审查证据的准确性与有效性。此外，人民法院还应该在受理公益诉讼的同时，进行主动取证。

六、结果与讨论

消费者协会应该作为社会组织独立承担维护消费者权益的职能，但是由于我国的特殊情况，消费者协会一直依附在工商部门，其职能没有得到很好的发挥。所以，要使消费者协会成为更强大的、更专业的社会组织，必然要改变现阶段的局面，赋予其更多的自主性。其次，公益诉讼制度在我国刚刚发展起来，还缺乏一定的实践经验，例如程序不规范、诉讼效益不经济、举证责任不合理等。

针对上述问题，本文提出以下几点建议：一是将消费者协会从工商部门分离出来；二是建立一套完整的公益诉讼程序；三是减轻公益诉讼的费用；四是建立合理的举证责任制度。笔者希望通过以上建议，可以完善我国的消费者协会公益诉讼制度，更好地维护消费者的权益，改善消费环境。

参考文献：

[1]孙颖."消法"修改语境下中国消费者组织的重构[J].中国法学，2013（4）：87-98.

[2]谢甜甜.构建我国消费者公益诉讼制度[J].法学论坛，2015（2）：138-144.

[3]王诗宗.治理理论与公共行政学范式进步[J].中国社会科学，2010（4）：87-100.

[4]韩红俊，王均荣.公益诉讼的理性思考[J].国家检察官学院学报，2004，12（4）：83-89.

[5]王玲，孙智慧.关于消费公益诉讼的思考与建议[J].北京政法职业学院学报，2013（2）：24-27.

[6]吴圣丹.论我国消费者公益诉讼的必要性[J].长江大学学报：社会科学版，2014（9）：60-62.

[7]谢静.论我国消费者协会公益诉讼制度的完善[J].商业经济研究，2014（22）：121-122.

[8]唐占军，赵军，陈士林.论消费维权公益诉讼诉前工作的关键问题[J].中国工商管理研究，2014（11）：49-52.

[9]燕珂.论消费者协会提起民事公益诉讼——以新《消费者权益保护法》的规定为视角[J].法制博览旬刊，2014（4）.

[10]杨烁.浅谈我国消费者公益诉讼制度的完善[J].法制与社会，2015（24）.

[11]刘俊海.完善司法解释制度激活消费公益诉讼[J].中国工商管理研究，2015（8）：73-76.

[12]谭娇玲.消费者公益诉讼制度的构建——以消费者协会为原告主体[J].特区经济，2013（4）：149-151.

[13]钱玉文，骆福林.消费者权如何救济——以"消费者协会+公益诉讼"为建构思路[J].河北法学，2011，29（11）：89-95.

[14]刘学在.消费者团体诉讼的当事人适格问题之再探讨[J].武汉大学学报：哲学社会科学版，2015，68（4）：74-83.

[15]翁士洪，顾丽梅.治理理论：一种调适的新制度主义理论[J].南京社会科学，2013（7）：49-56.

[16]陈涛.中国消费公益诉讼制度之构建[J].人民论坛，2013（5）：116-117.

［17］胡永霞. 论我国消费者协会的法律性质［J］. 法制与社会，2006（18）：198-199.

［18］谭茗. 试论消费者协会的民事诉讼主体资格［J］. 法制与社会，2009（9）:353-354.

［19］边立宏. 从消费者群体权益保护视角谈我国的公益诉讼［J］. 产业与科技论坛，2007（9）:90-92.

［20］钟瑞华. 美国消费者集体诉讼初探［J］. 环球法律评论，2005，27（3）：342-356.

［21］ Twigg - Flesner C. Innovation and EU Consumer Law ［J］. Journal of Consumer Policy, 2005, 28（4）:409-432.

［22］ Cseres K. The Hungarian Cocktail of Competition Law and Consumer Protection: Should It Be Dissolved? ［J］. Journal of Consumer Policy, 2004, 27（1）: 43-74.

［23］ Weatherill S. The Commission's Options for Developing EC Consumer Protection and Contract Law: Assessing the Constitutional Basis［J］. European Business Law Review, 2002（6）:497-515.

食品安全多元治理中民众参与情况研究分析
——基于北京丰台区花乡市民调查

宋 扬

首都经济贸易大学行政管理专业 2014 级硕士生

摘要:近几年食品安全问题不断发生,引发了社会各界的不断思考,民众参与食品安全治理成为学者讨论的热门话题。被报道出来的问题食品越来越多,假冒伪劣产品屡见不鲜,有毒有害食品也总出现在市面上。这些食品严重危害着大众的身心健康,甚至导致死亡事件的发生。食品安全问题之严重也使得大众质疑质检部门的工作是否做到位。大众对食品安全治理问题的关注度随着食品问题的频发而不断提高,需要政府及相关部门做好引导和控制工作,使民众合理地参与食品安全治理,否则将会影响到社会的稳定,因此对民众参与食品安全治理情况的研究就显得尤为重要。本研究先对公众发放问卷,通过对调查问卷的分析,找出人们参与食品安全治理的四个困境:关注度高,参与率低;渠道有限,沟通不畅;成本问题阻碍维权;信息公开力度不够。经过对问题的分析后提出了四个完善公众参与食品安全监管的思路:引导公众的参与意识;拓宽参与渠道;降低民众参与成本;完善食品安全信息公示制度。希望通过这些政策能为民众参与食品安全治理提供有益的思路,使政府和民众携起手来一起解决食品安全问题。

一、引言

近几年食品安全问题被不断报道,引起了大众的高度关注,大众开始思考食品安全治理工作是否到位,甚至质疑政府的工作能力。不断出现的食品安全问题表明,对食品安全的监管不只是政府的责任,广大消费者也有权利进行监管,因为食品安全问题最终危害的是消费者的利益,所以关注食品安全治理中的民众参与问题十分必要。

严重的食品安全问题是对消费者身心的考验,一直在不断地挑战着消费者的忍耐极限,并且在不断地摧毁民众对食品安全治理的信任,引发了信任危机。由于食品安全问题频发,民众对食品安全问题的关注度不断上升,参与意识也逐渐增强,这就需要合理引导和控制民众参与的力度,否则可能会引起参与无效或混乱等问题①。

---

① 蒋卫卫. 公众参与食品安全监管路径的探索及完善[D]. 苏州:苏州大学,2014.

就我国目前研究情况来看,大多数研究焦点集中在食品安全问题产生的根源以及对食品安全监督机构的相关研究上,而对于民众参与问题的研究相对较少。所以参考公共管理学的相关内容,研究民众参与治理的困境及途径,找到民众参与治理结果不明显的原因,找到民众不愿参与食品安全治理的根源,以寻求更可行的民众参与食品安全治理的方法,将对食品安全治理产生积极作用和深远影响①。本研究对民众参与食品安全治理的情况进行调查,通过研究找到民众在参与治理过程中出现的困难,探究我国食品安全多元治理中民众参与的动力、阻碍、环境、渠道等问题,探究阻碍民众参与的根本原因,并针对我国的国情探索出一条合理的民众参与食品安全治理的道路。

二、研究方法

(一)研究所用方法

1. 文献研究法。通过对已有文献的查阅、总结和研究,对自己所研究的问题有全面的了解,建立起自己的理论架构。

2. 问卷调查法。本文在总结以往民众参与问题测量量表的基础上,结合民众参与的特点进行问卷调查,设计民众参与状况量表,通过对量表的数据分析,得出民众参与不充分的原因及其影响因素,为相应的对策提供依据。

3. 深度访谈法。本研究通过设定具体的访谈对象来了解大众参与食品安全治理的情况,主要的访谈对象是周围的同学、朋友以及丰台区的市民。通过访谈,了解大众参与食品安全治理的意愿,并且找到大多数情况下大众不参与治理的原因,更多了解大众的真实想法。

(二)问卷设计

本问卷共有六部分,第一部分是被调查者的个人情况;第二部分是民众对食品安全的关注情况;第三部分是民众对食品安全的满意度;第四部分是民众参与食品安全治理的意愿;第五部分是民众参与的行为能力与程度;最后一部分是民众对参与结果的期望调查。

三、对民众参与调查结果的分析

"民以食为天",食品的安全与否与民众的身体健康息息相关。但是,近些年问题食品频繁出现,每一次的食品安全事件都触动着消费者的神经,使得大众开始思考政府等相关部门对食品安全监管的工作是否到位,引发了民众对政府食品安全工作的不信任②。从2005年"皮革奶"到2008年"三聚氰胺奶粉",再到2011年

---

① 丁奎. 浅析民众参与和公共管理的实现[J]. 天水行政学院学报,2013(4):14-18.

② 尹春,唐晓纯. 我国食品安全监管中的民众参与研究[J]. 中国食物与营养,2013(7):5-9.

"瘦肉精"事件的发生,食品安全问题如今已经演变成了一个全民性的社会问题。政府不能仅靠自己来处理不安全事件,而是应与社会大众一同协作,共同治理。而且,人民大众观念的转变和生活方式的改变对食品安全治理有着不可或缺的作用。根据民众社会理论,研究民众参与我国食品安全治理有非常重要的意义①。

本研究选取丰台区樊家村附近居民为范围样本,通过发放问卷展开调查。该研究的调查通过线下发放问卷和网络发放问卷两种方式,共发放问卷150份,成功回收问卷144份,回收率96%。进行仔细筛选后,得到有效问卷共计138份,有效率为95.8%。

(一)调查基本情况分析

本研究项目对得到的138份有效问卷做了统计,其中个人基本资料部分,涉及被调查者的性别、年龄、教育程度、职业等。参与调查的人员各项统计指标都比较符合我国现阶段的实际国情,被调查人员的年龄段在30～50岁,以中青年为主,大部分人员都接受过高等教育,且基本上都是普通群众。因此,从基本情况来看,调查样本具有一定的代表性。

(二)调查结果分析

1. 食品安全认知关注度的调查

民众参与的基础是关注,关注是参与的前提。所以,该问卷首先就民众对食品安全治理问题的关注度进行调查,先搞清楚民众对食品安全治理的关注度,再看民众参与的可能性,可以说关注度是参与意愿的必要条件。

调查结果显示,有22.4%的民众关心食品安全问题,其中表示非常关心的有64.8%;只有2.5%的人表示不关心,还有10.3%的少部分人表示无所谓。从调查可以看出,民众对食品安全问题还是比较关注的(见图1)。

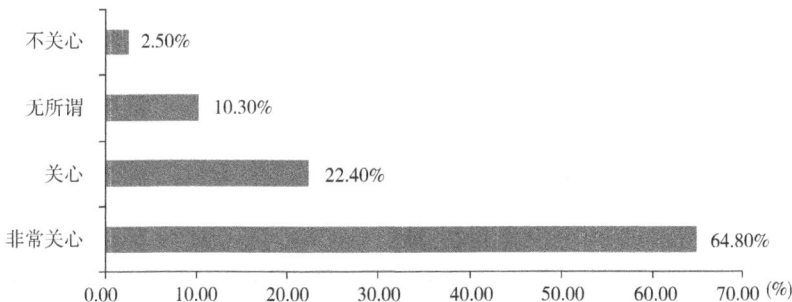

图1 "是否关心食品安全问题"的调查结果

---

① 张金冉. 治理理论视角下我国公共政策制定中民众参与研究[D]. 上海:上海交通大学,2014.

在调查为什么关心食品安全问题时,有48%的民众认为"涉及个人利益";将其看作"社会责任"的占23.6%;认为是"民众义务"的占24.5%;3.9%的少部分人表示"说不清楚"(见图2)。

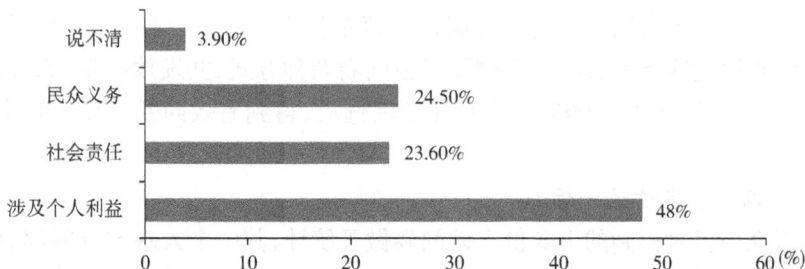

图2 "为什么关心食品安全问题"的调查结果

2. 民众对食品安全满意度的调查

调查显示,民众对我国现阶段食品安全状况并不满意。从图3显示的数据可以看出,民众表示"不满意"的有63.2%,占总体的一半以上,甚至还有11.2%的人对食品安全情况"非常不满意";表示"满意"的仅占11.7%,还有一部分人(13.9%)表示"不予关注"。

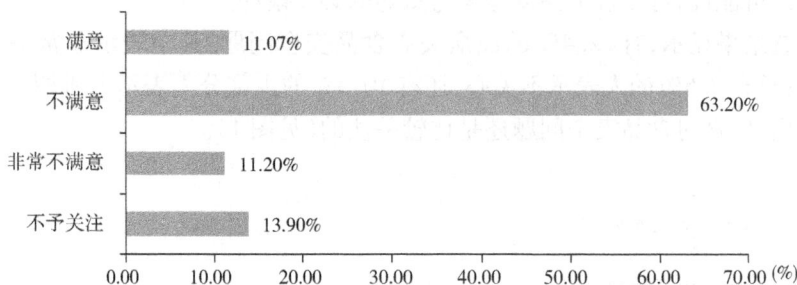

图3 "对当前我国食品安全状况是否满意"的调查结果

这些年不断出现的食品安全问题,使民众心理上承受了巨大的压力,处于经常担忧和惶恐的境地。在对"造成食品安全问题的根源"进行调查时,大部分群众(59.9%)认为"政府监管不力";有21.8%的人觉得是"处罚力度不够";还有11.8%的民众认为是"不法企业以及个人道德沦丧";很少一部分人(6.5%)表示"说不清原因"(图4)。结果显示,大部分民众认为,出现食品安全问题时政府应该承担大部分责任,一些检验检测机构,负责食品生产、加工、销售的企业以及个人在食品安全问题中也应负一部分责任。

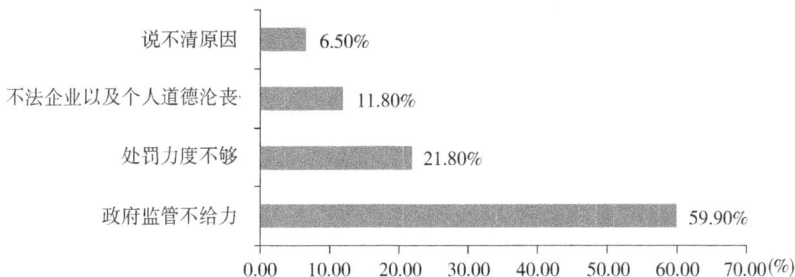

图4 "造成食品安全问题根源"的调查结果

3. 民众参与食品安全治理的意愿调查

从调查结果来看,选择"愿意"参与的民众有61.7%,选择"无所谓"的民众有23.1%,只有15.2%的民众表示"不愿意"(见图5)。调查还发现,愿意参与的人群中,参与过治理的人只占4.5%,说明参与意愿与参与行动不成正比。

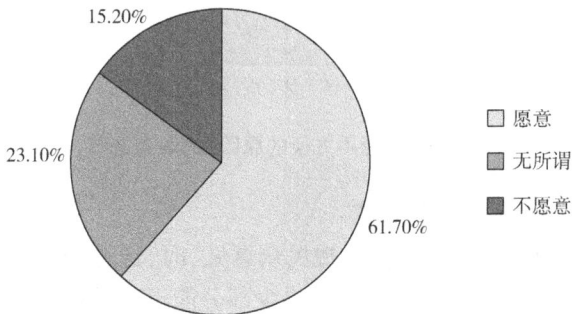

图5 "是否愿意参与食品安全治理"的调查结果

4. 民众参与的行为能力与程度调查

统计结果显示,认为在表达意见、反映问题时"非常方便"的样本占3.1%;选择"基本方便"的样本占41.1%;选择"不方便"的样本占55.8%,超过了半数(见图6)。

我们还调查了导致反映问题"不方便"的原因,大部分民众表示反馈问题的"渠道少"以及"不了解有哪些渠道",选择这两部分的人达到76.7%;还有23.3%的人认为不方便的原因是"渠道不畅通"(见图7)。由此可以看出,存在政群沟通渠道仍不完全畅通并且低效的问题。

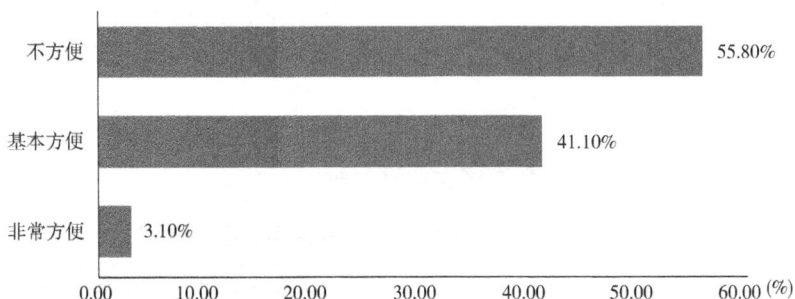

图6 "表达意见、反映问题是否方便"的调查结果

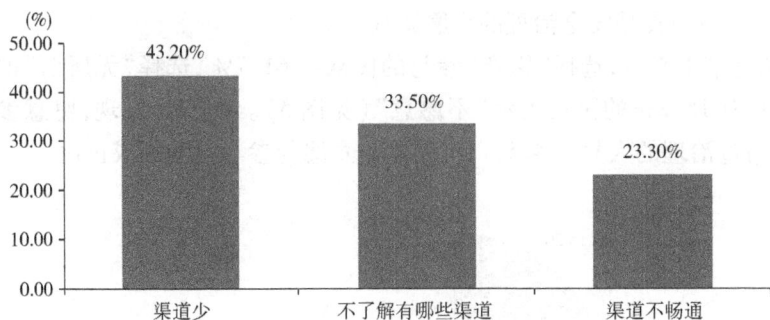

图7 "选择不方便的原因"的调查结果

5. 民众对参与结果的期望调查

在调查"觉得政府部门是否能重视民众意见"时,选择"得不到重视"的民众有52.3%,占一半多;有29.8%的民众觉得"少部分能得到重视";只有13.8%的民众选择"能得到重视";还有4.1%的民众选择"不清楚"(图8)。

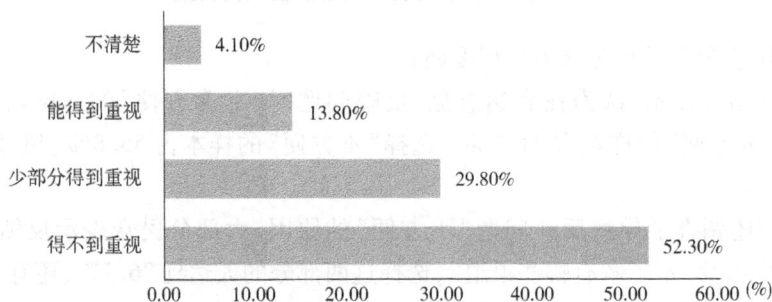

图8 "政府部门是否能重视公众意见"的调查结果

民众在回答参与作用大小时,有48.7%的民众选择"作用较大";有29.4%的人选择了"一般";有10.2%的民众认为参与"没用";还有12%的人持"不清楚"的态度(见图9)。从调查可以看出,民众总体认可参与食品安全管理的作用,因此民众参与管理有一定效果。

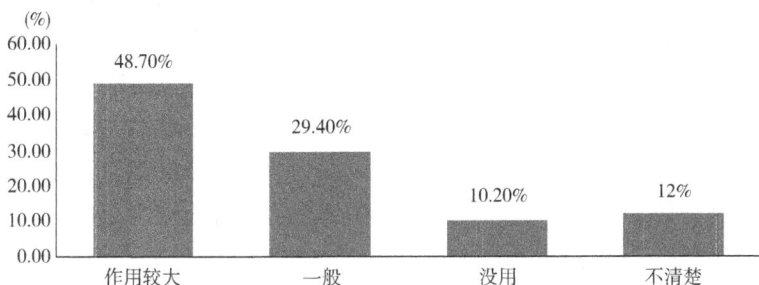

图9 "公众参与对我国食品安全管理作用大小"的调查结果

四、调研反映出的问题

(一)关注度高,参与率低

通过对回收问卷的填写内容进行统计,我们发现,被调查的民众对参与食品安全治理有关注,也有一定的参与意愿,其中,有一多半的被调查市民表示愿意参与其中。然而,在日常生活中很少有人能够实质性地参与到治理中或采取行动,这与调查结果大相径庭。我国对民众参与食品安全监督是有法律规定的,2009 年颁发的《食品安全法》第10 条中就对民众参与食品安全监督做出了明确的规定:"任何组织或者个人有权举报食品生产经营中违反本法的行为,有权向有关部门了解食品安全信息,对食品安全监督管理工作提出意见和建议。"但在现实生活中,虽然民众对食品安全监督有一定关注,但参与情况还不甚理想,人们有参与的意愿却缺乏实质性的参与活动。

(二)渠道有限,沟通不畅

在我国存在大量官方和非官方组织,比如人大、政协、妇联、工会以及各种协会、学会等,然而这些组织或因政府机构原因,或因非营利机构原因,在实际生活中往往发挥着有限的指导作用。由此来看,我国民众在参与食品安全治理方面的渠道非常有限,这导致民众参与的积极性不高。在调查中发现,认为在表达意见、反映问题时"不方便"的民众占55.8%,说明我国在听取民众意见方面做得还不到位,较多的受访者表示不知该从何种渠道表达对食品安全的意见。从调查结果看,参与渠道有限是影响民众参与的原因之一。另一个原因是信息在传递过程中太过缓慢,使得民众对相关部门的办事效率产生怀疑,从而不信任相关部门。民众向食品安全治理部门提供信息、反映相关问题属于民众的一种权利，民众会自己选择是否使用该权利。如果没有一个高效率的沟通渠道，民众反映问题后未能得到及时有效的反馈，其参与度自然会降低，参与的积极性也会受到打击。

（三）成本问题阻碍维权

当消费者在购买食品过程中的权益受到侵害时，如果要投诉，需要到相关部门提交投诉申请，相关部门审核批准之后会给予反馈及解决方案。在这一过程中消费者的总花费由资金成本和机会成本构成，其中资金成本包括准备所需材料的费用、来回路上的交通费、获取其他相关信息的费用等；机会成本主要是消费者花费的时间。可以说，审批过程的时长是影响民众投诉成本的重要因素，时间越长，民众需要付出的成本就越高，这就导致部分消费者因较高的检测花费可能会放弃对权利的维护。还有部分消费者表示担心投诉举报之后会惹来不必要的麻烦，如被打击报复等，因此也会放弃投诉举报，选择自认倒霉。由于维权需要耗费一定的时间和金钱，并且存在一定的风险，所以成本问题可以说是阻碍消费者进行维权的主要原因。

（四）信息公开力度不够

信息公开是民众参与的条件，信息公开的力度不够会导致消费者对相关信息缺乏了解，从而缺少参与的意愿而选择不采取任何行动。在发生食品安全问题后，民众只能查到部分相关信息。我们在一些食品安全监管网站上可以看到信息公开这一板块，但是公开的信息主要以政策法规为主，很少有其他方面的信息公开，所以信息公开的范围和力度不够是造成食品安全监管出现问题的重要原因。在现有的信息公开水平下，消费者与企业的地位是不平等的，消费者明显处于劣势地位。所以提高信息的公开度、解决信息不对称问题对于消费者的参与治理显得尤为重要。在对相关信息报道内容进行调查时，我们发现政府信息公开的作用非常大，民众更倾向于相信权威部门和相关协会所披露的信息。然而，我国现有的信息发布主体存在着信息分散、信息真实性低、信息内容少、信息透明度不足等问题，这会影响到民众的知情权以及对信息的正确把握，从而导致民众参与不足、反馈不足等情况出现，阻碍民众参与食品安全的治理。

五、大力促进食品安全治理中民众参与的思路

（一）引导民众的参与意识

自1978年改革开放以来，我国经济一直呈现增长态势，民众对公共事务的参与意识也随之有所增强。但是从实际情况看，参与水平依然较低。有时候民众有参与决策的机会，但是因为不知所措而选择不参与，或者由于随大流的心态而不能坚持自己的意见。从这点来看，政府对于民众参与意识的培养和引导十分重要，要

用切实可行的方法引导民众的参与。引导民众的参与意识，首先要让民众认识到自己所拥有的权利，对于与自身利益息息相关的事物，既要高度关注，也要积极参与其中。政府对于民众参与的引导方式和做法也要随着民众参与意识的提高而不断改进。当民众在参与过程中取得突出成绩时，相关部门要及时进行奖励和激励，使其行为得到强化；对民众在参与中的不理性行为，政府要采取理性的态度加以对待，用科学的利益表达机制等有效加以引导。

（二）拓宽参与渠道

就我国现阶段情况来看，民众可参与治理的渠道相对缺乏是造成民众较少参与食品安全治理的一个障碍。所以，增强民众参与度的一个关键举措是不断拓宽民众的参与渠道。现在网络技术发展得非常快，我们要充分利用互联网传播信息快的特点，多渠道、多层次收集民众反映的食品安全问题，如设立举报邮箱、开通举报微博微信账号、建立专业举报平台等。而基层的政府部门亦可将利用网络将收集到的食品安全信息资料上传给上级部门，以便上级部门及时准确地做出决策，并便于分类归档。另外，我们要改善群众投诉举报的受理环境，在每个区域开通统一的食品安全举报电话，以便及时处理、回复民众提出的问题；我们可以通过选拔一些专业的食品安全专员，负责对被举报对象进行明察暗访，一旦调查情况属实，就要上报上级机关严肃处理。我们还可以建立民众监督机制，该机制的建立并不仅仅是要民众对不法事实进行投诉举报，还应包括对相关政府部门工作进行监督。要充分发挥民众的监督作用，做到发现安全问题、监督执法工作、追踪解决问题情况，使民众很好地参与到食品安全治理上来。

（三）降低民众的参与成本

民众获得的食品信息与产品生产者、经营者获得的信息是不对称的，这造成了民众处于不对等的弱势地位。消费者在参与食品安全监管过程中，需要搜集与食品安全相关的信息，因此必然要付出相应的信息交易成本，这其中包括搜寻成本和分析成本。若仅仅依靠消费者个体能力来平衡市场中的信息不对称，必然会付出较高的成本。在获取相关信息后，消费者会对其得到的信息进行甄别、辨析，在此过程中成本会增加。就我国情况来说，若存在众多消费者对同一信息进行辨析，必然产生资源的不断消耗。若要降低民众的参与成本，可以了解民众对食品安全信息的需求，对相关食品安全知识进行宣传普及，指导民众判断食品是否符合食品安全卫生标准，以及该如何处理出现问题的食品，进而使民众参与到食品安全治理中来。为降低民众参与成本还可以建立成本补偿机制，对举报人在维权过程中产生的经济成本费用由违法行为人按实凭票补偿，以降低举报人的举报成本。从我国的国情来看，可以通过制定法规来规范民众的监督对象及监督方法等，切实保障民众的权利，消除民众的担忧。

(四)完善食品安全信息公示制度

在市场中,只有食品生产厂家才明确知道食品的质量情况。而部分生产者为了谋求利润最大化,会降低生产质量标准,从而产生食品安全问题。如果没有相应的监管机制,企业会不断降低质量标准以达到降低成本的目的,从而形成充斥着问题食品的"柠檬市场"。对此,政府相关部门可以要求食品生产厂家对所生产的商品信息进行公开,并建立第三方考核监督制度,向民众展示生产企业的生产过程,并颁发相关的资质认证,加大对涉及虚假宣传企业的处罚力度。消费者可以通过民众信息平台实现食品安全的知情权,并依托有资质的科学检验机构,以遏制假冒伪劣等行为,正确辨别信息是否真实。针对我国的实际情况,要将信息公开作为一项义务上升到法律层面。对于食品生产者,应公开食品生产信息;对于政府部门,应公开对于食品安全问题的处理措施,并应随时接受民众的监督及其对相关信息公开的申请。我国的食品安全问题比较严重,需要民众与政府相关部门共同协作,形成良好的互动。想要实现这一目标,政府要根据我国的情况制定相应的政策法规,并将信息公开定位到法律层面,形成法律保障①。

六、评价与结论

食品安全具有明显的公共特征,为了保证食品安全,不让民众的自身权益受到侵害,民众的参与必不可少。食品安全问题是一个需要长期处理的工作难点,只有政府相关部门、企业、第三方机构努力是不够的,更需要普通大众的共同参与和努力。就现阶段来看,政府虽然开始重视民众参与问题,却依然停留在"全能型"政府的管理模式中,对民众参与主体在食品安全治理过程中的重要性缺乏清晰的认识。所以,如何才能使民众参与在食品安全中充分发挥作用,是我国食品安全治理亟待解决的问题。使民众参与到治理中是一个漫长的过程,不能一蹴而就,需要我们不断地深入研究,不断地发掘民众的能力。本文提出了引导民众参与意识、拓宽参与渠道、降低参与成本以及完善食品安全信息公示制度等方法来更好地使民众参与到食品安全治理中去。

本研究采用问卷调查的形式,由于发放的问卷数量有限,对调查结果的支撑亦有限;并且,调查问卷主要是来自于学校的老师和同学以及学校附近的人群,也存在一定的局限性,所调查出的结果可能并不具有普遍性。本项目在一些具体细节方面还有待改进,需要进一步做深入研究,对调查问卷的数据进行进一步挖掘,从而在以后的研究中引入更新的理论和方法进行更为全面的分析,这也是我们在今后的研究中需要进一步完善的方向。

---

① 汤金宝. 我国食品安全管制中公众参与问题研究[D]. 南京:南京航空航天大学,2010.

参考文献：

[1]蒋卫卫．公众参与食品安全监管路径的探索及完善[D]．苏州：苏州大学,2014.

[2]丁奎．浅析公民参与和公共管理的实现[J]．天水行政学院学报,2013(4):14－18.

[3]尹春,唐晓纯．我国食品安全监管中的公民参与研究[J]．中国食物与营养,2013(7):5－9.

[4]张金冉．治理理论视角下我国公共政策制定中公民参与研究[D]．上海：上海交通大学,2014.

[5]汤金宝．食品安全管制中公众参与现状的调查分析[J]．江苏科技信息,2011(4):29－30.

[6]谭志哲．我国食品安全监管之公民参与:借鉴与创新[J]．湘潭大学学报:哲学社会科学版,2012(3):27－31.

[7]阿东．维权靠什么[J]．现代商业,2014(10):26－31.

[8]康贞花．论食品安全行政检查信息公开的不足及对策[J]．北华大学学报:社会科学版,2014(3):108－111.

[9]彭嘉丽．社会治理视角下我国公民参与的路径选择[J]．企业文化,2015(7):289.

[10]王世俊．浅析公民参与对食品安全的作用[J]．消费导刊,2014(10):4－5.

[11]汤金宝．我国食品安全管制中公众参与问题研究[D]．南京：南京航空航天大学,2010.

商事登记制度改革配套制度研究

石　颖

首都经济贸易大学行政管理 2014 级硕士生

摘要:改革开放 30 多年以来,我国各类政府职能错位、缺位、越位问题不断凸显,已不能适应市场发展的需要,成为制约我国经济发展的瓶颈。商事登记制度改革前,前期准备工作繁多,监督不到位,企业的市场准入限制较大,不易进入市场,尤其是新型科技产业还未在市场上占据主导位置。作为规范商事主体设立、变更和终止的商事登记制度在我国起步晚,发展水平不高,与世界上其他发达国家相比存在明显差距。为此,政府出台了一系列政策对商事登记制度进行改革。本文通过对国家改革制度与实践案例相结合的研究发现,改革政策进一步降低了商业登记的要求,减轻了部分企业的负担,改善了市场准入,鼓励了创新、创业与投资。但改革也带来一系列问题,这些主要是由于配套制度不完备所引起的。本文在对商事登记制度改革背景进行介绍的基础上,分析了商事登记配套制度存在的问题,并对商事登记制度改革提出了政策建议。

一、前言

在我国经济快速发展、市场主体数量不断增加的同时,也出现了一些深层次的矛盾。例如,政府、市场和社会三者之间的关系不清,普遍存在着政府越权、滥权和失职以及企业信用泡沫等问题。

商事登记制度在我国起步晚,发展水平低,与其他发达国家相比存在明显差距。我国正面临新的发展机遇,而改革政府监管方式要做到政府放权,为社会和市场主体提供公共服务,重新赋予市场在经济中的主导作用,这是摆在政府面前的一个必须加以认真研究的问题。改革和完善商事登记制度是激发市场活力、公平开放透明市场的关键,近年来在国家工商总局的倡导下,国家也实施了一些商事登记制度改革的措施。加强建设健全、完备的商事登记制度改革的配套制度有利于完善该制度的相关理论,为深化我国商事登记制度改革提供支持,同时也为地方政府改革创新商事登记提供决策参考。

二、文献综述

（一）商事登记概述

我国现行立法并未对商事登记进行明确的定义，学界也存在几种不同的观点。比如：柴瑞娟在《商事登记制度基础问题探讨》一文中指出："商事登记是商事主体或商事主体的筹办人为设立变更或终止主体资格，或者是为了某种关系或事实的存在的公示，依照法律规定的内容和程序，向登记机关提出商事登记事项申请，经登记主管机关形式审查予以登记并予以公告的一系列法律行为的总称。[1]"周林彬、任先行则在《比较商法导论》一书中说道："商事登记是指依商法或其他特别法的规定，按登记程序及实体要求，由商事主体将应行登记事项，向登记机关申请登记于登记簿，以确立商事主体的对内对外关系，并公示于众，取得商事资格的一项强制性商事登记制度。[2]"柳经纬、刘永光在《商法总论》中指出："商事登记是指登记主管机关依照法定的登记程序和要求，将商事主体的设立、变更或解散等事项记载于登记簿并予以公示的法律制度。[3]"

从以上学者对商事登记的定义可以看出，商事登记包含以下要素：①商事登记对象：从事商业经营的市场主体；②商事登记机关：工商行政管理机关；③商事登记的目的：依法确立商事主体资格和商事行为的合法性；④商事登记程序：设立、变更、注销等；⑤商事登记的审查：登记机关依法对申请人提交的登记材料进行审查并予以注册登记的审查核准行为。

综上所述，笔者将商事登记界定为：按照国家商事制度的规定从事商事行为的组织者或申请人，为依法确立商事主体资格和合法开展商事行为，向登记机关登记从事商业活动的登记事项。商事登记机关应当根据商业登记办法发放登记凭证和进行行政登记。这是商事主体获得主体资格和营业资格的必经之道，凡未经商事登记者不得以商事主体资格从事经营活动。

（二）商事登记制度改革研究现状

商事登记制度在我国起步晚，发展水平低，与其他发达国家相比存在着明显差距。改革和完善商事登记制度是激发市场活力、公平开放透明市场的关键。近年来，在国家工商总局的倡导下，国家也实施了一系列商事登记制度改革的措施。

1. 压缩审批流程，简化登记手续

近年来，根据《行政许可法》的要求，国家工商行政管理总局在全国范围内大力推行"一审一核"的登记机制，将受理、审查和核准三级负责的模式压缩为受理、

---

① 柴瑞娟．商事登记制度基础问题再探讨[J]．法治研究，2007(4)：22－27．

② 任先行，周林彬．比较商法导论[M]．北京：北京大学出版社，2000．

③ 柳经纬，刘永光．商法总论[M]．厦门：厦门大学出版社，2004．

核准两个环节,并且针对某些简单的核准程序,提出了"当场登记"的模式。通过简化审批模式,受理、核准分别由专人负责等举措,大大提高了审批速度,降低了登记总成本。通过行政审批制度改革对前置事项已做了相当大的精简,推行了一站式、一个窗口或者集中审批、依法下放部分企业审批权限等方式,减少了行政审批给登记申请者带来的诸多不便。

2. 加快商事登记法律法规的修改进程

法律需要适应社会的发展而不断进行修改与完善。统一商事登记立法的呼声由来已久。1997 年全国人大财经委经济法室就提出了商事登记立法的建议;1998 年《商事登记法》列入了国家工商行政管理局呈报的立法计划,成为第九届全国人大通过的一类立法项目。2006 年 10 月全国人大常委会将商事登记立法列入国家立法计划。2008 年,在十一届全国人大一次会议上,多名人大代表提出《关于尽快制定"中华人民共和国商事登记法"的议案》(第 0438 号议案)。但到目前为止,国家尚未出台统一的商事登记立法。2013 年 2 月,国家开始着手大力推进商事登记制度改革。

3. 审查方式与责任承担方式不对称

林真等在《商事登记制度审查模式的改革探微——以我国商事登记制度的完善为向度》一文中曾表示:"由于我国存在的对登记审查模式和责任承担规定的模糊性,使得在相关司法实践中,就有关工商部门是否应对申请材料的真实性担责的问题,出现了判决不一致的现象。而其中多数案例又都对登记机关的担责予以了肯定,从而导致在对商事登记的审查上,工商部门有选择审查方式的权利却没有选择承担何种责任的权利,造成审查方式与责任承担方式不相对称。在此基础上,为了保证不被违约,对工商部门申报的要求通常较高,在具体申请的实质审查中更为如此。因此,尽管在折中审查模式下,工商部门仍无法摆脱形式审查的主导地位被实质审查所取代的命运,实践中仍以实质审查为主,这使工商部门背上了沉重的责任包袱。[①]"

以上是部分学者对于商事登记制度改革研究的现状,由于资料较少和笔者的能力有限,本文的总结并不完善。

三、商事登记制度历史回顾

新中国成立后,伴随着社会经济的发展,中国的商事登记制度也在不断地发生变化。自 20 世纪 90 年代以来,我国颁布了《关于公营企业和公私合营企业应进行登记的指示》《工商业登记管理试行办法》等法规,实施了企业临时登记,为

---

① 林真,庄小茜,陈洁. 商事登记制度审查模式的改革探微——以我国商事登记制度的完善为向度[J]. 中国市场, 2011(35):164 – 173.

之后商事登记制度奠定了基础。1993 年颁布的《工商企业登记管理条例》是新中国综合企业登记管理的第一项正式规定。现行的《企业法人登记管理条例》、《公司登记管理条例》、《合伙企业登记管理办法》和《个人独资企业登记管理办法》使我国商事登记制度渐趋完善,标志着商事登记制度进入了一个新的发展阶段(见表1)。

表 1 商事登记制度存在的问题(立法)

存在问题	主要表现	政　策
立法分散,政出多门,缺乏统一立法	公司	①1988 年 5 月 13 日颁布的《企业法人登记管理条例》; ②1993 年颁布并于 2005 年 10 月 27 日修订的《公司法》; ③1994 年 6 月 24 日颁布并于 2005 年 12 月 18 日修订的《公司登记管理条例》; ④1995 年 12 月 18 日颁布的《公司注册资本登记管理暂行条例》; ⑤1995 年 12 月 18 日颁布的《公司登记管理若干问题的规定》
	非公司企业	①非公司的法人企业:1998 年 6 月 3 日国务院颁布的《中华人民共和国企业法人登记管理条例》、1998 年 11 月 3 日颁布的《中华人民共和国企业法人登记管理条例施行细则》; ②非法人企业:1997 年颁布并于 2006 年 8 月 27 日修订通过的《合伙企业法》、1999 年 8 月 30 日全国人大颁布的《个人独资企业登记管理办法》、1998 年 4 月 6 日国家工商行政管理局颁布的《企业集团登记管理暂行规定》
	外商投资企业	《中外合资经营企业法》、《中外合作经营企业法》、《外资企业法》以及《中外合资经营企业法实施条例》、《关于对外商投资企业违反登记管理法规的行为进行处罚的权限和程序的规定》

从表 1、表 2 中可以看出,商事登记制度存在着分散立法、缺乏统一制度的问题。这不仅反映出我国商事登记理论的匮乏,同时限制了商事登记的发展。客观地说,在从计划经济向市场经济转变的过程中,暴露出我国不完整的商法理论和商法意识,故而在我国现行立法的过程中,没有严格的商业实体和商业行为,也没有任何意义的商业登记。所以每有一类商业科目就开发一个单独的注册文件,导致市场主体与工商登记立法的分离,从而也必然导致登记立法体系的繁复和零散。

表2　商事登记制度存在的问题(法律规范)

存在问题	主要表现	政　策
法律规范 不协调	法律规范	①未对《私营企业暂行条例》之存废问题予以明确; ②《私营企业暂行条例》登记的合伙企业、独资企业如何管理未作出新的规定
	登记事项设置 与营业执照名称	①按《企业法人登记管理条例》及其实施细则的规定,非公司企业法人的登记事项有10项,外商投资企业的登记事项有14项;而按照《公司登记管理条例》之规定,公司的登记事项为8项; ②对企业颁布的营业执照名称不协调,对内资企业核发企业法人营业执照或营业执照,而对外商投资企业核发中华人民共和国企业法人营业执照或中华人民共和国营业执照

表3　商事登记制度存在的问题(登记事宜与监管)

存在问题	改革前
登记相关事宜与监管	经营范围由登记机关审核后,记载于营业执照
	不同类型的场地,需提交不同的证明材料
	通过对前置审批项目的梳理,前置审批项目由149项减少为69项
	重审批轻监管,只审批不监管的现象比较突出

表3中提到了前置审批事项,如有前置审批的,市场主体必须在申办营业执照前到相关部门取得相应的前置审批或许可证,而办理这些前置审批或许可证的时间往往较长,短则几天、几个月,长则一年,有的可能无法获得批准。如果前置审批或办理许可证的时间超过上述时限,或在保留期尚未被注册,企业名称将自动失效,重新办理则要预先核准。所以,行政审批制度的泛滥理应引起立法重视。

以上是笔者对商事登记制度改革前的回顾。从计划经济向市场经济过渡的转型阶段,商事登记制度出现的上述问题,给国家、政府及企业造成了巨大损失,也浪费了成本,阻碍了经济的发展。故而政府在2013年提出对商事登记制度进行改革,上述问题在此次商事登记制度改革中均有提及,并有所延伸,笔者将在下文中详细介绍。

四、2013年商事登记制度改革内容分析

由于商事登记制度改革的条款较多,笔者对其进行整理分类,将其归纳为以下七点。

（一）构建工商主体登记许可及信息公示平台

将现行的工商登记公示制度进行整改，构建统一的工商主体登记许可及信用信息公示平台。将原来各行政部门公示的零散信息，整合到统一的工商主体登记许可和信用信息公示平台上。通过这个平台，相关市场主体可以进行查询、确认、使用、联系。

（二）实行全流程电子注册

将传统的窗口受理方式改革为全流程电子注册，节约了资源，降低了成本，提升了审批效率。逐步取消传统窗口受理模式，推行全流程网上注册模式，电子版营业执照与纸质版具有同等法律效力。

（三）简化营业执照

营业执照由原来的 15 种简化为现在的 4 种，包括企业法人营业执照、非法人企业营业执照、分支机构营业执照和个体工商户营业执照。除了种类减少以外，新版营业执照版式更加简洁，注册资本和经营范围不再记载在执照上。此外，营业执照上还设有"重要提示"栏，提示社会公众登录信用信息平台查询商事主体的经营范围、出资情况、营业期限和许可审批项目等信息。

（四）实行注册资本认缴制

将传统的注册资本实缴制改革为认缴制，剔除注册资本信用泡沫，实现资本优化配置。改革前，有限责任公司注册资本实行实缴制，有严格的分期交付时间，必须提交验资证明。改革后，实行注册资本认缴制，股东对内承担违约责任，对外承担诚信责任。通过民事调解和社会信用体系建设来解决责任问题。

（五）实行证照分离登记模式

实行证照分离登记模式，先照后证，建立起"谁审批，谁监管"的权责统一的登记管理制度。登记改革后，证照分离的登记模式有以下四个特点：①经营范围不再被记录在营业执照上作为注册项目。②场地信息自行申报。改革前，不同类型的场地需要提交不同的材料证明，如租赁物业需提交房屋租赁证书或自有房屋许可证等多种材料，非常复杂。改革后，无须提交场地证明材料，只需申请人自行申报场地信息，并保证其真实性与合法性即可。③前置审批后移。由 149 项减少为 69 项，改革后仅保留了 12 项前置审批。前置审批的大幅后移，使企业可以迅速开展一般性的商业项目。④建立"谁审批，谁监管"的管理格局。改革前，政府重审批轻监管，权责不统一的现象比较突出。改革后，依照重新建立的格局，明确了各岗位的职责，改变了以往的思维方式，进而带动了相关部门探索审批和监管相统一的工作模式。

（六）实行年报备案制度

将传统的年度检验制度改革为年报备案制度，工商行政机关将登记主体年报信息向社会公开,同时必须接受社会的共同监督。改革前的制度,材料种类繁多,成本浪费率高,取得的效果差;改革后的制度,登记主体按时申报信息,登记机关依法公示,为有需求的公民提供查询平台。

（七）实行信用监管模式

将传统的监管方式改革为信用监管模式,实行经营异常名录制度,引导市场主体重视自身信用。传统监管方式过罚不当,对于市场主体轻微的违法行为处罚过重。改革后,市场主体未按规定时限提交年度报告或申报地址失效,将被移入经营异常名录。移入经营异常名录未满 5 年的市场主体,可以申请恢复;移入经营异常名录满 5 年,则被永久记入经营异常名录。这种制度将引导登记主体重视自身信用,遵纪守法,诚信经营,也为与市场主体有关的交易人提供了可供参考的信用信息。

以上是笔者梳理的 2013 年商事登记制度改革的一些要点,改革条目涵盖了政府与企业,比较全面。总体来说,改革的主要方向是明确政府职能,规范登记制度,开启企业信用措施。这一改革提高了政府与企业的登记效率,化繁为简,但可能在实行过程中会出现一系列问题与漏洞,需要进一步对其进行完善。

五、调研过程及结果

笔者在分析访谈数据前,查阅了相关文献,浏览了国家工商总局官网的相关信息,也在互联网上收集了网民对改革政策的看法。下面图 1 至图 4 是 2013—2016 年我国市场主体的统计数据。

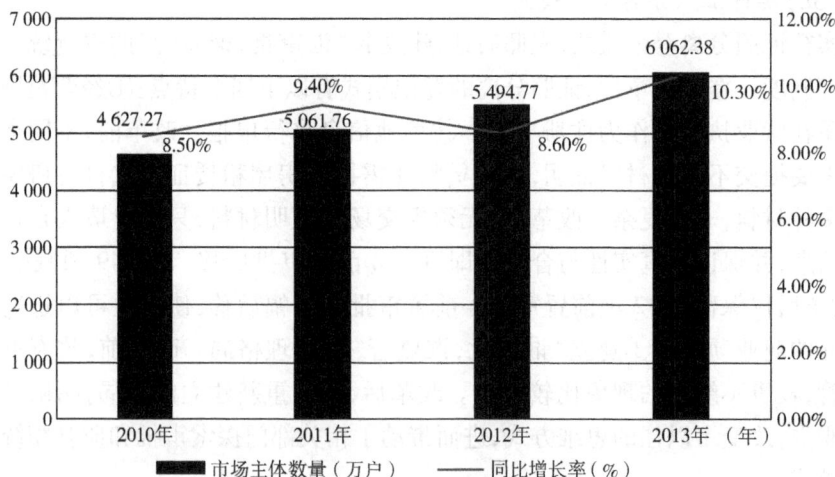

图1　2010—2013 年市场主体数量

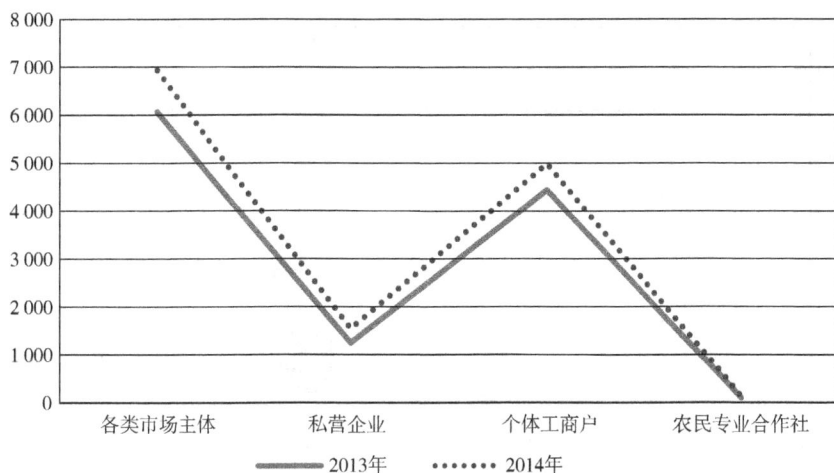

图2　2013—2014年市场主体数量(单位:万户)

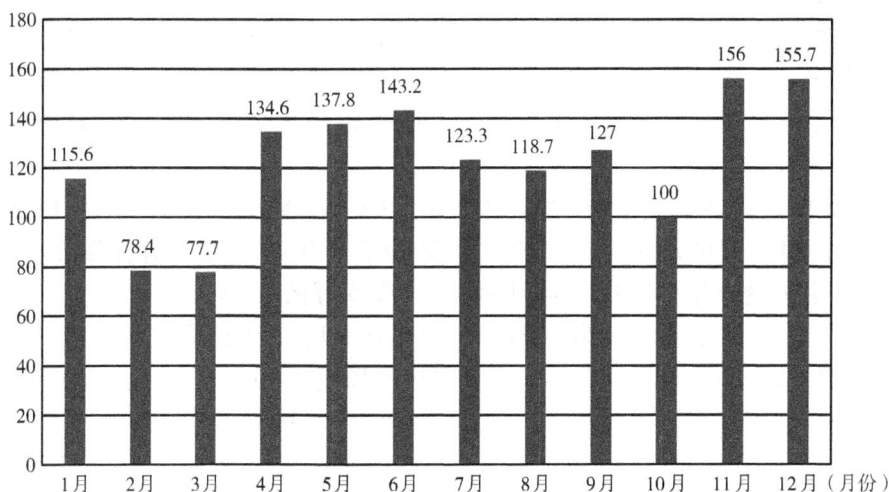

图3　2015年每月市场主体数量(单位:万户)

从图1中可以看出,到2013年12月底,全国实有各类市场主体6 062.38万户,比2012年同期提高1.7个百分点。实有资本总额101.20万亿元,比2012年同期提高了3.9个百分点①。

图2中得出2014年1～12月,全国新登记注册市场主体1 292.5万户,比上年

①　工商总局发布的2010—2013年市场主体发展、市场监管和消费维权有关情况。

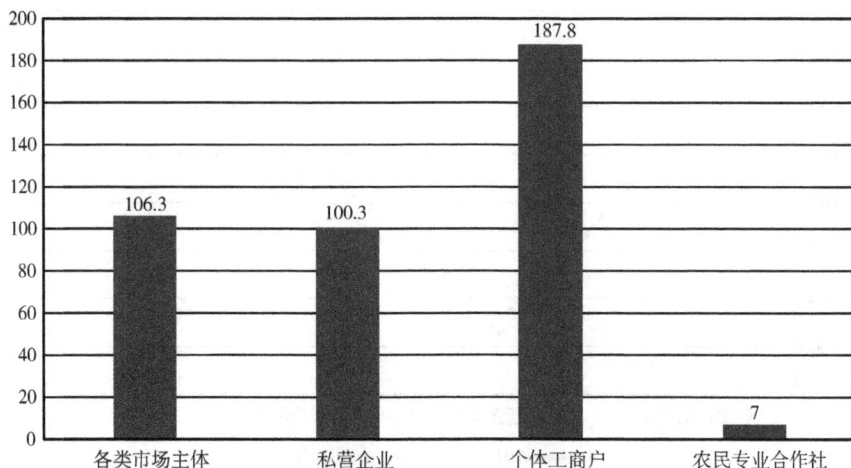

图 4　2016 年第一季度市场主体增长数量

同期增加 160.97 万户,增长 14.23%;注册资本(金)20.66 万亿元,同比增加 9.66 万亿元,增长 87.86%。其中,企业 365.1 万户,增长 45.88%;注册资本(金)19.05 万亿元,增长 99.02%。个体工商户 896.45 万户,增长 5.09%;资金数额 0.83 万亿元,增长 16.63%。农民专业合作社 30.95 万户,增长 9.60%;出资总额 0.78 万亿元,增长 9.51%①。

图 3 中表明,2015 年,全国新登记市场主体 1 479.8 万户,比上年增长 14.5%;注册资本 30.6 万亿元,增长 48.2%。截至 2015 年年底,全国实有各类市场主体 7 746.9 万户,比上年增长 11.8%,注册资本 175.5 万亿元,增长 35.8%②。

图 4 中,可以在 2016 的第一季度看,虽然有元旦、春节两大节日,但新的市场主体仍保持着快速增长的势头。全国新登记市场主体 301.1 万户,比上年同期增长 10.7%;注册资本(金)8.8 万亿元,增长 68.9%。其中:企业 106.3 万户,增长 25.9%;个体工商户 187.8 万户,增长 3.2%;农民专业合作社 7 万户,增长 25.0%③。

新设企业保持了较快的增长势头。一季度总体态势较好,新登记企业 106.3 万户,比上年同期增长 25.9%,平均每天新登记 1.17 万户;企业注册资本总额 8.4 万亿元,增长 72.9%。

在新设企业中,私营企业快速增长。全国新登记私营企业 100.3 万户,同比增

---

① 工商总局发布的 2013—2014 年市场主体发展、市场监管和消费维权有关情况。
② 工商总局发布的 2015 年市场主体发展、市场监管和消费维权有关情况。
③ 工商总局发布的 2016 年第一季度市场主体发展、市场监管和消费维权有关情况。

长 25.5%;注册资本(金)6.5 万亿元,增长 71.0%。

外商投资企业投资规模明显提升。全国新登记外商企业 9 987 户,同比增长 11.2%;注册资本 686.2 亿美元,增长 34.0%。户均注册资本 687.1 万美元,比上年同期增长 20.5%。

个体工商户平稳增长。全国新登记个体工商户 187.8 万户,同比增长 3.2%;资金数额 0.2 万亿元,增长 9.9%。

农民专业合作社也在快速增长。全国新登记农民专业合作社 7 万家,同比增长 25%;资金金额 2 000 亿元,同比增长 20.6%。

从以上几张图我们不难看出,商事登记制度的改革在很大程度上鼓励了商户创业,为商户创业提供了有效的支持。

原来的制度对公司的最低注册资本额规定数额太高,抑制了资本特别是民间资本活跃的投资需求,不符合一些行业的实际需要,在某种程度上束缚了经济的发展。因此,新的制度降低了市场主体的准入门槛,鼓励了投资创业。

笔者在研究过程中对 10 家企业的人力资源部职员(共 52 人)进行了深度访谈,同时也对部分工商登记部门的工作人员(共 15 人)进行了访谈,以下是笔者访谈的数据分析(见图 5)。

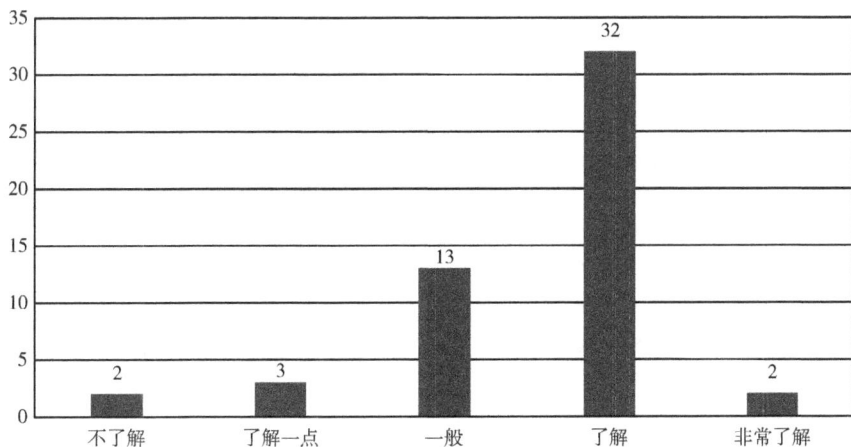

图 5　对 2013 年商事登记制度改革的了解程度

笔者对企业人力资源部门的职员就改革的了解程度进行了访谈,61.54% 的职员表示对改革政策是了解的,但其中只有 3.85%,也就是两人对政策是完全了解的,甚至有两人完全不知道商事登记制度改革的出台。

接着笔者对他们就改革中哪项政策比较了解做了访谈。从图 6 中我们可看出,除去两名完全不知道改革的职员,其余所有人都对证照分离、三证合一了解最多;营业执照减少、年报备案制度、认缴制资本也是职员了解较多的几项政策;只有5个人对信用监管模式有所了解。

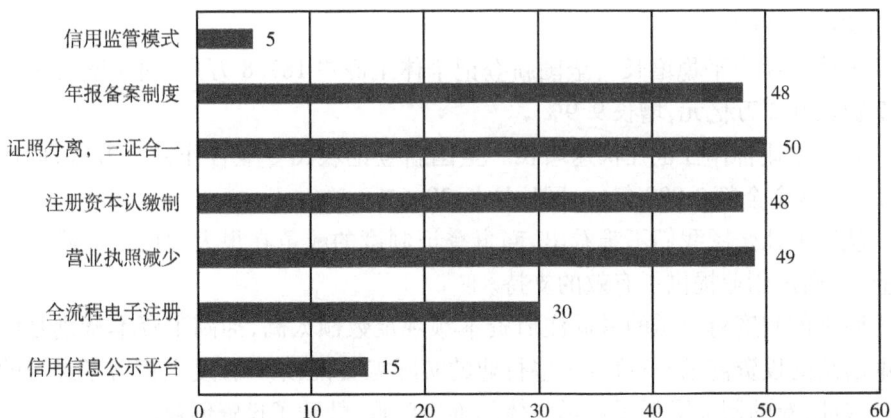

图6 对改革的政策了解(单位:人)

由于访谈对象都对三证合一这项政策有所了解,笔者也在网上找到了网民对此的评价。大部分网民都表示这项政策缩短了创办时间,资料化繁为简,节约了成本,提高了效率,如图7所示。

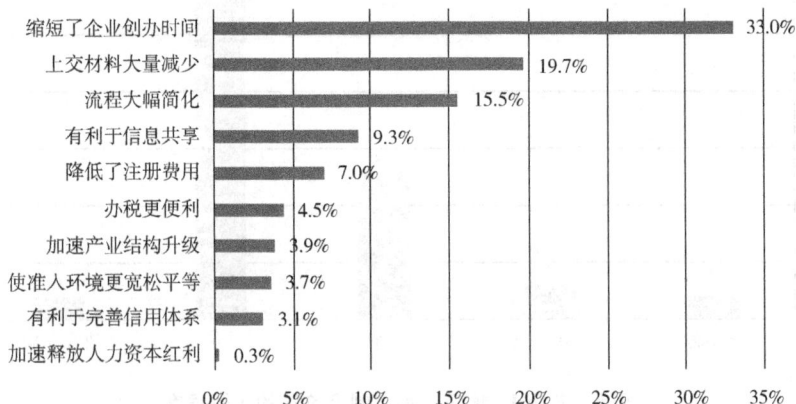

图7 互联网对三证合一的评价占比

从图8中可看出,除去两名完全不知道改革的职员,有42.31%的职员表示改革对他们的工作有影响,甚至有9名职员表示影响很大。笔者对他们进行了追问,这9名职员在部门内负责商户登记、年检等事宜,这些工作要求对改革的政策相当了解,故而对他们的工作影响很大;同样地,在接受笔者访谈的 12 名工商部门的工作人员中有 7 名也表示改革对他们的日常工作影响很大,其中有 3 名是大厅接待和咨询台人员,每天都要回答来办理登记事务人员的相关问题;另外 4 名是窗口人员,在办理业务时也要向对方解释现行的政策规定。

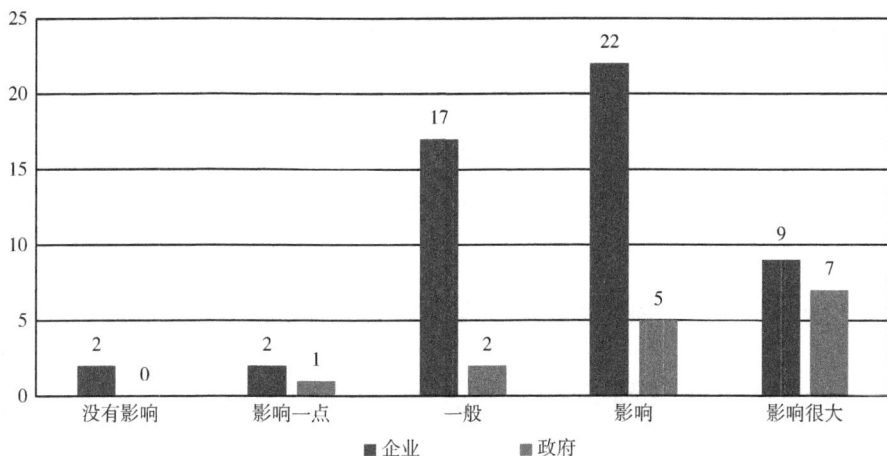

图 8 改革对工作的影响程度(单位:人)

从图 9 中可以看出,有 37 人都表示在有漏洞的政策中,没有相关的配套制度来完善商事登记制度对他们在开户、年检办理等事务中影响很大;有 26 人对笔者表示有的政策不清楚是因为不知道有这些政策,甚至不知道从哪里可以得知改革的相关政策;那两名完全不知道改革的职员也是因为同样的原因。在笔者表示可以从国家工商总局的官网看到完整的改革政策后,他们则表示不会特意上网去寻

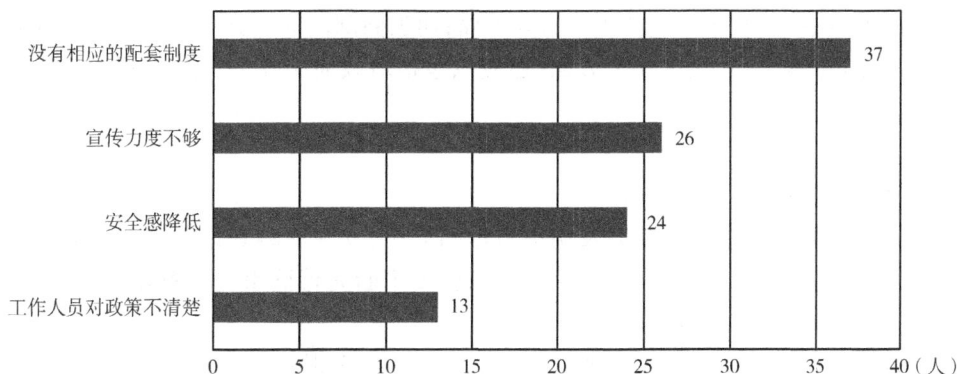

图 9 企业职员在工作中所受到的影响

找这个网站。这说明国家在政策改革的宣传工作上做得不够；有 24 人表示前置审批后移，审批材料减少，让他们觉得在登记前的检查力度没有以前强，认为政府削弱了对企业的监管，使得他们不敢轻易与其他企业合作，安全感有所降低；有 13 人在去工商部门办理业务时发现工作人员对政策了解得不够清楚，无法很好地解决问题，这表明政府工作人员对政策学习不够透彻，培训不够到位。

工商部门的部分工作人员同样也表示没有相应的配套制度来完善有缺陷的商事登记制度对他们的工作影响很大，其中有的人员表示没有这些制度就无法很好地解答前来办理业务人员的某些问题，这就导致出现图 10 中出现的工作人员也无法解答一些问题的状况。同样地，前置审批后移、谁审批谁监管等政策的改革加大了监管难度，不管是在权责上还是在把握监管的力度上。

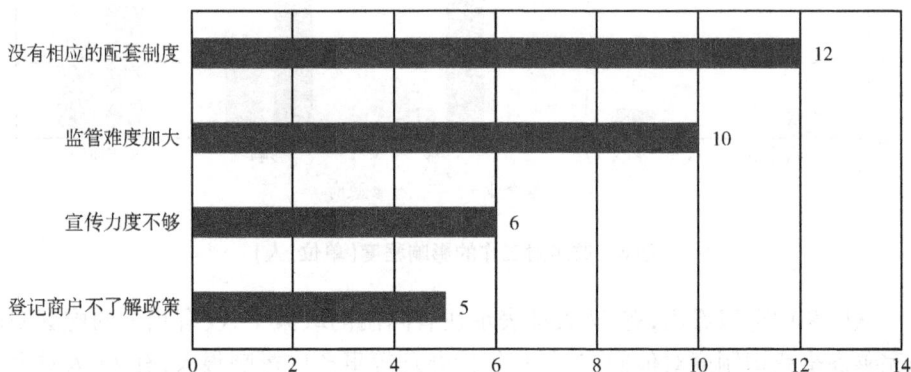

图 10　政府部分工作人员在工作中的影响

最后，笔者向访谈对象询问了配套制度的问题。企业的人力资源部门职员表示，配套制度中应该涵盖政府与市场主体的权责划分明细、审批事项的明细、后续的监察制度、改革政策的宣传工作这几方面；而工商部门的部分工作人员也同样表示配套制度中除了上述这几个方面，还应该包括对政府工作人员进行相关政策的学习和培训。

六、配套制度的基本内容

通过文献的检索与规整以及访谈数据的分析，发现商事登记制度改革有利有弊。而要补上漏洞，使改革继续进行下去，就要不断完善商事登记制度，这就有了我们一直在讨论的配套制度。

2016 年的两会，国务院总理李克强在《政府工作报告》中的"2016 年重点工作"中曾提出，加强供给侧结构性改革，增强持续增长动力。围绕解决重点领域的突出矛盾和问题，加快破除体制机制障碍，以供给侧结构性改革，提高供给体系的质量和效率,进一步激发市场活力和社会创造力①。

(一)清单制定

为将政企权责划分得更加清晰,李克强总理在政府工作报告中提出制定权力清单、责任清单和负面清单,进一步规定政府和企业能做什么,不能做什么。

李克强总理对这三个清单进行了解释:"政府要拿出'权力清单',明确政府该做什么,做到'法无授权不可为';给出'负面清单',明确企业不该干什么,做到'法无禁止皆可为';理出'责任清单',明确政府怎么管市场,做到'法定责任必须为'。三张清单的提出很不容易,要把三张清单真正贯彻落实下去恐怕更难。其中,要想让针对企业的'负面清单'不至于变成新的'镣铐',就要认真研究企业发展和市场发展的规律,进一步提高对经济发展规律的认识。②"

(二)推出审批事项的明细

在改革中的前置审批后移降低了市场主体准入的门槛,同时也增大了政府监管的难度。所以,要推出审批事项的前置后置明细以及改革前后的对比,并公示到电子平台以及各工商部门办理大厅,让前来办理业务的人员清楚明了地了解审批事项,减少创办时间。

(三)完善政府部门的监察制度

由于制度改革中的"谁审批,谁监管"原则,则须按照上述的三个清单为基础完善现有的监察制度,明确每个部门的职责,对市场主体进行监察和监督;同时政府也要设立专门的监察小组,同时对市场主体和工商部门进行不定期随机抽查,以确保市场的正常运行。

(四)完善现有的法律体系

无论何种政策和制度,法律都是确保其正常运行的基础与基石。完善现有的法律体系,才能确保三种清单的顺利实施以及监察制度的顺利执行。

(五)加大政策的宣传与培训力度

在笔者的访谈中,有两名企业职员甚至不知道商事登记制度改革的事宜,并且身为工商部门的工作人员对改革的政策了解得也不甚清楚,这说明国家在政策的宣传与培训上力度不够大。笔者建议国家在出台新政策时首先对相应的政府部门工作人员进行专业系统的培训;其次加大宣传力度,除了在相应政府网站外,也要联合各种新媒体对改革信息进行相应的说明和报道,以保护公民的知情权。

参考文献:

[1]柴瑞娟. 商事登记制度基础问题两探讨[J]. 法治研究,2007(4):23.

---

① 李克强,2016 年政府工作报告。
② 李克强,2016 年政府工作报告。

[2]周林彬,任先行.比较商法导论[M].北京:北京大学出版社,2000.

[3]柳经炜,刘永光.商法总论[M].厦门:厦门大学出版社,2004.

[4]梅因.古代法[M].北京:商务印书馆,1997.

[5]冯秀成.深圳探路商事制度改革[J].决策,2013(6).

[6]王锡锌.行政程序理性原则论要[J].法商研究,2000(4).

[7]叶林.试论商业登记的法律性质[J].中国工商登记研究,2011(11).

[8]沈彬.从基层视角看公司注册资本监管工作变化[J].工商行政管理,2014,2(3).

[9]杨学红,刘永超.对工商登记前置许可的思考[J].工商行政管理,2013,6(11).

[10]艾围利.我国商事登记制度之检讨[J].政法学刊,2010,4(27).

央企进入地方政府管理中存在的问题及治理
——以保定市为例

李姗姗

首都经济贸易大学行政管理专业 2015 级硕士生

摘要: 在京津冀一体化的大背景下,84 家央企走出京城,齐聚保定市协商合作与发展,此次的央地合作成为具有划时代意义的大事件。做好央企与地方政府二者的角色定位及关系研究,将成为影响其合作成功与否的关键因素。从央企层面来看,与地方合作可以占有稀缺资源,以低风险和低成本完善产业布局,提升竞争力。从地方政府层面来看,可以享受央企带来的一系列优惠政策,加速地方资源整合步伐等。然而深究央企与保定市政府的契合程度,又暴露出了诸多矛盾,如利益冲突、污染问题等。对此,本文设计了一些方案来加以解决。

一、引言

在京津冀一体化的大背景下,央企顺势而为,走上了与地方政府合作的道路。其中,84 家央企走出京城,齐聚保定市协商合作与发展,这是具有划时代意义的大事件。做好央企与地方政府二者的角色定位及关系研究,将成为央地合作成功与否的关键因素。毋庸置疑,央企与地方政府的"联姻",对于二者来说既是机遇又是挑战。本文通过研究二者的关系,梳理了央地合作的优势及可能出现的问题,并提出了适当的建议,旨在为央地合作提供有效的信息。[1]

从政府职能的角度专门研究央地关系有利于深化当前对央企落户地方的理论探讨。目前,国内学者对央地关系的研究主要集中在宏观上的博弈与法治关系,而很少涉及政府和央企在实际合作中如何实现更好的衔接。本研究拟对央企与地方"联姻"的优势(以保定市为例)、"联姻"的问题以及解决对策几个方面分别进行讨论,这对我国当前的地方政府职能是一种补充。[2]

具体来讲,本研究具有以下几方面的意义。

第一,为各级政府认识到其自身在与央企合作中应该扮演何种角色、从哪些方面发现问题以及如何解决问题提供咨询。从我国目前的央企与地方联姻的实践来看,尽管在合作过程中会带来一系列的实惠,但与此同时也会存在一些问题。因此,界定清楚各级地方政府在二者的合作中应发挥的作用就显得非常必要,这有利于提高政策的执行效果,同时也有利于地方经济的健康发展。[3]

第二,在一定程度上为央企的入驻提供指导。通过分析保定市重点区域的产业优势和区位优势,助力产业衔接;同时还分析了央企的入驻所带来的一系列问题,并对央企提出了投资制衡机制、对于污染企业严格把关实施处罚等措施,为二者的合作打了预防针。[4]

二、研究方法及数据来源

(一)文献研究法

利用图书馆资源、网络文献资料等平台,搜集了关于央地合作、保定市当前承接央企的现状等相关资料。不仅梳理了以前企业与政府关系的文献综述,而且从多方面了解了央地合作的优势及矛盾,为如何实施解决对策做好充足的资料准备。

(二)实地研究法

为了解保定市产业的真实现状,笔者特地回家乡,向家乡了解该事项的人询问了保定市目前的主导产业和重点产业,并进行了简单的走访,收集了比较真实可靠的资料。

本研究的资料及数据主要来源于中国知网相关电子文献、图书馆相关书籍著作、报纸杂志及国家统计局数据及年鉴。

三、央地合作的 SWOT 分析——以保定市为例

(一)外部环境——机会(Opportunity)分析

1. "顶层设计"为央地"联姻"提供了新的政策机遇

2014 年 2 月,习近平总书记在听取了京津冀协同发展汇报后,将京津冀协同发展提升为国家重大战略,强调打造新的首都经济圈、完善城市群建设、优化生态文明建设、促进人口资源与区域环境相协调,实现京津冀优势互补。在京津冀区域协同发展的背景下,央企入冀也得到了中央政府在政策上的鼓励,为其提供了资金和技术等层面的支持。[5]

2. 央企投资待开发型城市能够获得低成本的土地资源

北京在巨大的人口压力与生态环境压力下,社会经济发展也面临超载的境况。而河北省的 11 个地级行政区域中,大部分地区仍具有巨大的承载潜力,有较大的盈余空间,拥有承接京津产业转移的土地资源优势。土地资源是一个企业成长与发展不可或缺的条件,保定作为一个中小城市,比较北京而言,地价低廉,能够为企业的扩张提供物美价廉的土地条件。[6]

3. 央企投资保定市能以低风险和低成本完善产业布局,提升全球竞争力

与海外资源相比,对国内中小城市投资的风险较少,成本较低。在这个过程

中,我们可以减少远程监控费用,减少管理人员输出和培训费用,减少与当地文化的冲突以及语言沟通障碍等。而且,央企通过完善在国内的产业布局,同样可以提升全球竞争力。[7]

4. 央地"联姻"可以带动保定当地的国企发展

地方大型国企不少具有"低效率"的弊病。与央企相比,地方大型国企在实际运营、关键资源掌控、资金流动和人才管理等方面较为落后。所以在合作中,保定市的国企可以借鉴央企的先进技术和管理经验,改革地方国企的弊病,提高运营效率。[8]

除此之外,地方大型国企对接央企,与央企进行战略合作或资产重组,是一条较为现实可行的改革途径,这主要体现在:首先,无政治风险,不会产生"国有资产流失"问题。其次,经济上可以"共赢"。地方大型国企会因此解决自身在经济规模、技术创新、管理效率、市场开发、人力资源和资金以及政策支持等方面竞争力薄弱的难题,央企则可借此控制一些重要资源,提升产能,扩大市场占有率。最后,操作相对简单,央企与地方大型国企的资产交易属于国有经济体制内的资源再配置,双方信任度高,交易成本相对较低,甚至可以采取行政划拨的方式。[9]

(二)外部环境——威胁(Threats)分析

1. 污染企业的到来与地方政府节能减排政策目标的冲突

在迁入保定的央企名单中,可以发现中国石油、中国化工、中国核工业等企业的名字,这些企业都属于高能耗高污染企业。随着这些企业的进驻必然会对当地资源进行消耗,生产过程中的污染物排放也会增加。而保定乃至河北地区,地处华北,资源种类不多,储备不足,高能耗企业的进驻会进一步消耗原本不丰富的资源。保定市环境问题突出,亟待解决,节能减排和治理空气污染、美化环境是政府的一项重要工作;而这些高污染企业的迁入,必然会加剧环境污染。这就与政府节能减排、优化和治理环境的政策相矛盾。[10]

2. 双方在财税分配方面的利益冲突

央企与地方政府的战略合作通常会涉及跨区域、跨所有制的企业重组问题。当地方国有企业被央企兼并时,地方企业所得税就会变成国有企业所得税,成为中央级收入。而股份制企业不管中央占多少股份,所得税都由国税局征收,这将直接影响地方财政收入,从而影响地方政府推动央企重组的积极性。[11]

3. 住房问题

随着央企入驻新闻的传播,保定市的城市竞争力和知名度会相应提升,在这种状况下,会引发新一轮的房地产投资热潮。资料显示,保定市区2015年5月住宅均价为每平方米为6 738元;受京津冀一体化政策实施影响,最新数据显示,2016年4月保定的住宅均价为每平方米7 609元,涨幅约为13%。房价的上涨会加重当地人的买房压力,在一定程度上还会让当地居民对政府产生质疑,这些会形成社会不稳定的因素,不利于政府权威的树立和城市的和谐稳定发展。[12]

（三）内部环境——优势（Strength）分析

首先,央地合作是共赢的选择。地方企业在发展过程中,也都有其自身的区域优势和特色,如地方区位资源、土地资源、原材料资源等,可助力央企提高产值、壮大自身规模、增强自身竞争力。而中央企业是国民经济的中坚力量,其先进技术力量、市场竞争力和品牌影响力,被地方看作是极其宝贵的优质资源。央企层面大规模投资资源型城市是央企基于自身利益的战略选择。[13]

1. 保定市存在可依托的产业

保定市与央企对接的过程中,不仅需要提供空间,而且要提供产业基础。为了给央企提供足够的发展空间,保定市重点规划了17个产业园区,全市承接京津产业转移的园区多达34个,面积达1 190平方公里。在产业基础方面,保定市可以为央企提供新能源、汽车及其配件等主导产业。[14]

近几年,保定市的汽车制造业和新能源两个产业发展势头迅猛,成为保定市的重点产业。以汽车产业为依托,构建了长城为龙头的汽车产业,其汽车产品在国际上销路甚广,并打入欧盟市场。以新能源和智能电网装备产业为例,目前已经形成光电、风电、新型储能、高效节能、智能输变电和电力自动化等6个产业体系,这为把保定打造成一个以能源设备为支撑的城市奠定了坚实的基础。在这方面,天威集团、英利公司以及国电联合动力等是骨干企业,为保定对接央企提供了扎实的产业基础。除此之外,很多县域经济都已经形成了自己的特色产业:曲阳的石雕、易县的砚台、容城的服装、安国的药材、徐水的白酒、高阳的纺织、满城的草莓等,同样可以为央企的到来提供产业基础。[15]

2. 保定市的历史文化积淀厚重

保定作为历史文化名城,曾经涌现出一大批历史文化名人,如赵匡胤、祖冲之、郦道元、关汉卿等。保定的主要文艺形式包括河北梆子、老调、哈哈腔、西河大鼓。保定的戏曲史可追溯到金代,经过长期的发展变化,到民国时期,秦腔改为河北梆子,昆腔改为北昆的剧种,加上本地戏曲,当地剧种已达15个。深厚的历史文化积淀,为保定古城增添了浓重的文化韵味,为保定发展奠定了文化基础。京保由于地缘政治关系,在文化层面有很多地方是很难分割开来的,其文化的共融为央地合作发展创造了条件。[16]

3. 保定市近邻京津的区位条件

保定市与北京相距140公里左右,在距离近的基础上,实现央企的转移发展并非难事。京广铁路、京石高铁和京港澳、津保、保沧高速公路及国道纵贯辖区,联通外境。与首都国际机场、正定机场、天津港不过2小时车程。区位优势是央企顺利入驻中最为重要的因素之一。保定相对于石家庄,区位优势更加明显:津石城际铁路开通后,在京石、津石之间就会构建起"京津石三角",保定处于京津石三角的中心地带。当央企入驻保定市后,其发展格局将会扩大到京津冀整个经济区域。通过产业对接可以将央企的资源向保定疏解,让保定与央企实现对接,从而将保定市的区位优势发展成为央企发展的优势。[17]

4. 保定市政府在央地合作中可以获得一系列政策性资源,拉动 GDP 增长

我国的行政体制素来以等级划分为主,在这种体制下,中央与地方的上下级隶属关系,使得地方政府产生"大树底下好乘凉"的念头。央企进入地方,无疑会使地方政府借此获得优待和支持,如中央政府针对地方制定的信贷支持、财政划拨等。除此之外,央企进入后的合作项目,可以为地方政府带来上百亿元的投资,从而拉动地方政府的政绩效益。[18]

(四)内部环境——劣势(Weakness)分析

1. 央企进驻,保定市优质的人力资源不到位

央企进入地方,无论是扩张还是发展,都离不开优质的人力资源。从实际角度出发,央企吸取当地人力资源的性价比更高。但是就保定市关于高素质人才培养的现实状况而言,较北京来说是存在巨大差距的。第一,京冀两地人才资源分布呈不均衡状态,北京作为国际化的大都市,吸引了各类人才聚集,自然不用担心人才向央企的供给。而保定市的专业技术人才、从事科技活动的人员、科学家和工程师等高端人才与京津两市相比差距较大。第二,保定市与北京市的教育资源相差悬殊。据资料显示,北京市的"211"高校有 26 所,而保定的"211"高校仅 1 所。具体来说,保定市的教育投资力度较小,教育设施落后,教育资源配置较低,配备人员科技经费有限,人才的教育环境较差,为央企的后续发展增加了阻力。

2. 央企的企业战略与地方政府利益需求的冲突

当央企进驻地方后,会对地方国企进行一些整合或重组。很多情况下,基于长远利益和战略规划的考虑,会把整合后的企业作为自身的一个生产基地,可能会相应地缩小企业规模和减少生产。而地方政府出于自身利益考虑和政绩的需要,可能会希望央企扩大其生产规模、扩张战略布局,以促进当地经济的发展,提供更多的就业岗位,以此来带动当地的经济发展。[19]

部分央企进驻地方,是基于扩大企业规模升级转型的需要,有可能对地方企业进行兼并和扩张,从而不利于地方企业自身的发展,会与地方政府支持地方企业的政策形成冲突。由于国家政策的扶持和自身垄断地位及其规模优势,央企在市场竞争中具有得天独厚的优势。因此,处于优势地位的央企会不断在市场竞争中占据优势,对地方企业进行兼并和扩张。而地方企业,由于其自身规模、技术以及发展规划的不足,在市场竞争中无法与央企抗衡,很可能被央企兼并和淘汰,在竞争

中处于劣势。

四、解决措施

(一)央地应寻求利益平衡点设计未来利益分配机制

央企应做到与地方政府平等沟通,及时了解地方的诉求,要从地方政府的角度来审视央企自身的产业转型方向和需求接轨方向,与地方政府做到"同气连枝";要关注地方政府、研究地方政府,把能量释放在地方政府急需建设的领域和项目上;要看清地方政府的真正需求,以满足人民不断增长的公共需求为宗旨,最大限度地开放公共品市场,关注公共和民生工程建设,契合地方政府建设导向。而地方各个层面对央企的责任期待应该合理,理性认知其企业行为。双方若能站在对方立场上考虑问题,则容易减少矛盾,实现更好的沟通与合作。

(1)战略投资。该合作模式的前提是央企为扩展业务而进行的重大项目投资与地方政府的区域经济发展战略相吻合,从而使地方政府产生"吸引央资"的愿望。

(2)战略重组。战略重组是指央企在地方政府支持下,重组地方国有企业。这种战略合作的基础是央企业务扩展战略与地方国企改革的利益诉求相吻合,从而使双方在重大国有资产重组上进行战略合作。

(3)战略协作。央企与地方政府协作进行重大技术研发和资源开发,以实现更好的合作。[20]

(二)地方应设计制衡机制引导央企投资

制衡机制要以规范央企投资行为为重点,来弥补地方缺乏对央企财权、人权的管理上的缺失。但在制约央企的同时也要约束地方政府的保护主义行为。

央企应该通过央地战略合作扩展主业规模,整合围绕主业发展的产业链,形成核心竞争力,而不是偏离主业为扩张而扩张。应加强央企投资地方的风险管理,全面考核投资环境,对临时政策导向和关系导向型投资更要严格决策程序,避免过度投资行为,提高央企的投资效率。[21]

(三)地方政府和央企应该共同重视环境污染问题

在引入央企时,地方政府应该严格把关,控制高污染企业的引入;同时可以设立待开发型城市发展专项基金,共同开发绿色能源、清洁能源,集中财力用于城市的环境综合整治和百姓补偿。同时建构绿色 GDP 的理念,建立合理的环境评估指标体系。要重视评估结果的导向功能,对于超标的资源型央企给予相应的罚款或停业处罚。社会公众也可以参与到资源型央企环境评估体系当中。

(四)对于住房问题的解决对策

地方政府应该在房地产方面严格把关,区分购房人员是外来人员还是当地市民,详细了解购房原因及房产数量,可以推出一系列针对当地人的优惠政策和外来购房的限制政策(如征税)。[22]

同时,还要加快推进地方"人才家园"工程,积极解决好央企在冀工作人员的住房问题;完善入驻央企项目周边购物、就医、求学、安保等配套设施和功能,解除央企在保定工作人员的后顾之忧。

(五)对于交通问题的解决对策

地方政府应该利用央企的财力优势,积极与城市建设类型的央企进行合作,完善城市基础设施,以解决央企入驻带来的交通问题。深化服务业领域的合作,在现代物流业上,地方政府可与央企合作建设物流基础设施、物流园区和大型物流项目。交通方面,主要是以构建便捷、安全、高效的现代综合交通运输体系为重点,合作谋划实施一批铁路、城市轨道交通、高速公路、航空等重大项目。[23]

(六)对于人才供给缺位的解决对策

首先,增加对于保定市教育资源的投入,提高基础设施质量,引进优质的教育资源,为培养高质量的人才做准备。

其次,通过制定优惠政策,吸引京津两地优秀人才到保定为央企服务。显然,短期内想要依靠当地的培养解决人才供给问题是不现实的,所以要通过优惠政策如高薪补贴、住房补贴等政策吸引优秀人才聚集,从而在短期内补充人才缺位的短板。[24]

最后,对保定市当地的人才进行培训。虽然保定市只有一所"211"高校,没有"985"高校,但接受过高等教育的人才也为数不少。央企的到来,必然会带来优秀的团队,他们可以培训当地的员工和学生,以满足本地对于人才的需要。[25]

参考文献:

[1]万长松,刘甜.京津冀区域协同发展的 SWOT 分析[J].中国社会科学研究论丛,2015(4):2015:97-99.

[2]李素梅,徐继明.京津冀区域经济发展与金融生态协调机制研究——基于京津冀与长三角的比较视角[C]//科学发展·协同创新·共筑梦想——天津市社会科学界第十届学术年会优秀论文集(中),2014:818-823.

[3]余冬根.促进京津冀区域协同发展的对策分析[C]//"基于京津高端产业环境的转变经济发展方式与优化产业结构"研究——第七届"环首都·沿渤海·京津冀协同发展论坛"论文集,2013:59-62.

[4]魏震,李佳,高远秀.基于京津冀一体化背景下区域合作与产业整合[C]//主动对接京津与产业高端发展路径研究——第六届沿渤海·环首都·京津冀协同发展论坛会议论文,2012:23-26.

[5]涂英柯,司林波,孟卫东.京津冀区域经济一体化研究综述[J].商业时

代,2013(26):136-138.

[6]王娟,刘邦凡,王静,詹国辉.京津冀区域经济一体化研究综述[J].中国公共管理论丛,2013(1):2013:150-151.

[7]张亚明,张心怡,唐朝生.京津冀区域经济一体化的困境与选择——与"长三角"对比研究[J].北京行政学院学报,2012(6):70-76.

[8]董法民.地方政府竞争与地方国有企业控制权向中央企业转让[D].济南:山东大学,2014:37-38.

[9]陆简.地方政府"对接央企"热潮的成因——财政分权和金融集权背景下的三方博弈[D].济南:山东大学,2011:6-9.

[10]钱津.关于央企治理的若干基本问题[J].福建论坛:人文社会科学版,2012(5):20-22.

[11]贺海飞,张永成.央地合作背景下央企的战略选择[J].施工企业管理.2012(5):83-85.

[12]卢曦.资源型央企人才流失问题研究——以渤海钻探录井公司为例[D].南宁:广西大学,2014:19-25.

[13]黄维和.行业性央企对中小企业的辐射渗透功能作用——结合河北省"科技型中小企业集聚群体与实力提升路径研究"重点项目研究过程与成果建议思考[C].2015:1-4.

[14]徐传谌,邹俊.中央企业战略重组的不确定性及其规制研究[J].经济体制改革,2012(3):87-89.

[15]胡漫江.央企规划评估体系初探[C]//中国航空学会管理科学专业委员会,2014年学术会议论文集,2014:1-7.

[16]范集湘.发挥中央企业在对非整体外交中的独特优势[J].公共外交通讯,2010:86-90.

[17]邹俊,徐传谌.中央企业"走出去"发展的不确定性分析[J].内蒙古社会科学:汉文版,2013(2):95-99.

[18]朱亚东.产业战略与企业战略关系研究[D].天津:河北工业大学,2014:113-117.

[19]李飞.中央企业境外投资风险控制研究[D].北京:财政部财政科学研究所,2012:61-62.

[20]孔德海.中央企业国际战略定位与风险控制研究[D].长春:吉林大学,2013:83-88.

[21]谢中起,马艳辉,张东祥.资源型央企环境监管难题及其化解——基于行政组织理论视角[J].生态经济,2014(12):56-60.

[22]曹煦.央企车改大幕开启[J].决策探索:上半月,2016(4):39-40.

[23]薄文广.资源型央企与地方合作关系"硬化"辨析[J].中国国情国力,2016(5):54-56.

[24]央企加速布局国际产能合作三年行动计划正酝酿[J].中国建材资讯,2016(2):21-22.

[25]Armando Garcia Pires. Internationaltradeandcompetitiveness[J].Economic Theory,2012(3):2.

我国推进分级诊疗制度的现况和对策研究

刘 蕊

首都经济贸易大学行政管理专业 2015 级硕士生

摘要：本文以公共医疗资源的有效配置为视角，主要研究如何有效划分及进行诊疗制度的设计，从而提高医疗资源配置的效率。结合各地区推行分级诊疗制度的实施情况，以设计问卷的方式，调查阻碍该制度推行的主要原因，寻找分级诊疗制度设计中的缺陷，提出优化分级诊疗制度的思路，并结合分析研究以及与国外分级诊疗制度的比较，对分级诊疗制度实施的重要环节提出建议；最后则是对分级诊疗制度在中国发展的一些展望。

一、引言

随着社会全方位的发展，人们对健康问题越来越重视，对医疗的需求飞速增长，但医疗资源却更加供不应求，使我国的医疗卫生体制面临严峻挑战。随着新一轮医改的全面深化，看病难的问题虽有所缓解却仍然突出，患者无论是日常感冒发烧还是疑难杂症统统跻身大医院，而基层医院、社区服务中心却"无病可看"，造成了医疗资源的严重浪费，其结果就是我国居民无序就医的状况愈演愈烈。正因如此，推行分级诊疗制度势在必行。

分级诊疗制度的基本政策就是分级治疗，即以病情为标准，通过科学合理的就诊制度来引导病人转诊到相应的医院。[1]各级医院必须要明确自己的功能，这样才能尽可能合理地预测近阶段自身的医疗服务需求，才有可能合理统筹自身本就不算充裕的基础设施、软件和硬件，最终实现工作效率的最大化。

为此，北京、上海等地纷纷出台地方政策，为深入发展分级诊疗制度进行了尝试。2016 年《政府工作报告》中提出将在 70% 左右的地市开展分级诊疗试点工作，该指标成为 2016 年国家卫计委工作的重要目标。然而，分级诊疗制度实施以来，虽然取得了很多成绩，但其制度本身及其推行过程中仍存在很多问题。例如：分级诊疗制度的推行仍然十分困难，转诊多以"单向、上行"为主，居民对社区医疗机构没有信任感，不愿接受转诊治疗。

因此，本文分别就我国新医改以来百姓对分级诊疗体系的认知现状，医生对双向转诊的认知行为现状，以及分级诊疗制度的实施现状及影响因素进行了调查，并结合了西方国家的分级诊疗制度发展模式进行了分析,研究讨论怎样继续优化分级诊疗制度的设计,如何推进分级诊疗制度,争取为提升医疗资源的合理分配提出有效的建议,以提高医疗领域公共管理的效率。

二、相关理论

(一)公共产品的供给理论

基本医疗服务是由国家政府提供的公共产品。然而由于医疗资源的有限性,公共医疗服务需要通过付费来获得。[2]因此,医疗服务属于准公共产品。

(二)公共资源利用理论

从卫生经济学的角度,公共资源利用理论的核心观点主要基于医疗资源的稀缺性。基于现实中也是医疗需求在不断增加,因此合理配置资源、提高医疗资源的使用效率就必然是我们工作中的重中之重。

(三)系统论

从提供者的角度来看,医疗体系中有大量不同类型的医疗机构用以满足各阶层民众的需求。大型综合公立医院无论在人才储备还是设施的先进程度上都处于领先地位;专科医院在其专业领域实力强大,因其有着很强的相关领域的科研能力;以市场化为主的民营医疗机构则以价格杠杆来调节,相对灵活很多,管理也更加高效,服务水平更高,适合高端人群,却无法覆盖绝大多数患者;社区医疗则为基层医疗机构,主要提供一些居民比较常见的简单的医疗服务,如疾病的预防、简单的治疗、医疗保健、病后康复、卫生知识教育等,主要为成本收费。这些不同的医疗机构在一定程度上可以对患者进行分流,缓解医疗资源分配不均的问题,能够提高资源的使用效率,降低费用以及治疗时所付出的各种成本。

(四)市场失效理论

市场失效表示市场力量不能满足公共利益的现状。信息不对称问题一直存在于现在的医疗服务市场。由于医疗服务市场的特殊性,患者没有时间、机会或者能力去了解相关的医疗专业知识,无法判断自己的真实情况,也很难正确选择相应的医疗机构,从而使市场机制的力量无从发挥。而患者根深蒂固的就医观认为只有大医院才可靠,只选择在大医院就诊,因此造成了就诊的混乱以及资源的浪费。一边门庭若市,另一边却门可罗雀,看病难问题随之而来。而分级诊疗制度在解决此类问题上能起到一定作用。

三、研究方法

(一)文献研究法

通过翻阅分级诊疗制度的相关资料文献,认真学习和研究我国已经发布过的有关分级诊疗制度的文件及细则,笔者基本了解了我国分级诊疗制度的政策基础及实施目标。同时,笔者还参考了大量国外有关分级诊疗制度设计及其实施、问题总结等的相关资料,同时对分级诊疗制度实施过程中会涉及的诸如基础设施建设、医保制度等相关问题的政策以及文献进行了参考与研究,力求获得科学、详尽的理论结果。

(二)问卷调查法

为了解目前市民对分级诊疗制度的认知及认同现状,笔者通过发放调查问卷的方式,对北京市部分居民采用便利抽样法进行调查,以此为依据了解分级诊疗制度的实施效果。

调查内容:市民和医生对分级诊疗制度的认知度与态度、分级诊疗的实施情况及市民就医选择调查等。

四、调查问卷研究分析

(一)市民对分级诊疗制度认知度及认可度的调查分析

调查对象:对在 2016 年 3 月于北京市 X 医院就诊中愿意接受本调查的 300 位门诊患者发放问卷,回收有效问卷 248 份,回收率为 82.7%。

1. 对分级诊疗制度的认知情况

在对分级诊疗制度知晓度的回答中,非常了解的有 18 份,占比为 7.26%;一般了解的有 121 份,占比为 48.79%;完全不知道的有 108 份,占比为 43.55%,详见图 1。

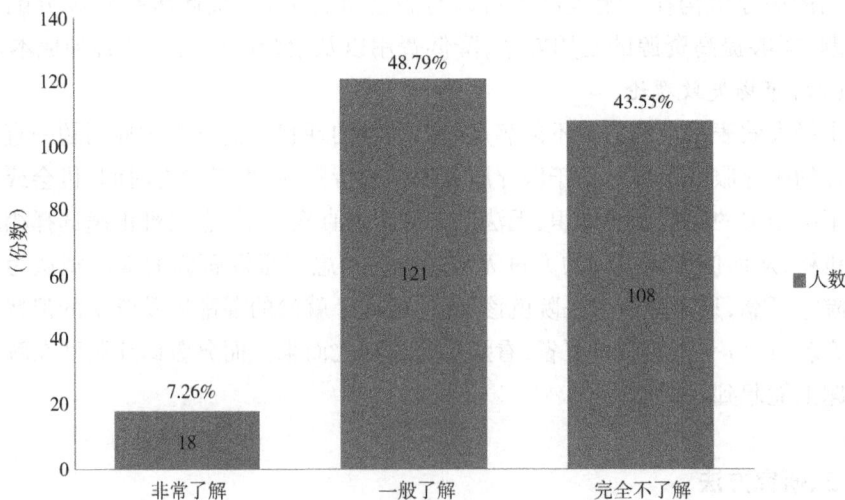

图 1　市民对分级诊疗制度的认知情况

市民对分级诊疗认知度低的原因是分级诊疗制度的宣传手段十分单一,宣传力度也远远不够。到目前为止,人们很难在自己的生活当中接触到与分级诊疗制度相关的信息,仅有的几种宣传方式也只有新闻宣传与社区宣传等,与普通居民的相关度非常低,无法起到引导市民科学就医的作用。这也是相当一部分人群对分级诊疗制度完全不了解的重要原因。

2. 对转诊制度实施情况的调查

在 248 份有效问卷中,有过转诊经历的 33 份,占比为 13.31%,其中包括 28 人向上级医院转诊治疗,5 人向基层医院转诊继续康复;拒绝转诊的有 38 份,占比为 15.32%,皆为上级医院建议转向下级医院;没有转诊经验的有 177 份,占比为 71.37%,详见图 2。可见分级诊疗实施率偏低。

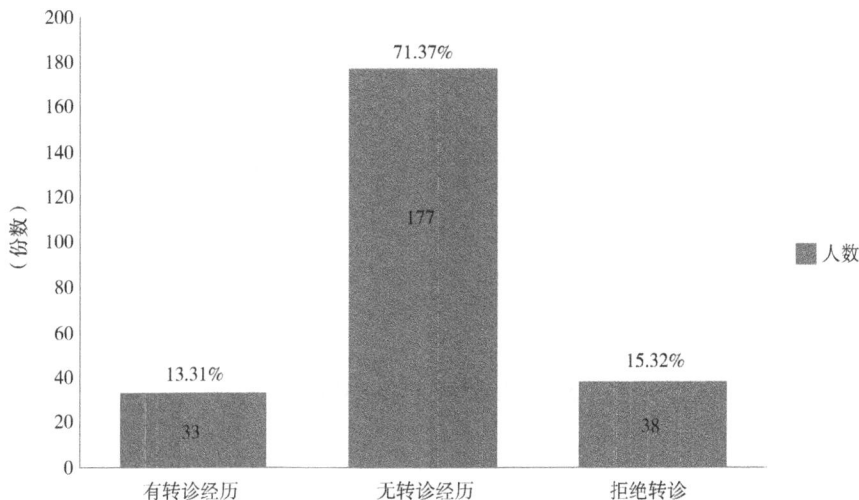

图 2 分级诊疗实施情况调查

分级诊疗实施率低的原因在于以下几点。

首先,病人在治疗疾病过程中有长期性、反复性和不可预测性的特点,假如病人在转诊过程中因误诊出现不良反应,医疗责任无法明确。

其次,由于医疗信息不对称,医生在诊疗过程中占有绝对主导地位,患者只能被动地接受转诊。上转过程中,由于医疗系信息不共享,大医院不认可基层医疗机构的检查报告,患者还需重复做检查,因此为了节约金钱和时间,大部分患者往往不经基层医疗的转诊检查,直接前往大医院就诊。[3]下转过程中,在现今转诊标准不明确的情况下,达不到分级诊疗的效果。而大医院为了追求经济利益,往往给患者做大检查、开自费药,待手术后住院观察一段时间病情稳定后才下转康复,此时大医院赚取了大部分医疗费,而下级医院在担负着大量医疗责任的同时也只能赚取小部分的床位费和护理费,[4]因此下级医疗机构也不愿意接收术后康复病人,形成了下转率偏低的情况。

此外,由于经济引导分级诊疗力度小,门诊费用差异小,达不到引导患者在社区医院首诊的目的。

3. 市民就医选择调查

市民就医需求时选择社区卫生中心的仅有 5 人,占比为 2.02%;选择二级医院的有 84 人,占比为 33.87%;选择三级医院的有 159 人,占比为 64.11%。详见图 3,图 4。

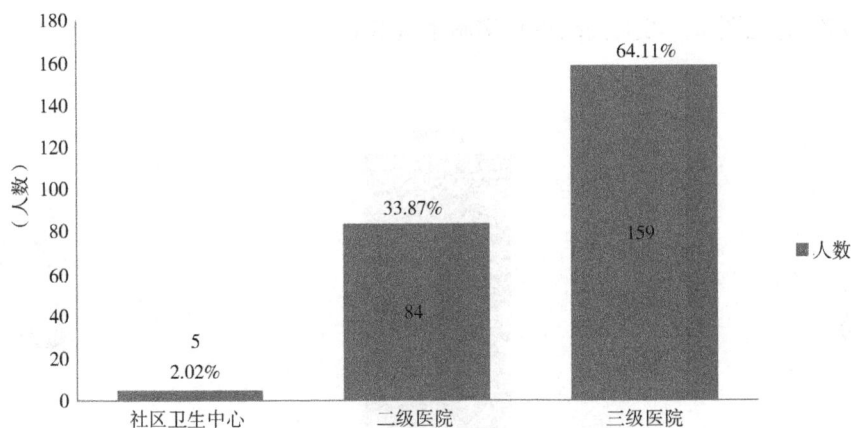

图 3　市民就医选择调查情况

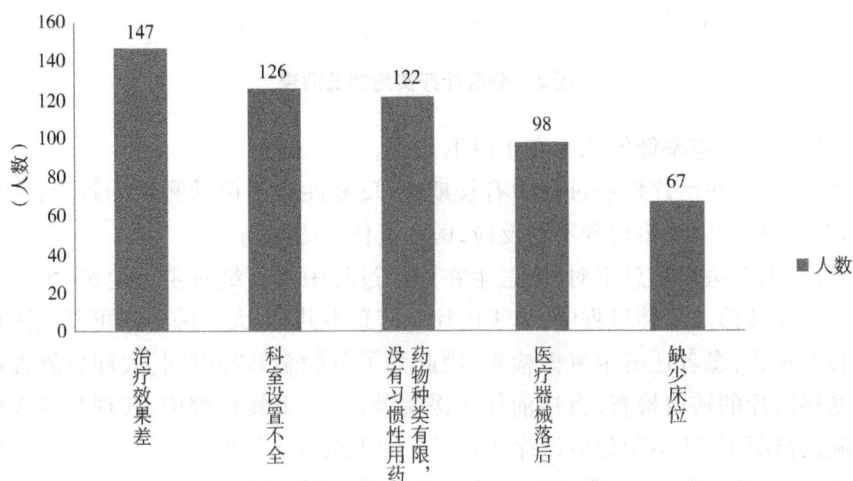

图 4　市民对基层社区医院顾虑的调查情况

其中,在首诊选二、三级医院的 243 份问卷中,对社区卫生服务中心存在的顾虑主要有(多选):市民认为医疗水平差或治疗效果不理想的有 147 人次;认为社区医院科室设置不全,接诊病种有限的有 126 人次;认为社区医院药品、设备不齐全的分别有 122 和 98 人次;认为社区医院缺少床位、无法住院治疗的有 67 人次。

综上所述,分级诊疗制度存在着认知度、实施率及认可度偏低的情况,居民对社区医疗机构没有信任感,不肯接受转诊治疗。

市民首选大医院的原因为:市民的传统观念普遍认为大医院的医生水平高,即使多年以来把"保基本、强基层、建机制"作为医改工作的重心,但由于成绩好的医学院毕业生倾向于进大医院,而大医院的科研和教育水平又优于基层,实习中接触的病种病状多,所以比基层医疗机构的医生经验丰富,所以优秀的医学生也不愿意留在基层。并且,大医院的工作环境、发展前景、工资待遇明显优于基层医疗单位,也导致了基层优秀技术人员的流失。目前,优秀的全科医生缺口巨大。大医院与基层医生的水平差异导致人们仍然不信任基层医疗机构,即便有小的疾病人们也不愿冒着被误诊或漏诊的风险去社区医院。

(二)医生对分级诊疗制度认知度及认可度的调查分析

调查对象:对北京市丰台区 67 家社区卫生服务站中的 8 所进行走访调查,对其中愿意接受调查的 100 名社区医生和三级综合医院 X 医院的 100 名医生(包括32 名实习医生)展开调查,并由 X 医院的医生对其同事进行问卷调查。本调查分别对 100 名社区医生和 100 名 X 三甲医院医生各发放问卷 100 份,回收有效问卷149 份,有效问卷率为 74.50%。

调查显示,X 三甲医院的医生与社区卫生中心的医生对分级诊疗制度知晓情况有差异:51.28% 被调查的三甲医院医生了解分级诊疗制度,48.72% 的医生没有听说过;57.47% 的社区医生对分级诊疗制度有所了解,42.53% 的社区医生对分级诊疗制度没有听说过,详见表 1。

表 1　医生对分级诊疗制度的认知情况

知晓程度	三甲医院医生		社区医生		合计	百分比(%)
	人数	百分比(%)	人数	百分比(%)		
很了解	9	11.54	16	18.39	25	16.78
听说过但不十分清楚	31	39.74	34	39.08	48	32.21
没有听说过	38	48.72	37	42.53	78	52.35
合计	78	100	87	100	149	100

问卷在该系列问题标题处对分级诊疗概念做出了解释以方便医生作答,该系

列问题共有有效答案 162 份,其中三甲医院医生 77 份,社区医生 85 份。三甲医院医生对实行分级诊疗制度表示赞成的占 89.61%,有 10.39% 的医生不赞成。在对引导患者分流的效果评价中,有 83.11% 的医生表示有效果,16.88% 的医生认为大医院患者仍然很多,分流没有效果。

社区医生中,赞成分级诊疗制度的占 92.94%,不赞成的占 7.06%。在对引导患者分流的效果评价中,有 87.06% 的社区医生认为有效果,12.94% 的认为没有效果。其中,三甲医院医生对分级诊疗制度的认可情况中有两项指标均低于社区医院的医生。在这两项指标中,对患者分流效果的不认可度高于不赞成的比例,说明就医秩序仍然存在较大问题,详见表 2。

表 2　医生对分级诊疗制度的认可情况

项目	程度	三甲医院医生		社区医生		合计	百分比（%）
		人数	百分比（%）	人数	百分比（%）		
是否赞成	非常赞成	24	31.17	42	49.41	66	40.74
	一般赞成	45	58.44	37	43.53	82	50.62
	不太赞成	8	10.39	6	7.06	14	8.64
引导患者分流的效果评价	非常有效	25	32.47	25	29.41	50	30.86
	一般有效	39	50.65	49	57.65	88	54.32
	没有效果	13	16.88	11	12.94	24	14.81

结果显示,三甲医院和社区医院的医生对分级诊疗的认知度不足,大部分三甲医院和社区医院的医生不知道新医改推行的分级诊疗制度。医生和患者是分级诊疗的最重要参与者,政策的实施离不开患者和医务人员的认知与支持。大多数医生对分级诊疗持积极态度,赞成且认为是有效果的。

此外在医院方面,目前各级医院在自负盈亏的体制环境下,容易过度扩张,导致医院越发展医疗资源越紧张[5],这也是阻碍分级诊疗制度实施的一大原因。

(三)优化分级诊疗制度的对策建议

1. 扩大医保报销比例的差距

目前医保杠杆引导力度不足。为了发挥基层医疗机构资源的作用,应引导患者在社区首诊。[6]对于首诊在基层的患者,包括经社区首诊上转的病人,应给予更高的报销比例。[7]对于未经转诊而直接到二级以上医疗机构就诊的,自付医疗费用。以上为非急诊情况,急诊患者按急诊比例报销。

2. 医疗信息共享

在转诊的过程中,上级医院可能不清楚或不认可患者在基层或其他医院所做过的检查,重复检查现象频发,从而导致病人直接前往大型医疗机构就诊。因此要建立统一的医疗信息系统,使市民只需医保卡和身份证就可以看到就诊记录,这既可为后续医疗机构提供了详尽的病史记录又能避免重复检查[8],也为卫生数据的统计提供了方便。与此同时,医院和医生也要注意保护病人的个人信息,避免信息泄露。

3. 注重医师的培养

开展分级诊疗制度必须完善其配套制度。转诊模式中基层医疗机构起着守门人的作用,这对基层医疗服务的能力提出了更高的要求。首先,提高基层医务人员的专业能力是基层医疗机构获取市民信任最关键的一步。不同级别医院的医生水平相差很大,这是由不同级别医院的培养水平造成的。针对基层医疗机构资源有限、医护人员临床经验不足的问题,必须加强基层医疗机构人力资源的准入制度,聘请综合实力相当的"健康守门人"。具体来讲要注意以下几个方面的问题。

第一,积极吸纳全科医学或社区护理专业的人才,打破单一的人才结构,不断丰富现有人员的知识结构。

第二,加强全科医生的人才培养。由政府认定培养医学生的医院,改变新手医生直接进入基层的现状,而是要经过长期培训教育后再参加工作,以保证基层医护人员的服务水平。[9]

第三,加强与上级医师的岗位交流培训,鼓励上级医院派遣优秀医师到社区与医务人员交流经验和向患者提供服务。

4. 完善基层医疗机构的功能建设

首先,在医疗功能上,扩宽接诊种类,增设科室,提高对常见病的诊疗水平,全面发挥其医疗作用。其次,在药品方面,备全常用药、老年药,方便慢性病人用药。最后,在服务时间上应全面放开,延长接诊时间并在夜间和周末设诊,方便市民就诊。此外,政府应健全多渠道补偿政策,加大对基层社区卫生服务机构的财政投入,及时更新仪器设备,改善就医环境,以赢得市民的信任,吸引市民就诊。

5. 落实社区首诊制,探索家庭医生服务制

社区首诊制是指一般常见病、多发病患者首先在社区医院就诊,社区医院与其对口上级医院联网运作,实现在社区内解决常见病、多发病。居民在社区医院就诊便捷、医疗费用低;而由于基层医疗服务水平与患者就医习惯等因素,社区医院医疗资源长期闲置,如何盘活这些基层医疗机构是我们要解决的首要问题。政府应加大财政投入,完善社区卫生管理系统,建立健康档案,加强社区首诊制的宣传。此外,借鉴国外家庭医师制度的经验,还可以探索新型服务模式,巩固首诊制。可以在建设全科医生队伍的基础上强化社区首诊的就诊习惯,推动分级诊疗的有效开展。

6. 加强宣传教育

通过大众媒体进行"首诊在社区、小病进社区、大病到医院、康复回社区"的就医秩序的宣传教育,转变群众的就医观念,积极引导患者在基层首诊,培养医务人员分级诊疗的意识,树立群众正确的就医观念和对于全科诊疗与专科诊疗的认识,改变全科医生没有专科医生水平高的误区,营造良好的医疗氛围。

病人在患病期间容易对大医院产生心理依赖,担心会被小医院误诊,都要去找好医生,要找可靠的医生。对此要引导资源下沉,鼓励专科医生进社区,尽可能避免误诊漏诊的现象发生。[10]

五、展望与结论

我国分级诊疗制度在实施过程中屡遭瓶颈,现行的分级诊疗还存在短板,这也是患者心存疑虑的主要原因。现存的问题是基层医疗机构服务水平偏低,如医生数量缺口严重和服务水平较低,医疗器械、药品种类有限等。体制方面的障碍是,医保报销比例的层次不明显,对引导患者就医的作用不足。在转诊方面的障碍是,转诊标准模糊,上下级医疗机构间缺乏沟通且由于医疗机构之间的利益冲突,致使大医院不愿放患者下转基层医疗机构。对此,应从现实存在的问题出发,为分级诊疗制度破除障碍,让各级医疗机构各司其职:基层医疗卫生机构网络覆盖广,应集中精力发展全科,专注于普通门诊、下转患者的住院服务与康复治疗,担当"守门人"的重任;二级医院拥有专业技术较好、上下转诊方便的优势,可以与群众和基层社区医院密切沟通,对基层医院进行对口接收和指导,负责大部分疾病的治疗;三级医院利用自身人才和设备的资源优势,专注于发展高精尖医学,负责重症患者的诊治和疑难杂症的研究与科研教育。

民生问题的解决功在千秋。在我国不断深化医疗改革的进程中,必须建立起分级诊疗就医模式,科学配置医疗资源,解决好"看病难、看病贵"的问题。

参考文献:

[1]夏琳.我国双向转诊制度优化研究——上海市实施双向转诊制度为例[D].上海:上海交通大学,2012.

[2]严妮,沈晓.公共产品:我国卫生服务分类与服务生产和提供方式的理论分析[J].理论月刊,2014(5):158-161.

[3]王嵘.云南省基层医疗卫生机构信息化建设研究[D].昆明:云南大学,2014.

[4]余健新.广州市双向转诊制度的实施现状及其改进研究[D].兰州:兰州大学,2013.

[5]林莉,田虹.医生对双向转诊的认知行为现状调查[J].新疆医学,2015

(6):779 – 781.

[6]殷一宁. 上海市社区卫生服务中心在社区首诊制度运行中的角色研究 [D]. 上海:上海师范大学, 2015.

[7]姚克. 大力推进分级诊疗和双向转诊制度的几点建议[J]. 前进论坛, 2014(4):60 – 61.

[8]段惠军,姚克. 新医改:保障亿万人民健康(二)[J]. 前进论坛, 2009 (6):12 – 13.

[9]王虎峰,元瑾. 对建立分级诊疗制度相关问题的探讨[J]. 中国医疗管理 科学, 2015(1):11 – 15.

[10]杨阳,方国瑜,崔华欠,等. 广州市医护人员分级诊疗模式认知及其影响 因素分析[J]. 中国卫生事业管理, 2015, 32(1):22 – 26.

结　语

首都经济贸易大学研究生科研创新项目自实施以来取得了丰硕的成果。2015—2016年,城市经济与公共管理学院共有50位学生获得立项资助,其中校级项目27项(校级重点6项、校级一般21项)、院级项目23项(院级重点7项、院级一般16项)。从研究战略层面,选题高度重视我国新常态下的执政新理念和发展新机遇;从研究内容看,选题多"聚焦城市",关注城市发展过程中土地、产业、人口等要素的优化配置,以及区域治理体系和政府治理能力的现代化建设;从研究范围看,选题多"服务首都",关注京津冀一体化以及非首都功能疏解背景下北京市域协调或北京市与周边地区的协同发展;从研究尺度看,选题多"宏微观结合",既有涉及区域协调发展的宏观尺度,也有探讨城市自身发展的中观尺度,还有研究城市内部地区或要素配置的微观尺度。

城市经济与公共管理学院在研究生培养中始终重视学生综合素质的提高,尤其是科研能力的培养,坚持理论与实践相结合。在课程设置方面,注重学生经济学与管理学思维的训练以及现代分析方法的培养;在实践方面,尽可能为学生提供参与科研活动的平台和机会,创造浓厚的科研氛围。此外,城市经济与公共管理学院还组织研究生开展形式多样的学术研讨会和社会实践活动,邀请国内外知名教授开设公共管理名家讲坛、城市讲坛系列讲座,在学术界已有一定影响。为了营造学院"想读书、爱读书、会读书"的学习与科研氛围,促进研究生养成热爱书籍、潜心深度阅读的好习惯,本着拓展视野、分享好书、交流思想、以书会友、陶冶情操的宗旨,学院积极推进读书会的建立与发展,已建成了五个各有特色的专题读书会:"公共管理经典阅读与公共政策"对话会、"城市研究"读书会、"谈土论房"读书会、"教经管研究"读书会、"食货"读书会。读书会以"专家导读、学术交流、阅读分享"为主要形式长期常态化举行。近四年来,学院研究生发表论文的数量、质量均显著提高,共发表学术论文300余篇。其中,权威A论文1篇,权威B论文4篇,CSSCI、CSCD、EI/ISSHP/ISTP会议检索等A类核心论文21篇,B类核心论文46篇。

根据学校"立足首都、面向全国、放眼世界,建设一流财经类大学"的发展目标,城市经济与公共管理学院将以服务首都经济社会可持续发展为重点,以"培育理念、充实知识、注重实践、提升能力"为方针,依托学科优势,将更加注重提升研究生的科研能力和创新思维,加强实践教学,充分发挥学校和学院科研平台、实践基地的学术能力培养功能,将推进研究生培养模式改革与研究生职业生涯发展相结合,进一步着力推动建立主动适应社会需求的高层次人才培养长效机制,努力为社会培养德智体美全面发展的应用型、复合型高级人才。

彭文英
2017 年 1 月

附 录

附录1 学校立项项目名单

项目负责人	项目组成员	专业	项目名称	导师姓名	项目类型
吴芳芳	沈绍梅,杨莹莹,王艳珍	土地资源管理	鄱阳湖生态经济区农户农地流转意愿实证研究	刘水杏	重点项目
卫梦婉	武昭含,王立,王宇光	区域经济学	北京城市治理能力评价与提升研究	邬晓霞	重点项目
沈绍梅	刘张欣,张惠	土地资源管理	贫困山区威宁县农地闲置问题实证研究	刘水杏	重点项目
戴劲	张丽亚,李佳蔚	土地资源管理	东北黑土区耕地集约化利用问题及对策研究	彭文英	重点项目
胡亚亚	叶敏,白雨,宋海梅	行政管理	论互联网＋条件下政府对科技企业孵化器的推动——以中关村创新大街为例	申建军	重点项目
荣幸	李秀景,郭星楠,张德	城市经济与战略管理	电动汽车充电站选址优化布局研究	刘欣葵	重点项目
陈祥梅	郭瑞雪	教育经济与管理	山东省人力资本与人才资本贡献率测算与分析	导师待定	一般项目
郭瑞雪	陈艺捷	教育经济与管理	新常态背景下我国农村教育发展研究	导师待定	一般项目
曹锡花	范亚红	教育经济与管理	高等教育翻转课堂存在的弊端及优化策略	导师待定	一般项目
马思瀛	戴劲,张丽亚	土地资源管理	绿色治理下大城市郊区农户土地利用生态行为研究	彭文英	一般项目
冯心怡	李文典,杨雪	土地资源管理	京津冀一体化背景下房地产业发展差异度评价指标体系研究	刘水杏	一般项目
蒋雪莲	李佳蔚	土地资源管理	农村宅基地入市制度的风险与防范研究——以河南省长垣县为例	吴庆玲	一般项目
陈策	高东帅,刘安季	土地资源管理	我国住房需求的特征和发展趋势研究	徐虹	一般项目

续表

项目负责人	项目组成员	专业	项目名称	导师姓名	项目类型
杨 雪	冯心怡,马思瀛	土地资源管理	减量规划目标下土地利用规划实施评价	马洪波	一般项目
张双悦	王琪,卫梦婉	区域经济学	国外典型都市圈治理经验及其对京津冀的借鉴	邬晓霞	一般项目
冯军宁	王凯玄,张怀超	区域经济学	张家口市生态补偿问题及对策研究	张贵祥	一般项目
潘 鹏	张贺伟,马碧云	区域经济学	京津冀地区雾霾治理国际案例借鉴及路径研究	祝尔娟	一般项目
马碧云	潘鹏,张丹丹	区域经济学	对京津冀地区物流合作模式的探讨	周 伟	一般项目
鞠小逊	贾丽娟,侯圣银	城市经济与战略管理	服务于非首都功能疏解的土地政策调整研究	王德起	一般项目
路明静	朱子文,马金秋	城市经济与战略管理	北京市近郊区发展政策及战略研究	谭善勇	一般项目
贾丽娟	鞠小逊	城市经济与战略管理	英国环境治理类社会企业发展及启示	徐 君	一般项目
王艳芳	宋佩佩,毛紫君	城市经济与战略管理	"北漂"群体住房状况调查	武永春	一般项目
朱子文	李秀峰,路明静	城市经济与战略管理	牛街公共服务设施研究	刘欣葵	一般项目
李姗姗	刘蕊,张雪影	行政管理	央企进入地方政府管理中存在的问题及治理——以保定市为例	王 蕾	一般项目
杨海帆	李金晓,武帆	行政管理	消费者协会公益诉讼制度研究	张国山	一般项目
刘 蕊	李姗姗	行政管理	我国推进分级诊疗制度的现况和对策研究	蒋泽中	一般项目
李金晓	汪逸帆	行政管理	城镇化进程中我国农村养老资源供给模式研究	赵韵玲	一般项目

附录2　学院立项项目名单

项目负责人	项目组成员	专业	项目名称	导师姓名	项目类型
邵 培	张甲天,宋 扬	行政管理	社会力量参与食品安全监管问题研究	刘智勇	重点项目
宋 扬	石颖,杨若苗,乔晓晓	行政管理	食品安全多元治理中公民参与情况研究分析——基于北京丰台区花乡市民调查	刘智勇	重点项目
石 颖	何畠彦,杨若苗	行政管理	商事登记制度改革配套制度研究	张国山	重点项目
乔晓晓	张 源	行政管理	北京市丰台区政府向非营利组织购买公共服务的现状、问题及对策研究	张智新	重点项目
张 源	乔晓晓	行政管理	区域治理理论视角下京津冀城市群公共服务供给困境研究	张智新	重点项目
任 雪	郭家树	行政管理	行政主导还是学术主导?——制度变迁视角下的大学治理研究	刘业进	重点项目
孙艳艳	胡艳慧,宋佩佩	城市经济与战略管理	京津冀文化产业的投入产出比较研究——基于京津冀一体化的新功能定位	王 晖	重点项目
张怀超	刘思思	区域经济学	新型城镇化过程中农业转移人口市民化成本分担机制研究	张 强	一般项目
张贺伟	李 晓	区域经济学	北京市生活垃圾无害化处理研究	单吉堃	一般项目
毛紫君	王艳芳,孙艳艳	城市经济与战略管理	基于灰色关联度的丰台区花乡新型城镇化问题研究	王 晖	一般项目
刘凯华	张德,杨先花,王会娥	城市经济与战略管理	北京市发展新区人口动态变化分析	王霖琳	一般项目
杨先花	李秀峰,刘凯华,郭星楠	城市经济与战略管理	产业一体化下京津冀地区创新链构想与对策研究	张 杰	一般项目

项目负责人	项目组成员	专业	项目名称	导师姓名	项目类型
袁佳玥	胡亚亚,白雨	行政管理	"互联网＋"背景下的城市社区管理模式探究	申建军	一般项目
杨艳苹	张宁,缪朦朦	行政管理	"云模式"在行政审批中的应用研究——以哈尔滨市为例	张智新	一般项目
张 宁	徐莹,鞠晓颖	行政管理	中国工商银行绩效考核实践对公共部门的借鉴启示研究	张智新	一般项目
武 帆	杨艳萍,李益	行政管理	当代公务员考录制度下公务员人力资源配置问题与对策	段霞	一般项目
解 彤	钟月明	行政管理	我国农村义务教育财政体制问题探究	刘智勇	一般项目
李 益	解 彤	行政管理	论学区制引发的"学区房热"现象分析	潘 娜	一般项目
范亚红	缑敏哲	教育经济管理	关于城乡高等教育入学机会公平的研究——以河北省城乡教育为例	孙善学	一般项目
缑敏哲	曹锡花	教育经济管理	关于研究生课堂模式转变的调查与思考	刘业进	一般项目
陈艺捷	陈祥梅	教育经济管理	乡村教师生活补助政策对吸引师范生去农村任教的影响	柯文进	一般项目
丁丽美	徐成峰	土地资源管理	土地出让金与城市经济增长关系实证分析	张 昕	一般项目
李文典	冯心怡,隋星桐	土地资源管理	集体建设用地使用权流转问题研究	赵秀池	一般项目

后　记

　　研究生科技创新项目对于增强研究生科学研究意识、推动广大研究生积极投入科学研究活动具有重要意义。本论文集历经 2015,2016 两年时间终于杀青,真是感慨万千。论文集收录了 21 篇论文,每篇论文都是经过项目评审、论文遴选等又进一步精心修改而入集,其中饱含了学校、学院众多师生的心血。在此,感谢学校研究生部领导的大力支持和指导,感谢学院领导的关怀和帮助,感谢学院全体研究生导师的积极配合和参与,感谢承担 2015—2016 年度科技创新项目的全体研究生,感谢论文作者付出的辛勤劳动,感谢彭文英、赵文、刘智勇、张智新、潘娜、李强、陈飞、姜金秋、吴康、闫觅、毛琦梁、张杨等各位老师对项目研究及论文撰写的辅导,特别要感谢颜燕老师对每篇论文的仔细修调及对论文集的精心编辑,感谢薛文凯老师对每位研究生的真切关怀!

　　祝愿首都经济贸易大学城市经济与公共管理学院研究生学业更加进步,研究能力进一步提升,未来前程似锦!